LIMA CHARLIE

Loud & Clear

Von Tabuthemen und Anspruchshaltung – die Gedanken eines Fallschirmjägers

Kevin Bulicke

1. Auflage 2021

ISBN: 9798742679677

Imprint: Independently published

Für Fragen und Anregungen:

limacharlie.loudandclear@gmail.com

LIMA CHARLIE

Loud & Clear

Widmung

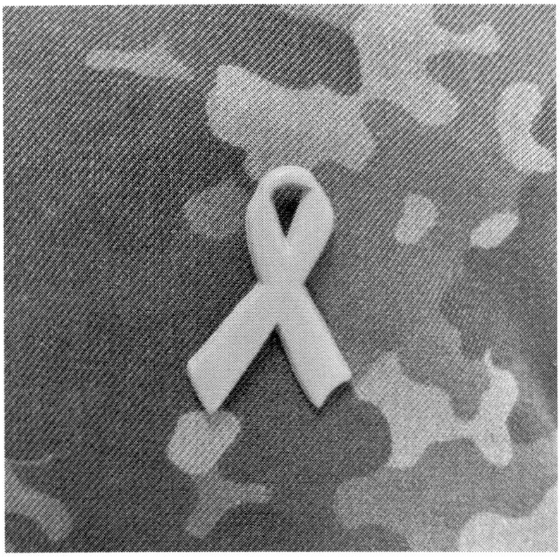

Abbildung 1: Solidaritätsschleife

„Mein Traum ist es, dass jede/r deutsche Soldat*in in unserer Gesellschaft weder angefeindet noch abgelehnt, auch nicht umjubelt, sondern einfach nur anerkannt wird." – Kevin Bulicke

So widme ich dieses Buch vor allem den Soldaten*innen, die jeden Tag ihren Dienst leisten und natürlich auch denjenigen, die es schon getan haben und auch jenen, die es noch vorhaben. Außerdem ist dieses Buch auch all jenen gewidmet, die durch persönliche Schwierigkeiten gehen oder gehen mussten. In unseren dunklen Stunden haben wir die Chance, einen Grundstein für etwas Neues zu legen. Ich bin felsenfest davon überzeugt: Meistern wir unsere emotionalsten Momente, werden sie prägend und wir gehen gestärkt aus ihnen hervor.

Gebet eines Fallschirmjägers

Gib mir mein Gott, was dir übrigbleibt.
Gib mir das, um was dich niemand bittet.
Ich verlange weder Ruhe noch Frieden der Seele, oder des Fleisches.
Ich bitte dich nicht um Reichtum, nicht um Erfolg, sogar nicht um Gesundheit.
All das, mein Gott wird von dir sooft erbeten, daß dir nichts mehr davon zu verteilen bleibt. Gib mein Gott, was dir übrigbleibt.
Gib mir das, was man dir zurückweißt.
Ich will die Unsicherheit und die Unruhe,
Ich will das Leiden und den Kampf.
Und gib es mir endgültig, damit ich bin, es Allzeit zu besitzen,
denn nicht immer werde ich den Mut haben dich darum zu bitten.
Gib mir mein Gott, was dir übrigbleibt.
Gib mir das, was die andern nicht wollen.
Aber gib mir auch die Kraft dazu,
den Mut und den Glauben!

André Zirnheld[1]
Fallschirmjäger im Zweiten Weltkrieg

---

[1] André Zirnheld (Übersetzer unbekannt)

Inhalt

1. Einleitung

Die meisten militärischen Biografien, die ich bisher gelesen habe, handelten von furchtlosen Kriegshelden und deren Einsätzen. Diese kehrten meistens zurück, manchmal jedoch auch nicht oder nicht alles von ihnen. Man zollt diesen Männern zu Recht einen hohen Tribut. 90 % aller Literaturen oder Verfilmungen dazu sind amerikanisch. Mein Buch ist anders, ich bin kein Held. Ich habe jedes Wort selbst und stets aus einer persönlichen Perspektive geschrieben.

Mich würde es freuen, wenn du für die Länge dieses Buches meine Sichtweise einnehmen könntest, oder es zumindest versuchst.

Ein besonderes Anliegen ist es mir, etwas zurückzugeben. Das Gefühl der Verbundenheit zum Militär ist nach wie vor allgegenwärtig. Deswegen beschreibe ich häufig tiefe persönliche, emotionale und menschliche Eindrücke von mir. Zu keinem Zeitpunkt sollst du davon ausgehen, dass es allen Soldaten*innen oder ehemaligen Soldaten*innen so ergangen ist. Es sind lediglich meine eigenen Erfahrungen und Ansichten, die ich hier nach außen trage. Mein spezielles Augenmerk habe ich auf die jungen Männer und Frauen gerichtet, die wahrscheinlich erst am Anfang ihrer militärischen Laufbahn stehen. Natürlich freue ich mich auch, falls du als Leser außerhalb dieses ‚Rasters' liegen solltest, oder gar nicht beim Militär bist. Meine Erklärungen und Ausführungen habe ich so gestaltet, dass sie allgemeinverständlich sind. Auch wenn ich mein Bestes gegeben habe, so objektiv wie möglich zu schreiben, wirst du von Zeit zu Zeit Abschnitte im Text finden (als *kursiv* dargestellt), die ausschließlich meine Meinung vertreten. Dies sollte dir als Leser klar sein.

Wenn ich ehrlich zu mir bin, schrieb ich dieses Buch auch zu einem Großteil für mich selbst, um mit dem Kapitel Bundeswehr und diesem Lebensabschnitt endlich abschließen zu können. Es ist mehr die Abschlussarbeit meiner eigenen Aufarbeitung. Für unsere Sichtweisen, unser Glück und unsere persönliche Lage sind nur wir selbst verantwortlich.

Als Leitfaden und kleines Szenario für deinen Kopf möchte ich dich bitten, immer daran zu denken, was passieren würde, wenn man dir im Ausland deine Rechte auf Artikel 1 und 2 unseres Grundgesetzes nimmt. Diese lauten wie folgt:

„Artikel 1:

(1) Die Würde des Menschen ist unantastbar. Sie zu achten und zu schützen ist Verpflichtung aller staatlichen Gewalt.

(2) Das Deutsche Volk bekennt sich darum zu unverletzlichen und unveräußerlichen Menschenrechten als Grundlage jeder menschlichen Gemeinschaft, des Friedens und der Gerechtigkeit in der Welt.

(3) Die nachfolgenden Grundrechte binden Gesetzgebung, vollziehende Gewalt und Rechtsprechung als unmittelbar geltendes Recht.

Artikel 2:

(1) Jeder hat das Recht auf die freie Entfaltung seiner Persönlichkeit, soweit er nicht die Rechte anderer verletzt und nicht gegen die verfassungsmäßige Ordnung oder das Sittengesetz verstößt.

(2) Jeder hat das Recht auf Leben und körperliche Unversehrtheit. Die Freiheit der Person ist unverletzlich. In diese Rechte darf nur auf Grund eines Gesetzes eingegriffen werden."[2]

Sprich, was würde passieren, wenn man dich entführt oder foltert, um entweder Informationen zu erhalten, oder um dich gegen ein saftiges Lösegeld wieder freizugeben? Im schlimmsten Fall würde man dich für propagandistische Zwecke hinrichten! Statistisch gesehen, stehen die Chancen gering und dennoch kommt es immer wieder vor. Hier ein paar Schlagzeilen der letzten Jahre: „Ermordete Deutsche waren Bibelschülerinnen"[3], „Im Jemen entführte deutsche Familie ist tot"[4], oder „Deutscher Leibwächter im Jemen erschossen".[5] Für Unfälle und unvorhergesehene Ereignisse haben wir meistens Versicherungen, wie eine Unfallversicherung, eine Haftpflichtversicherung, eine Brandschutzversicherung und viele mehr. Mit Sicherheit gibt es auch Versicherungen gegen Kidnapping, doch bringt dir das in dem Moment, in dem du direkt betroffen bist, herzlich wenig.

Dieses Buch wird auch indirekt beleuchten, welche Instrumente dann greifen könnten.

Nehmen wir an du hast eine Vorliebe für Reisen in die weniger sicheren und populären Länder dieser Welt. Möglicherweise bist du auch beruflich dort engagiert, oder hilfst im Rahmen von internationalen Hilfsorganisationen aus. Sagen wir zum Beispiel, du arbeitest für Ärzte ohne Grenzen im Jemen. Was würde passieren, wenn du in die Hände von Gruppen gerätst, die alles mit dir tun würden, um ihre Ziele zu erreichen? Versuche selbst

---

[2] [Q1] S. 13

[3] [Q2]

[4] [Q3]

[5] [Q4]

zwischen den Zeilen zu lesen, wer das Licht am Ende des Tunnels sein könnte, an das du dich klammern würdest.

Was dieses Buch definitiv NICHT ist:

In keiner Weise möchte ich angeben, Heldengeschichten erzählen oder mich besser darstellen, als ich bin. Es spiegelt nur die menschliche Geschichte von mir als Oberfeldwebel und Fallschirmjäger wider.

Mein Buch entstand komplett unabhängig und ohne Absprache mit der Bundeswehr sowie ohne einen Verlag und auch ohne einen Co-Autor.

Ich zeige sehr transparent meinen Weg auf. Alle Orte und Handlungen haben sich so zugetragen wie beschrieben, das Einzige was ich abgeändert habe, sind die Namen von allen Beteiligten.

Es wird sich ein Zeitstrahl am Ende der meisten Kapitel aufbauen, der sich durch das Buch ziehen wird, über meine Ausbildungsabschnitte, Lehrgänge und weiteren Stationen.

Im Anhang findest du alle Übersichten:

- eine Grafik über die militärischen Dienstgrade (im Heer)
- eine Grafik über die Größen der einzelnen Truppenteile
- eine Deutschlandkarte mit den Standorten und Truppenübungsplätzen an denen ich war
- den gesamten Zeitstrahl

Zum Titel des Buchcovers:

LIMA CHARLIE sind zwei Bezeichnungen aus dem NATO-Alphabet für die jeweiligen Buchstaben **L** und **C**. Das NATO-Alphabet wird nicht nur beim Militär verwendet, sondern auch weltweit in der Luft- und Raumfahrt.

Sobald man beim Militär ein Funkgerät empfängt, oder auf ein Fahrzeug aufsitzt, in dem eines vorhanden ist, schaltet man es ein und überprüft die Einstellungen, ob alles funktioniert. Danach vollzieht man eine Funküberprüfung mit einem Gegenpart. Man fragt dabei die andere Partei, ob und wie man verstanden wird.

Im besten Fall (das sollte die Regel sein) antwortet der Gegenpart: „Ich verstehe Sie **laut** und **deutlich**." Der Gegenpart stellt dann die gleiche Frage und bei entsprechend gleicher Antwort wäre die Funküberprüfung abgeschlossen.

Im Englischen würde man „radiocheck" ausrufen und danach sollte man beide Male ein **„LOUD & CLEAR"** vernehmen.

Mittlerweile hat es sich auch eingebürgert gleich die Wörter: „**LIMA CHARLIE**" aus dem NATO-Alphabet zu benutzen.

Die Botschaften aus meinem Buch sollten dementsprechend **laut** und **deutlich** bei dir ankommen. Da ich dich vorweg nicht fragen kann, ob du mich verstanden hast, werden wir das ausnahmsweise bis zum Ende des Buchs aufschieben.

In diesem Sinne wünsche ich dir viel Spaß beim Lesen!

2. Wer bin ich: Jäger oder Sammler?

Als Fallschirmjäger wird man nicht geboren, sondern man wird dazu gemacht. Wie jeder andere von uns habe ich als kleines Baby angefangen. Geboren wurde ich am 13.12.1989 in Berlin-Pankow, kurz nach dem Mauerfall noch im Ostteil von Berlin. Meine Eltern lebten mit mir und meinem zwei Jahre älteren Bruder in Marzahn, einem typischen Plattenbaubezirk. Einen zehn Jahre älteren Bruder habe ich auch noch. Dieser ist per Definition ein Halbbruder, jedoch macht das für mich keinen Unterschied. Wer mich kennt weiß, dass ich nichts auf solche Formulierungen gebe. Bruder ist Bruder, auch wenn er bei seiner Mutter aufwuchs und wir nicht täglich Kontakt hatten. Meine Kindheit war an sich relativ unspektakulär. Weder kann ich dir berichten, dass ich aus einer privilegierten Adelsfamilie komme, noch musste ich Hunger erleiden, weil wir in bitterer Armut lebten. Wir waren eine ganz normale Durchschnittsfamilie.

1996 zogen wir nach Neuenhagen, ein Vorort von Berlin. Wir hatten nun unser Haus und einen sehr großen Garten mit nahezu unendlichen Möglichkeiten für einen kleinen Jungen, um dort zu spielen. Auf dem hinteren Teil des Grundstückes stand noch eine alte Scheune, die in den 1920er Jahren gebaut wurde. Für meinen Bruder und mich glich das Grundstück eher einem überdimensionalen Abenteuerspielplatz, den es ständig zu erkunden galt. Wie du dir vorstellen kannst, bekamen wir häufig Besuch von anderen Kindern, die mit uns tobten, Fußball oder Verstecken spielten. Jedoch wurde nicht nur gespielt, es galt auch später beim Haus mit anzupacken. Mein Vater sanierte das alte Haus mehr oder weniger allein. Ich schätze ihn für diese Leistung sehr.

Der Kindergarten war nie mein Ding. Ich war klein, introvertiert und klebte nur an meiner Betreuerin. Ich war traurig, wenn man mich dort abgab und glücklich, wenn ich wieder abgeholt wurde. In der Grundschule startete ich ähnlich. Nebenbei erwähnt besteht der Großteil meines Freundeskreises aus der Zeit der Grundschule und des Gymnasiums. Hier entwickelten sich Freundschaften für das Leben.

Sobald mein Bruder und ich körperlich dazu im Stande waren, halfen wir unserem Vater beim Aus- und Umbau des Hauses. Zugegebenermaßen machte mir das Erlernen einer neuen Tätigkeit nicht immer so viel Spaß oder meine Begeisterung ließ schnell nach. Eine Schubkarre zu schieben ist beim ersten Mal vielleicht noch spannend als Junge. Doch eine längere Zeit Schutt von A nach B zu transportieren macht wenig Spaß. Tapezieren, malern, Borte und Fliesen verlegen, sowie Paneele anbringen sind durchaus Fertigkeiten, die für das Leben Sinn ergeben. Häufige Wiederholungen und scheinbar monotone Abläufe prägen sich ein. Im Nachhinein bin ich dankbar, dass ich schon einen guten Einblick in Theorie und Praxis bekommen habe. Jedoch muss ich auch zugeben, dass ich häufig keine Lust darauf hatte. Wenn deine Kumpels am Wochenende Fußball spielten, du am See – oder später Zeit mit anderen Dingen verbringen könntest, ist die Motivation etwas Neues zu lernen schnell weg.

Ich kann nicht genau sagen wann, jedoch wusste ich schon in der Grundschule, dass ich Soldat werden wollte. Zwar hatte ich keinen blassen Schimmer, was Soldat sein genau bedeutet, doch ich fand Uniformen, Waffen und im Freien zu agieren schon immer faszinierend. Im Fernsehen schaute ich jede einzelne Dokumentation, die auch nur annähernd mit dem Thema im Zusammenhang stand. Einer der Gründe, warum ich in Geschichte schon immer passabel war. Mit Lego, später dann mit kleinen

Armeefiguren, stellte ich Schlachtszenarien in meinem Zimmer nach. Ich baute alles auf und ließ dann die Figuren anhand meines Ablaufplanes im Kopf agieren. Vor meinem geistigen Auge wurden die Figuren real. Das Schieben und Versetzen konnte Stunden dauern. In einer Zeit bevor das Internet beherrschend wurde, machte man so etwas. Naja, vielleicht nicht jedes Kind, aber ich tat das. Später kroch ich leise durch den Garten und lauerte meinen Eltern auf oder errichtete Verstecke und Aussichtspunkte auf Bäumen mit meinen Freunden. Über die Bundeswehr konnte ich mich nur schwer informieren. Es gab wenig Literatur, die ein Kind verstehen konnte. Mit zehn oder elf Jahren muss man so etwas auch noch nicht genau wissen. In dieser Zeit gab es noch keine Tablets, mit denen ich mir Videos auf YouTube oder Informationen bei Google besorgen konnte.

Das Lernen fiel mir deutlich schwerer im Vergleich zu meinem Bruder. Er saß im Unterricht, hörte zu, verstand alles, machte ab und an seine Hausaufgaben und musste gefühlt fast nie lernen. Meine Wenigkeit saß da, alberte rum, hörte zu und verstand nur die Hälfte. In der Grundschule ist es keine Kunst, gute Noten zu bekommen. Man lernt zum Großteil alles auswendig, gibt es wieder und passt ein paar Dinge an. Häufiges melden, sich einbringen und schon hat man mindestens eine Note 2+. Da mein Bruder jedoch die Messlatte in der Familie mit fast nur Einsen ziemlich hochlegte, wurden die Erwartungen an mich dementsprechend auch hoch. Meine Eltern halfen dann mit gut gemeinten liebevollen Zwang nach. Meine Mutter paukte mit mir solange, bis ich einen Notenschnitt von 1,4 hatte, bester Junge und zweitbester Schüler der Klasse war. Es ging um das Bewerbungszeugnis für das Gymnasium. Mein Bruder war schon da. Meine Klassenlehrerin riet meinen Eltern jedoch davon ab, mich auf das Gymnasium zu schicken. Sie hielt mich für noch nicht soweit. Die Hans-Fallada-Grundschule liegt direkt neben dem Einstein-Gymnasium in

Neuenhagen bei Berlin. Die nächste Realschule wäre nicht mehr in unserer Ortschaft gewesen. Da kannst du dir denken, was passiert ist... Ich ging auf das Gymnasium.

In den nächsten sieben Jahren sollte ich nie wieder einen Notenschnitt von Eins Komma erreichen. Abhängen war für mich wichtiger, als gute Noten zu erhalten. Ich hatte meine Freunde und verbrachte meine Zeit lieber mit denen. Ab dem 15. Lebensjahr kamen die ersten Experimente mit Alkohol, Rauchen und Gras dazu. Wobei ich dazu sagen muss, Gras hat es nie über den ‚ich probiere es mal aus'-Status geschafft. Mir wurde meistens übel davon und ich schlief einfach ein. Der Verlust meiner Sinne und ein komisches Gefühl im Bauch hat mich nicht wirklich gereizt, schon gar nicht, wenn man dafür noch Geld bezahlen muss. Die Schulnoten wurden von Jahr zu Jahr schlechter und es gab immer häufiger Ärger mit den Lehrern und zu Hause. Ich sah einfach keinen Sinn in diesem Frontalunterricht und einem aufgezwungenen Bildungssystem.

Als Privatperson mit gesundem Bauchgefühl und nicht aus wissenschaftlicher Sicht stelle ich mir die Frage: „Warum lernen Menschen?".

Beobachtet mal kleine Kinder, die spielen, erforschen und erkunden alles was nicht niet- und nagelfest ist. Sie stellen die Frage „Warum ist das so?" häufiger als Eltern eine Antwort wissen und bauen ihre Türme regelmäßig so hoch bis sie einstürzen. Dann kommen die Eltern und Lehrer und erklären ihnen, dass es so nicht geht, „Man macht das nicht so.", „Dann ist das eben so." oder „Weil es schon immer so gemacht wurde." Was passiert? Das Kind verliert die Lust am Lernen und Entdecken und fügt sich in das System der breiten Masse ein. Herzlichen Glückwunsch! Da soll mir mal bitte noch einer sagen, das gäbe es nur bei der Armee:

„gedankenlose Mitläufer und Herdentiere" (Klischeedenken). Das ist meiner Meinung nach ein gesellschaftliches Problem.

- Menschen lernen, weil man es von ihnen verlangt und erwartet (zum Beispiel Schulsystem, Lehrer und Eltern).
- Menschen lernen um anderen zu gefallen, zum Beispiel den eigenen Eltern, die sich über gute Noten freuen (Anerkennung), diese eventuell mit Geschenken belohnen (materieller Anreiz) und schlechte Noten durch Hausarrest, Fernsehverbot oder Taschengeldkürzung (also Entzug) bestrafen.
- Menschen lernen, weil sie neugierig sind und etwas verstehen wollen (zum Beispiel Hobbies).
- Menschen lernen aus emotionalen Gründen (zum Beispiel, wenn man sich in einen Menschen aus einem anderen Land verliebt und dessen Sprache erlernen möchte).
- Menschen lernen, weil sie etwas grundlegend verändern möchten, eine Vision haben und komplett neue Wege gehen (zum Beispiel Erfinder und Querdenker im positiven Sinne wie Steve Jobs oder Elon Musk).

Zwischenzeitlich war ich soweit, dass ich das Abitur abbrechen wollte. Meine Fehlstunden häuften sich, besonders die Unentschuldigten. Mit 18 Jahren kann man seine Entschuldigungen selbst schreiben, worin ich auch keinen Sinn sehe, denn mit einem gefälschten Zettel vom Arzt, einer gekrakelten Unterschrift einer Klassenkameradin und einem Dreizeiler von mir, konnte ich schneller wieder den Unterricht schwänzen, als es jemand mitbekommen hätte. Trotzdem häuften sich auch meine unentschuldigten Fehlstunden so sehr, dass ich kurz davor war einen Jahrgang wiederholen zu müssen. Meine Eltern schafften es jedoch, mir solange ins Gewissen zureden (häufig auch mit negativen Szenarien für die Zukunft), dass ich mich zum Schluss noch einmal etwas anstrengte und ein nicht gerade gutes Abitur ablegte.

Rückblickend war ich auf dem Gymnasium in meinem Freundeskreis auch nicht der beliebteste Junge, sondern am Anfang eher ein geschätzter Mitläufer, doch das war okay. Wir Menschen wollen doch alle irgendwo dazugehören. Zwar gehörte ich zu den coolen Jungs, dafür jedoch mit etwas zwiespältigem Ruf. Wir konnten, wenn wir wollten, sehr anständig sein und gute Leistungen abliefern. Jedoch konnten wir uns auch absolut danebenbenehmen und den anderen Schülern ihre Zeit vor Ort mächtig versauen. Unsere Partys waren beliebt, viele wollten nachmittags oder am Wochenende ihre Zeit mit uns verbringen, doch auf dem Schulhof ließen sie sich kaum bei uns blicken. Man hätte etwas Falsches von ihnen denken können. Mit ‚Rebellen' wurde in der Geschichte noch nie offen sympathisiert.

Mit 18 Jahren konnte ich dann endlich meine Bewerbung bei der Bundeswehr einreichen. Durch ein paar Bücher, Dokumentationen und das eine oder andere Gespräch mit älteren ehemaligen Schülern, die zum damaligen Zeitpunkt ihre ersten Erfahrungen beim Bund sammeln konnten, erhielt ich mehr Einblicke. Mir war bis dahin nur klar, dass ich keinen Schreibtischjob haben und etwas Spannendes mit Herausforderungen erleben wollte. Bei meiner ersten Musterung 2008 fielen alle spannenden Einheiten und Truppenteile weg, da ich mit T3 (untergewichtig) zu schlecht gemustert wurde. Das ‚T' steht in diesem Fall für den Tauglichkeitsgrad. Ein halbes Jahr später bekam ich dann T2 (immer noch zu klein mit 1,76 m für T1). Da meine Freunde so nett waren, mir einen Tandemsprung zum 18. Geburtstag zu schenken, dachte ich mir ‚so etwas gibt es doch bestimmt auch bei der Bundeswehr', denn der Sprung war absolut atemberaubend. Da in meiner Lebensplanung für die nächsten Jahre keine besonderen Höhepunkte anstanden, bewarb ich mich für die Fallschirmjägertruppe als Feldwebelanwärter für zwölf Jahre. ‚Getreu dem Motto: Wenn, dann richtig!' Der Einplaner sagte zu mir: „Sind Sie sicher, dass Sie nach Pfullendorf wollen? Ich schicke Sie erstmal ein paar Tage zum Truppenbesuch (Schnupperkurs) hin, wenn Sie danach immer noch wollen, rufen Sie mich an und ich buche es in den PC ein." Man sollte erwähnen, dass vor meinem Dienstantritt in Pfullendorf nochmal ein ganz anderer Wind herrschte. Die heutigen Berichte des Wehrbeauftragten lesen sich dagegen wie langweilige Klolektüren.

Für die Prüfung der Feldwebeleignung hatte ich wiederum viel Motivation und Ehrgeiz entwickelt und so fiel mir das Lernen relativ leicht. Jetzt muss man dazu noch sagen, dass von 72 Bewerbern ganze drei Männer die Eignung zum Feldwebelanwärter erwarben. Damals gab es noch die Wehrpflicht und tendenziell hatte die Bundeswehr eher zu viele als zu wenige Bewerber. Ich bin mir sicher, dass heutzutage 69 von 72 die gleiche Eignung bekommen würden und die restlichen drei würden in die Laufbahn der Mannschaften geschickt werden. Damals konnte man sich nur schwer um seinen Wehrdienst drücken, wurde jedoch dafür auch deutlich schneller entlassen, wenn etwas nicht mehr stimmte. Heutzutage will kaum noch jemand seinen Dienst leisten, doch wenn du einmal dabei bist, unterschrieben hast und dein Widerrufsrecht abgelaufen ist, kommst du gefühlt nie wieder früher aus deinem Vertrag heraus. Was wiederum eine Folge der Personalpolitik der Bundeswehr ist.

Voller Vorfreude und Aufregung ging es dann Ende August, Anfang September 2009 für ein paar Tage nach Pfullendorf zu einer Art Schnupperkurs. Das erste Mal antreten, das erste Mal angeschrien werden und zum ersten Mal die anderen Jungs sehen – ich war wirklich gespannt. So kam es dann auch. Ich hatte noch nicht einmal richtig das Gebäude betreten, da lief schon ein kleiner Choleriker mit hoch rotem Kopf auf mich zu und brüllte was das Zeug hielt. Keine Ahnung was sein Problem war, wahrscheinlich stand ich einfach doof im Weg herum. Er sorgte dann dafür, dass ich mich zu den anderen Ahnungslosen in eine Reihe stellte.

Auch hier war die Bundeswehr schon ziemlich gut im Tricksen, denn man hatte uns in neue Blöcke gebracht und uns dann erzählt, so ungefähr sieht es hier überall aus, nur wir hätten keine Zwei-Mann-Stuben (neu mit Waschbecken), sondern eher Vier-Mann-Stuben. Naja, so ähnlich war es dann auch. Aus Vier- wurden später Sechs-Mann-Stuben, aus neu wurde alt und das Waschbecken, das gab es dann im Gemeinschaftswaschraum. In anderen Blöcken gab es auch noch später Schimmel und Asbest[6]. Warum auch auf Details achten. Mich persönlich störte das alles wenig, da ich einfach motiviert und heiß auf die ganze Nummer war. Man zeigte uns vieles und führte uns herum. Einen kleinen sportlichen Test gab es auch, jedoch empfand ich den nicht als aussagekräftig. Wir waren noch Zivilisten und so lag der Schwerpunkt darauf, dass sich niemand verletzte. Jetzt gab es nur ein Problem, ich war noch immer kein Riese und körperlich sah ich eher aus, wie jemand, der nie wirklich regelmäßig Essen bekommen hatte. Meine sportlichen Leistungen hatten in Folge unzähliger Abiturpartys, häufigen Trinkens und Rauchens rapide abgenommen. Die anderen Jungs sahen zum Teil schon echt fit aus und ich merkte schnell, dass ich einiges aufholen musste. Mit diesem Fazit verließ ich Pfullendorf

---

[6] Nach meinem Kenntnisstand wurde in den letzten Jahren (einem Jahrzehnt und mehr) sehr viel Geld in das Ausbildungszentrum Spezielle Operationen investiert. Ich gehe mal davon aus, dass weitestgehend alle Mängel, die es zu meiner Zeit gab, abgestellt wurden.

und gab das begeisterte „Okay!“ an den Einplaner der Bundeswehr, was er mit einem skeptischen „Okay?“ bestätigte.

Wieder zu Hause in Neuenhagen angekommen, musste ich nun deutlich mehr Sport treiben. Dort gibt es eine Trainierbahn für Pferde, eine ovale 3,3 km lange Graspiste mit einem kleinen Wald in der Mitte und auch außen herum. Nicht nur sehr beliebt bei Pferdehaltern, sondern auch bei Joggern und Hundeliebhabern. Man trabt vom Haus meiner Eltern etwa sechs Minuten dorthin, macht sich etwas warm und kann dann super seine Runden laufen. Die Runde ist weder zu groß noch zu klein. Nun war ich also motiviert. Es war Oktober 2009, die letzten Tage an denen man die Wärme der Sonne noch spüren konnte. Zum April 2010 sollte ich eingezogen werden. Ein halbes Jahr noch, in dem ich deutlich besser werden konnte. Ich zog mir ein paar alte Sportklamotten an, schnürte mir die Laufschuhe zu und trabte zum Start. Auf meiner Armbanduhr tippte ich solange, bis ich die Stoppfunktion hatte. Nun konnte es also losgehen, alles passte und die Motivation war da. „Piep“ machte die Uhr und ich begann zu laufen. Ich war schon immer ein passabler Läufer gewesen, das wird keine große Sache werden.

Etwa 800 Meter später bekam ich das erste Seitenstechen und meine Lunge brannte. Nach nicht einmal der Hälfte einer Runde stoppte ich das Laufen und musste gehen. Mein Körper war völlig fertig und krampfte. Ich ging nicht einmal die Runde komplett zu Ende, sondern kürzte durch den Wald ab. Zum Glück war an dem Tag niemand da, der mich sehen konnte. Das war wahrscheinlich die erbärmlichste sportliche Leistung, die ich je erbracht habe. Ich schämte mich sofort in Grund und Boden, so sehr, dass ich zu Hause log und nur mit einem flüchtigen „Jaja war alles gut heute“, antwortete. Das einzige Gute an der Sache war: ich wurde geerdet, wusste wo ich jetzt stand, nämlich ganz unten und konnte mir ein Ziel setzen, auf das ich dann Schritt für Schritt hinarbeiten würde.

Das Verlassen unserer Komfortzone ist unser tägliches Geschäft auf dem Weg zu unseren Zielen.

Selbstreflektion ist eine meiner Stärken. Ich erkannte, dass ich etwas verändern musste. Als Konsequenz hörte ich mit dem Rauchen und Trinken auf. Außerdem legte ich jeden zweiten Tag eine Sporteinheit ein. Die Chance, dass ich mich sonst in sechs Monaten gnadenlos blamieren würde, war einfach zu hoch. Bisher wusste ich nur, dass Fallschirmjäger ziemlich krasse Typen sein sollen, wovon ich meilenweit entfernt war. Am nächsten Tag stand ich also wieder am Startpunkt meiner Laufstrecke, das schlechte Gewissen war einfach zu groß. Dieses Mal war mein Ziel einfach eine Runde zu laufen, ohne komplett zu versagen. Ich wählte ein langsameres Tempo und zog es durch. Danach wiederholte ich dieses Spiel alle zwei Tage. Natürlich hatte ich sofort einen Muskelkater im Anschluss, jedoch geht der auch wieder weg. Der menschliche Körper braucht nicht lange, um sich an neue Belastungen zu gewöhnen. Besonders am Anfang sind die Sprünge größer und leichter. Nachdem ich also ohne Probleme die 3,3 km laufen konnte, steigerte ich mich auf zwei Runden und somit 6,6 km. Wieder begann ich mit einem langsameren Tempo und zog es durch. Bis zum Ende des Jahres konnte ich meine Leistungen auf 10 km in 60 min steigern. Das ist eigentlich nichts Besonderes, nur hatte ich es in meiner Abiturpartyphase maßlos übertrieben. Die letzten drei Jahre gingen nicht spurlos an meinem Körper vorbei und nun musste ich erstmal wieder einiges aufholen. Ab und zu besuchte ich auch noch das Fitnessstudio und versuchte kräftiger zu werden. Das fiel mir nochmal deutlich schwerer als das Laufen. Nach meinem Geburtstag im Dezember, Weihnachten und dem

Jahreswechsel ging es dann auch regelmäßig weiter mit dem Training.

Für das neue Jahr lautete mein Ziel, die 10 km immer unter 50 min zu laufen und möglichst oft im Fitnessstudio zu sein. So trainierte ich fast täglich und wurde fitter. Nebenbei erwähnt, schaffte ich es dann in weniger als zwei Jahren die zehn Kilometer einmalig in unter 40 min zu laufen.

Trotzdem hatte ich immer noch das Gefühl, es würde einfach nicht reichen. Mit jedem Tag näher am Dienstantritt, wurde ich auch immer aufgeregter und nervöser. Wie wird es wohl werden? Sind die anderen Jungs cool oder alles nur arrogante Typen? Zum Glück hatte ich beim Schnupperkurs schon den ein oder anderen kennengelernt. Meinen Berliner Freund Josh zum Beispiel. (Er beendete 2019 seine Laufbahn als Hauptfeldwebel der EGB-Kräfte[7] [Kräfte mit Erweiterter Grundbefähigung] der Fallschirmjägertruppe in Seedorf.) Wir tauschten uns regelmäßig aus und wanderten das eine oder andere Mal mit einem Rucksack im Wald umher, um uns an die schwere körperliche Belastung zu gewöhnen. Da er davor schon seinen Grundwehrdienst geleistet hatte, konnte er mir viele nützliche Tipps geben. Wir sind nach wie vor sehr gute Freunde.

Der Einplaner hatte mir vorher erläutert, dass das ‚Ausbildungszentrum Spezielle Operationen' (kurz AusbZSpezlOp) in Pfullendorf mein neuer Heimatstandort sein würde. Von dort aus würde ich die einzelnen Lehrgänge überall in Deutschland absolvieren und immer wieder nach Pfullendorf zurückkehren. Das AusbZSpezlOp klingt cool vom Namen her, befindet sich dafür aber am Arsch der Welt. Etwa auf der Hälfte zwischen Stuttgart und dem Bodensee. Für mich als Berliner ist die ‚Stadt' Pfullendorf, die mit

[7] Die genaue Begriffserklärung folgt zu einem späteren Zeitpunkt

ihren circa 13.000 Einwohnern etwa halb so groß ist wie die Gemeinde Neuenhagen bei Berlin, in der ich zum Großteil aufgewachsen bin, ein Dorf.

Abbildung 2: Luftbild Raum Pfullendorf

Und dann war es soweit, das erste Quartal 2010 war vorbei, ich hatte alle meine Sachen gepackt und fuhr mit Josh nach Pfullendorf, um den Rufen des Abenteuers und der Berufung Soldat zu sein zu folgen. Wir meldeten uns beim I. Zug der Spezial-Ausbildungs-Kompanie[8] 209 (kurz SpezAusbKp 209).

---

[8] Kompanie: ca. 60 - 300 Soldaten, siehe dazu meine Übersicht: Größe der Truppenteile im Anhang

3. Anfangszeit

Wie es so häufig im Leben ist, kommt es anders als gedacht. Meine ersten Tage im Dienst waren die bis dato schwärzesten Tage der Bundeswehr und vor allem für die gesamte Fallschirmjägertruppe. Mein Zugführer in Pfullendorf (auch Fallschirmjäger) tobte auf dem Gang und versuchte in Worte zu fassen, was passiert war. Zu Recht konnte er kaum seine Emotionen zurückhalten. Wir hatten es gehört, jedoch konnte keiner von uns das sinnvoll verarbeiten. Drei Gefallene, mehrere Schwerstverwundete und etliche weitere Verwundete waren zu beklagen. Da man in der Grundausbildung meistens schon überfordert ist mit den Impressionen der ersten Tage, sorgte diese Meldung dafür, dass ich fast gar nichts mehr einsortieren konnte. Die Tragweite des Geschehenen und deren Auswirkungen sollten mir erst Jahre später wirklich bewusst werden. Ich glaube, ich speicherte dieses Ereignis irgendwo zwischen absolutem Horror und totaler Scheiße für alle ab.

Damit du die Geschehnisse besser einordnen kannst, möchte ich dir ein paar Informationen über das Land Afghanistan geben, bevor wir auf diesen rabenschwarzen Tag zu sprechen kommen, der als Karfreitagsgefecht bekannt geworden ist:

Der NATO-Einsatz in Afghanistan resultierte vor allem aus den Ereignissen des 11. Septembers 2001. Zum ersten Mal in der Geschichte der NATO wurde der Bündnisfall ausgerufen. So kam es, dass auch Deutschland Teil der verschiedenen Missionen wurde. Da Afghanistan bis dato seit über 20 Jahren in einem Bürgerkrieg steckte und gerade erst das Taliban-Regime aus der Hauptstadt Kabul vertrieben worden war, bedurfte das immer noch fragile

Land[9] Schutz und eine gewisse Form von Befriedung. Ich schreibe mit Absicht Befriedung, wenn man sich mit der Geschichte des Landes auseinandersetzt, wird man feststellen, dass es eine lange Abfolge von Unruhen, Aufständen, Bürgerkriegen und Konflikten gab und immer noch gibt[10]. Wenn es doch einmal eine gewisse Zeit ‚gut und friedlich' lief, ist es ausschließlich auf die Abwesenheit des Krieges zurückzuführen und nicht auf einen dauerhaften Frieden. Was heutzutage schier unvorstellbar ist, doch es gab Jahre in denen Mädchen sorgenfrei zur Schule gehen konnten, Frauen Röcke und keine Kopftücher oder Schleier trugen, in die Gesellschaft integriert waren und sogar 1964 das Wahlrecht erhielten[11].

Nach den Terroranschlägen vom 11. September 2001 stürzten sich die NATO-Partner in die Anti-Terror-Operation Enduring Freedom. Maßgeblich den Ton angebend und zahlenmäßig am stärksten vertreten, jagten die amerikanischen Streitkräfte die Drahtzieher der Anschläge, namentlich die Terrororganisation Al Quaida. Das Talibanregime gewährte ihnen Zuflucht, Schutz und unterstützte deren Ausbildungsstätten. Parallel dazu sorgte die Bundesregierung für das ISAF Mandat. Die Internationale Sicherheits- und Unterstützungstruppe (International Security Assistance Force) versuchte vor allem für Sicherheit und Stabilität zu sorgen. Deutschland übernahm mit der Zeit die Führungsrolle in den neun nördlichen Provinzen und versuchte durch regelmäßige Patrouillen, Gesprächen, Bauleistungen (wie Schulen, Brunnen und

---

[9] *Ein Land, das nur auf der Karte existiert, in Wirklichkeit ist es eine bunte Mischung aus vielen Ethnien, Volksstämmen, Familienclans, Interessensgruppen, Sprachräumen und Religionen.*

[10] *Weder die NATO in den letzten 20 Jahren, noch die Sowjetunion zuvor, schon gar nicht die britische Kolonialmacht, selbst Alexander der Große haben es nicht vermocht, Afghanistan dauerhaft und nachhaltig zu befrieden.*

[11] Tatsächlich gab es diese Zeit vor dem Bürgerkrieg der 80er und 90er Jahre. Der NDR hat mit der Dokumentation „Afghanistan: Unser verwundetes Land (2019)" eine sehr fesselnde Reportage veröffentlicht. *Für all diejenigen, die keine Bücher wälzen möchten.*

Brücken) und medizinische Versorgung positive Präsenz zu zeigen. Neben den eben genannten humanitären Aufgaben, für die Deutschland bekannt ist, stand vor allem die Ausbildung und Unterstützung der afghanischen Sicherheitskräfte Afghan National Army (ANA) und Afghan National Police (ANP) im Vordergrund. Denn in guter Absicht plante man, schnellstmöglich das Land zu befrieden und an die neu ausgebildeten Sicherheitsorgane zu übergeben. Eine dieser nördlichen Provinzen heißt Kundus, genauso wie die dort nahe gelegene Stadt. Das Wiederaufbauteam, kurz PRT Kunduz (Provincial Reconstruction Team) genannt spielt eine Rolle im weiteren Verlauf[12].

Hier ereignete sich der Anschlag, auf den ich zu Beginn des Kapitels zusprechen kam. Dieses schwere Gefecht, welches später auch das Bild des Einsatzes in der deutschen Öffentlichkeit verändern sollte, ereignete sich genau in dem Zeitraum, in dem ich meinen Dienst antrat.

Im damaligen Rahmen der ISAF-Mission im Norden von Afghanistan (im Raum Kundus), nahe des Ortes Isa Khel fand dieser Anschlag während einer Patrouille statt. Tatsache ist, die Bundeswehr hatte am 02. April 2010, drei gefallene Kameraden zu beklagen und etliche Verwundete (acht davon schwer). Der Golf-Zug der 1. Kompanie aus dem Fallschirmjägerbataillon 373 (Seedorf) geriet in einen Hinterhalt und konnte erst nach Stunden entsetzt[13] werden, da dieser von allen Seiten angegriffen wurde und unter permanenten schweren Beschuss stand. Beim Ausweichen löste eine sogenannte IED (Improvised Explosive Device) aus, eine improvisiert hergestellte Sprengladung, welche grundsätzlich entlang von Wegen und Straßen meist im Boden

---

12 Vgl. [Q6]

13 Im militärischen Sprachgebrauch bedeutet ‚entsetzt' herauslösen oder auch befreien.

versteckt wird. Zu Deutsch, ein feiger hinterhältiger Anschlag. Mit Unterstützung der amerikanischen Blackhawk Hubschrauber, die auch massiv unter Beschuss gerieten, wurden nach und nach die Gefallenen und Verwundeten ausgeflogen. Man kann zu Recht sagen und betonen, dass spätestens an diesem Tag deutsche Soldaten im Gefecht mehr als Kameradschaft bewiesen haben, sie haben Heldentaten vollbracht, genauso wie die amerikanischen Piloten. Leider zahlten viele von ihnen einen hohen Preis und sogar den höchsten Preis dafür. Dieser Tag wurde als „Das Karfreitagsgefecht“ bekannt.[14]

Etwa zwei Wochen später am 15. April 2010 geriet eine deutsche Gebirgsjäger-Patrouille im Raum Baghlan (circa 100 km vom Karfreitagsgefecht entfernt) in einen Hinterhalt. Bei einer der wenigen Brücken in Afghanistan löste wieder eine IED aus. Drei deutsche Kameraden fielen auf der Stelle und fünf weitere Kameraden wurden teils schwer verwundet. Das Fahrzeug des herbeieilenden beweglichen Arzttrupps wurde mit Panzerabwehrhandwaffen beschossen. Dabei fiel ein Oberstabsarzt.[15]

Sieben Gefallene und über ein Dutzend verwundeter Kameraden, die meisten davon sogar mit schwersten Verwundungen innerhalb von zwei Wochen. Was für ein Horror!

Nach diesen Geschehnissen begann zum Teil ein Wandel in der öffentlichen Wahrnehmung der Auslandseinsätze der Bundeswehr und in der Berichterstattung darüber. Man sprach nun vom Krieg, Gefallenen und hitzige Debatten liefen ununterbrochen. Ein Großteil unserer Bevölkerung zeigte sich bestürzt über die

---

[14, 15] Vgl. [Q7] S. 8f

Ereignisse und es gab eine große Welle der Solidarität und des Mitgefühls.

Im Gedenken an diese Ereignisse, gebührt all diesen tapferen Männern mein höchster Respekt, meine Trauer und meine Hochachtung. Die seelischen Verwundungen der Männer und den Schmerz der Angehörigen kann ich mir nicht einmal im Entferntesten vorstellen. Mein aufrichtiges Beileid an die Familien, Freunde und Kameraden.

Weitergehend möchte ich mir nicht anmaßen, hier einen halbwegs ausführlichen Bericht darüber abzugeben, was passiert war und wie es dazu kam. Mir stehen Aussagen darüber nicht zu und dabei möchte ich es belassen.

*Hier ein höflicher, aber direkter Hinweis an alle Zivilisten oder blutjunge/n Soldaten*innen, bitte fragt nicht immer direkt, ob man im Krieg war, jemanden getötet hat oder etwas Krasses erlebt hat. Wenn euch ein/e Soldat*in von seinen/ihren Erlebnissen berichten möchte, wird er/sie es tun. Diejenigen, die Schlimmes durchmachen mussten, werden tendenziell eher selten bis gar nicht mit euch darüber reden. Man muss sich immer vor Augen halten, dass es kein „Call of Duty" Videospiel ist, indem man einfach die Runde wiederholt, falls man versagt hat oder Pech hatte. Wenn dein Bruder tot ist, ist er tot!*

Die ersten Wochen meiner Grundausbildung wurden von den eben genannten Geschehnissen überschattet. Sonst verlief meine Grundausbildung für mich wie eine Art strenges militärisches Sportlager. Wir lernten die Grundlagen, besonders auf das korrekte militärische Auftreten und die körperliche Fitness wurde viel Wert gelegt. Dem ein oder anderen dürfte Pfullendorf, das Ausbildungszentrum Spezielle Operationen aus der Presse oder den Berichten des Wehrbeauftragten geläufig sein. Anscheinend müssen dort häufig ‚menschenverachtende' Dinge passiert sein, sonst würde es nicht so oft in den Zeitungen stehen. Über die Jahre hinweg und auch jetzt danach traf ich immer wieder Soldaten, die mir von der absolut härtesten Grundausbildung der Welt berichtet haben. Jeder Navy SEAL[16] würde vor Neid erblassen, was alles diese taffen Rekruten*innen erdulden mussten. Dabei spielt es keine Rolle, ob diese Kameraden und ja auch Kameradinnen (besonders hier achte ich auf die korrekte Benennung beider Geschlechter) Angehörige des Heeres, der Luftwaffe, der Marine, der Streitkräftebasis oder des Zentralen Sanitätsdienstes waren. Jede und jeder Einzelne hatten anscheinend eine härtere Grundausbildung als ich. Unser Zugführer sagte immer, wir hätten in den ersten drei Monaten ‚Welpenschutz' (solange hätten wir Gebrauch von unserem Widerrufsrecht machen können, außerdem mussten wir noch einmal komplett medizinisch untersucht werden).

Abbildung 3: SpezAusbKp 209, 1. Zug, 1. Gruppe 2010

[16] Die U.S. Navy SEALs sind eine Spezialeinheit der U.S. Navy. Allerspätestens sollten sie nach der Tötung von Osama bin Laden bekanntgeworden sein.

So kann ich von keinen Horror- oder Heldengeschichten berichten. Zwar ist mal der eine oder andere ohnmächtig geworden oder musste sich übergeben vor Überanstrengung, jedoch gehört das meiner Meinung nach dazu. Natürlich erlaubte sich der eine oder andere Ausbilder auch mal einen Spaß, den man kritisch sehen könnte. Jedoch darf man auch nicht vergessen, dass es das Militär und nicht der Kindergarten ist. Mal davon abgesehen hatte ich mich bei den Fallschirmjägern beworben, da muss man mit so etwas klarkommen. Spezialisierte Kräfte sind halt nicht für jeden etwas und dann wird auch die Spreu vom Weizen getrennt. Meistens konnte ich schmunzeln und hakte die Sache ab. Der Typ Mensch, der gleich das anwendet, was der Lehrer im Rechtsunterricht erläutert hat, sollte sich fragen, ob er sich in der richtigen Einheit befindet. Es ist ein System aus Befehl und Gehorsam, bei dem deine Ausbilder mal brüllen werden und Befehle von dir einfordern, ohne „bitte" zu sagen. Das Militär soll militärisch sein und keine Truppe aus Freizeit-Bürgern in Uniform, die etwas Pfadfinder spielen möchten. Wir hatten soweit immer pünktlich Dienstschluss und wie gesagt, es war sehr militärisch und sportlich ausgerichtet, aber mehr auch nicht. Pünktlich mit dem Gelöbnis, welches in einem kleinen ganz normalen Unterrichtsraum stattfand und dem Ende der Grundausbildung war der ‚Welpenschutz' dann auch vorbei. Keine große Zeremonie, kein Tamm Tamm, den Schwur geleistet und zurück zur Ausbildung.

An unserem ersten Tag in der DPA (Dienstposten Ausbildung) wurden wir mit vier Erdziellafetten (massives Richt- und Schießgestell aus Metall mit Erdsporen für das Maschinengewehr) zu einem Waldlauf begrüßt. Unser Ausbilder von den Fernspähern[17] kochte über vor Wut beim Empfang in der

[17] Fernspäher operieren tief hinter den feindlichen Linien. Sie agieren autark in kleinen Trupps, sind speziell ausgewählt und ausgebildet worden. Des Weiteren arbeiten sie mit angepasster Ausrüstung, sowie mit sensiblem technischem Gerät.

Waffenkammer. Er wollte eine Lafette pro Soldaten empfangen lassen. Da dies an dem Tag nicht möglich war, ließ er uns permanent im Wechsel einen Kameraden auf dem Rücken tragen. Alle wollten mich tragen, ich wollte nur die Lafette tragen. Schlimmer hätte der Lauf nicht werden können. Spätestens danach war jedem klar, ab jetzt würde ein anderer Wind herrschen.

Wie du dir sicher vorstellen kannst, hat unser Zugführer stets größten Wert auf die Gefechtsausbildung gelegt. Die Emotionen und Bilder der Beerdigung der gefallenen Kameraden waren bei mir nach wie vor frisch im Gedächtnis. Genauso wie das Propagandavideo der Taliban, auf dem das ausgebrannte Fahrzeug, die Blutlachen und ein Helm zu sehen waren, sowie die jubelnden ‚Gotteskrieger'. Sie haben unseren Kameraden Hinterhalte gelegt und sie dann ermordet, durch die Sprengfallen (IEDs), auf die heimtückischste Art und Weise. Meine Emotionen dazu kann ich nur als Trauer, Zorn, Wut und Hass beschreiben. Wir trainierten in der DPA (Dienstpostenausbildung) hauptsächlich nur die Grundlagen des infanteristischen Handelns:

- Angreifen,
- Verteidigen,
- Ausweichen,
- Verwundetentransport,
- Waffen in allen möglichen Formen des Drills und vor allem unter Belastung.

Ich nutzte diese negative Energie, um sie bei der Ausbildung in Kraft und Willen umzuwandeln. Natürlich spielen auch immer wieder andere militärische Grundfertigkeiten eine große Rolle, wie das Funken, der Umgang mit Karte und Kompass und das Verhalten

---

Man bezeichnet sie auch als die „Augen des Heeres". Sie gehören zu den spezialisierten Kräften der Bundeswehr.

innerhalb der Gruppe. Wir waren Stammgäste auf allen möglichen Hindernisbahnen in Baden-Württemberg und wurden Experten in langen anstrengenden Märschen unter hoher Belastung im hügligen Gelände.

Diese „Pfullendorfer" (Bundeswehrjargon) sind im Rest der Truppe häufig als hochnäsig, undiszipliniert, jedoch körperlich als sehr fit bekannt. „Das Einzige, was ihr könnt, ist Laufen!", hatte ich häufiger gehört. Nun ja, im Laufen sind die meisten von uns wirklich gut, das stimmt. Undiszipliniert kann ich von meinem Durchgang nicht behaupten, sondern genau das Gegenteil.

Wie schon mehrfach angesprochen, hatte unser Zugführer größten Wert auf die militärischen Tugenden gelegt. Ergo waren Befehl und Gehorsam bei uns mehr ausgeprägt als bei den meisten anderen Soldaten, die ich getroffen habe. Sinnloses Nachfragen, warum und wieso wir jetzt etwas machen mussten, gab es einfach nicht. Zum Punkto hochnäsig, kann ich nur sagen, dass es auf den Betrachtungswinkel ankommt. Wenn wir später auf Lehrgängen waren, auch in ‚nicht infanteristischen' Kasernen und uns die Ausbilder dort körperlich an unsere Grenzen bringen wollten, sei es nun mit Marschieren, Laufen, Schwimmen, Liegestützen oder was auch immer, kam es nicht selten vor, dass der vorne agierende Ausbilder selbst an seine Grenzen kam. Dass dies von uns mit einem dämlichen Grinsen quittiert wurde, dürfte jedem klar sein. Der Grundgedanke dahinter ist essenziell wichtig. Wir als spätere Stellvertretende- beziehungsweise Gruppenführer sollen in erster Linie führen, die Übersicht behalten und klar denken können. Das geht nur, wenn wir körperlich robuster sind als die Masse der anderen Soldaten. Denn jede miese Entscheidung von uns wird immer Auswirkungen auf die gesamte Gruppe haben, im schlimmsten Fall sogar darüber hinaus. Um der späteren

Verantwortung gerecht zu werden, habe ich es mir früh zu einer Tugend gemacht, fitter als die meisten anderen zu sein.

Im September 2010 ging es dann nach Altenstadt, um ein Fallschirmspringer zu werden. Eine logische Voraussetzung, um in der Fallschirmjägertruppe seinen Dienst leisten zu können. An sich keine große Sache. Fahr dahin. Lass dir in drei Wochen alles zeigen. Übe die Abrolltechniken, setze es am Pendel um. Schwing deinen Arsch rauf auf den elf Meter hohen Übungsturm, spring solange daraus, bis man dir sagt, dass es passt und hoffe, dass du in der folgenden Woche gutes Wetter haben wirst. Unglücklicherweise gab es auch hier wieder eine schlechte Meldung vor unserer Abreise aus Pfullendorf. Denn ein junger Kamerad verunglückte so schwer beim Springen, dass er von nun an, einen Rollstuhl benötigen würde. Es wurde Geld aus allen möglichen Einheiten eingesammelt und die Spenden an seine Familie weitergegeben. So fuhren wir mit dem Wissen, was passieren kann, wenn etwas wirklich schief geht, nach Altenstadt, in den Landkreis Weilheim-Schongau (Bayern).

Abbildung 4: Skizze Sprungturm

Ironischerweise haben viele Fallschirmjäger, die ich kenne, einschließlich mir, Höhenangst oder fühlen sich zumindest eher unwohl ab einer gewissen Höhe. Natürlich spricht keiner darüber, denn wir sind allesamt taffe Typen. So kommt es, dass wir weiterhin unserem Ruf treu bleiben können. Machen wir uns nichts vor, um aus einem intakten Flugzeug zu springen, braucht man selbst einen positiven Dachschaden. Der Unterschied zu vielen anderen, die wie immer nur darüber reden und es vorhaben (egal ob privat oder militärisch) ist folgender: Wir haben es einfach gemacht. Also für alle zukünftigen Springer heißt es, Arschbacken zusammenkneifen, Bauch anspannen, darauf achten, dass zwischen deinen Beingurten und dir, weder deine Eier noch andere Weichteile eingeklemmt sind, dann steht dem erfolgreichen ersten Sprung nichts mehr im Wege. Die fünf Sprünge wurden möglichst in der vierten / letzten Woche absolviert, damit jedem das Fallschirmsprungabzeichen in Bronze verliehen werden konnte. Über die ganzen Jahre wurde ich immer wieder von Freunden und Bekannten gefragt, wie es sich anfühlt aus einem Flugzeug zu springen. Sei es nun beim zivilen Tandemsprung aus 4.000 m Höhe oder allein beim militärischen Automatikspringen bei 400 m Höhe, meine Antwort ist meistens die Gleiche. Man spürt Angst und Aufregung zugleich beziehungsweise immer im Wechsel, doch die Vorfreude auf das Unbekannte überwiegt. Die letzten Minuten vor dem Sprung ist man komplett angespannt und fokussiert (besonders wenn man allein springt, sprich ohne Tandempartner). Sobald man die Tür verlässt und förmlich aus dem Flugzeug gerissen wird, bekommt man einen Adrenalinkick, der seines Gleichen sucht. Das Gefühl ist pervers und geil zur gleichen Zeit! Es macht süchtig!

URKUNDE

G FA Kevin Bulicke

hat am Lehrgang für

Fallschirmspringer

vom 07.09.2010 bis 28.09.2010

an der

Luftlande- und Lufttransportschule

mit Erfolg teilgenommen.

Inspektionschef

Abbildung 5: Urkunde Fallschirmspringer

Wer hätte es gedacht, danach ging es wieder zurück nach Pfullendorf in unser Ausbildungszentrum. Denn unser Ausbildungsplan für die nächsten drei Jahre sah vor, dass Pfullendorf unsere Hauptanlaufstelle bleibt. Von dort aus würden wir die Lehrgänge quer durch die Republik absolvieren und bis zum Abschluss der Ausbildung immer wieder dorthin zurückkehren. Abseits der Kaserne gab es kaum Möglichkeiten etwas zu unternehmen. Am Wochenende oder am Spätnachmittag verzichtete ich meistens auf Joggen im Wald oder ausgedehnte Naturspaziergänge, da ich im Dienst mehr als genug davon hatte. Der Kraftraum beziehungsweise gutes Essen und Trinken in der Zivilisation waren dann eher unsere Freunde. Es entwickelte sich schnell eine gute Kameradschaft unter uns. Mit motivierten Kameraden an einem Strang zu ziehen ist deutlich angenehmer, als mit unmotivierten in einem Boot zu sitzen.

Es gibt einen kleinen See nahe der Kaserne, an dem wir uns im Sommer ab und an ausruhen konnten. Doch meistens blieben wir am Wochenende einfach in der Kaserne, zu anstrengend waren die Tage davor. Zum Abend hin gingen wir selbstverständlich feiern. Die nächsten beiden Clubs waren ein gutes Stück weit weg, so mussten sich immer Fahrer finden lassen. Ab und zu fuhren wir auch zum Bodensee, da dieser umfangreichere Möglichkeiten bot. Soldaten scheinen dort aber nicht allzu beliebt zu sein, so mussten wir immer Ausreden erfinden, um bei den Mädels zu punkten. Ich habe wirklich alle Geschichten gehört, von Delphintrainer am Bodensee, über Sportstudenten bis hin zum Klassentreffen. Wenn man Bullshit mit Überzeugung vorträgt, neigen Menschen dazu es eher zu glauben. Die meisten Mädels wollten wissen, wie sich ein Delphin anfühlt. Ein oder zwei Kameraden hatten immer eine frisch rasierte Glatze, nahmen die Hände der Frauen und streichelten sich selbst über den Kopf. Es ist nahezu unmöglich, keinen Lachkrampf zu bekommen, doch etliche glaubten die Geschichte.

Irgendwie musste die große Gruppe durchtrainierter junger Männer ihr Auftreten rechtfertigen. Häufiger kam es auch zu, sagen wir ‚Missverständnissen' mit den örtlichen halbstarken Platzhirschen. Sie fanden es nicht lustig, wenn wir ‚deren' Mädels ansprachen. Eine Gruppe von Soldaten körperlich angehen zu wollen, die von Montag bis Freitag darauf trainiert werden, zusammenzuhalten und nie aufzugeben, ist schon immer eine blöde Idee gewesen. Ob nun heutzutage oder vor 100 Jahren, hier in Deutschland, bei den Amis oder den Briten, es ist überall das Gleiche. Soviel aufgestautes Testosteron lässt sich kaum bändigen.

Der Oktober und November waren sehr ähnlich wie der Juli und August, es ging vorrangig um Grundlagenfestigung. Wochenlang gab es anstrengende Waffen-Drills, Angreifen, Verteidigen, Hindernisbahn sowie immer komplexer werdende Übungen auf den Gefechtsschießbahnen im Gruppen- und Zugrahmen[18]. Zwischendurch warfen wir Handgranaten auf entsprechenden Übungsständen und schossen mit der Panzerfaust, sowie der Leuchtbüchse ‚Carl Gustaf' (der schweren Panzerfaust). Wir übten bei Tag und Nacht und wirklich bei jedem Wetter.

---

[18] Gruppe: 8 - 12 Soldaten,
Zug: ca. 30 - 50 Soldaten, siehe dazu meine Übersicht: Größe der Truppenteile im Anhang

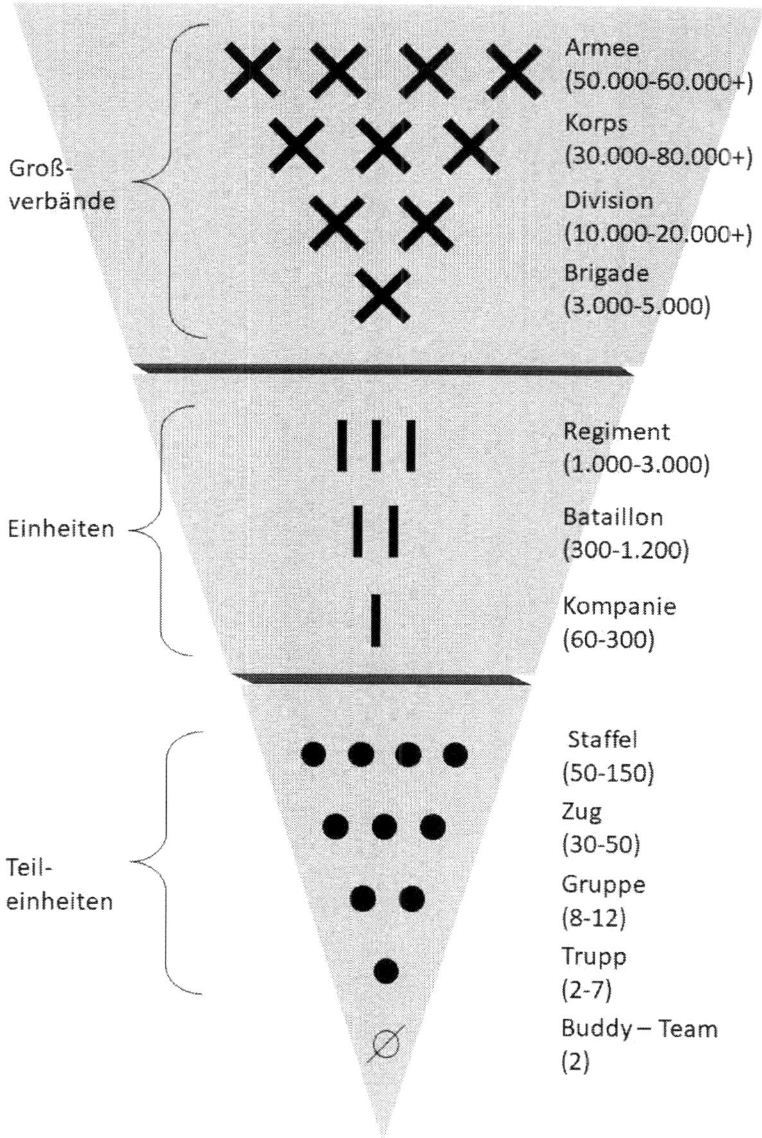

Abbildung 6: Größe der Truppenteile (die Angaben können schwanken)

Natürlich wechselten wir die Gruppenführerverantwortung immer mal wieder durch, da wir auf lange Sicht alle selbst militärische Führer und Vorgesetze werden wollten. Das heißt, an jedem Tag war ein anderer von uns dafür verantwortlich die Männer antreten zu lassen, an jeweilige Ausbilder zu melden und früh morgens eine fünfminütige politische Bildung zu halten, mit Themen wie: Politik, Wirtschaft, Sport und das Wetter. Die Grundidee fand ich gut, jedoch reichte die Zeit kaum aus, um gegen sechs Uhr morgens sinnvolle Informationen an die Männer weiterzugeben. Manche hatten auch Probleme die Informationen aufzunehmen und sinnvoll zu verarbeiten, während wir in der Liegestützposition verharrten.

*Lange Informationsketten sind nachhaltiger als kurze, wenn es um Bildung geht. So wäre beispielsweise ein fünf- bis achtminütiger Vortrag zu nur einem Thema deutlich effizienter, als nur die Schlagzeile aus der Zeitung plus vier selbstgeformte Sätze hinzuzufügen. Montag bis Donnerstag sind die Rekruten*innen dran und Freitag, wo meistens nicht mehr so viel passiert, könnte das einer der erfahrenen Ausbilder*innen übernehmen und ausführlich zu einem Thema vortragen. Sinnvoll wären bei den vorgetragenen Themen auch die geostrategischen Zusammenhänge sowie die Verflechtung von Politik, Wirtschaft und internationalen Interessen zu beleuchten oder auch die Aufarbeitung vergangener NATO-Einsätze. Dies fand nicht statt oder nur unzureichend. Hier sehe ich persönlich einen deutlichen Verbesserungsbedarf, speziell für zukünftige Unteroffiziere und Offiziere. Allerdings ist mir die Komplexität der Thematiken bewusst und um ein ausreichendes Hintergrundwissen aufzubauen, wären ausführlichere und immer wiederkehrende Vorträge notwendig gewesen.*

Doch hin und wieder gab es Lichtblicke in meiner Dienstzeit. Mal ein Zugführer, ein Kompaniechef oder anderer ranghoher Offizier, hielten das eine oder andere Mal einen Vortrag, der mich wirklich begeisterte. Einmal berichtete ein Zugführer der Scharfschützen in einem Vortrag über seinesgleichen. Anstatt uns mit Zahlen und Fakten der Waffen zu langweilen, beschrieb er haarklein, wie er sich bei seiner Tätigkeit fühlt beziehungsweise was er so erlebt hat. Das war damals noch in Pfullendorf gewesen. Ein toller Typ, bei dem man spürte, dass es für ihn kein Job war, sondern eine Berufung. Ein anderes Mal erfuhr ein Kommandosoldat bei einem späteren Lehrgang in Altenstadt, dass zukünftige Fallschirmjägerfeldwebelanwärter / Kommandofeldwebelanwärter auch dort auf Lehrgang sind. Er nahm Verbindung zu uns auf und hielt freiwillig einen kurzen Vortrag über das Kommando Spezialkräfte und seine Funktion dort. Genau wie der Scharfschütze zuvor berichtete er, wie es sich anfühlt Teil von etwas Besonderem zu sein. Er stellte sich allen Fragen, ohne Geheimnisse zu verraten. Ich schätzte diese Geste sehr, denn niemand hat ihn dazu gezwungen oder es von ihm erwartet. Er war, ohne persönliche Interessen zu verfolgen, einfach authentisch. Viele meiner Kameraden sowie ich auch merkten das und waren inspiriert. Für mich stand damals schon vor seinem Vortrag fest, dass ich auch ein Teil von etwas Größerem werden möchte. Doch dazu komme ich gleich noch.

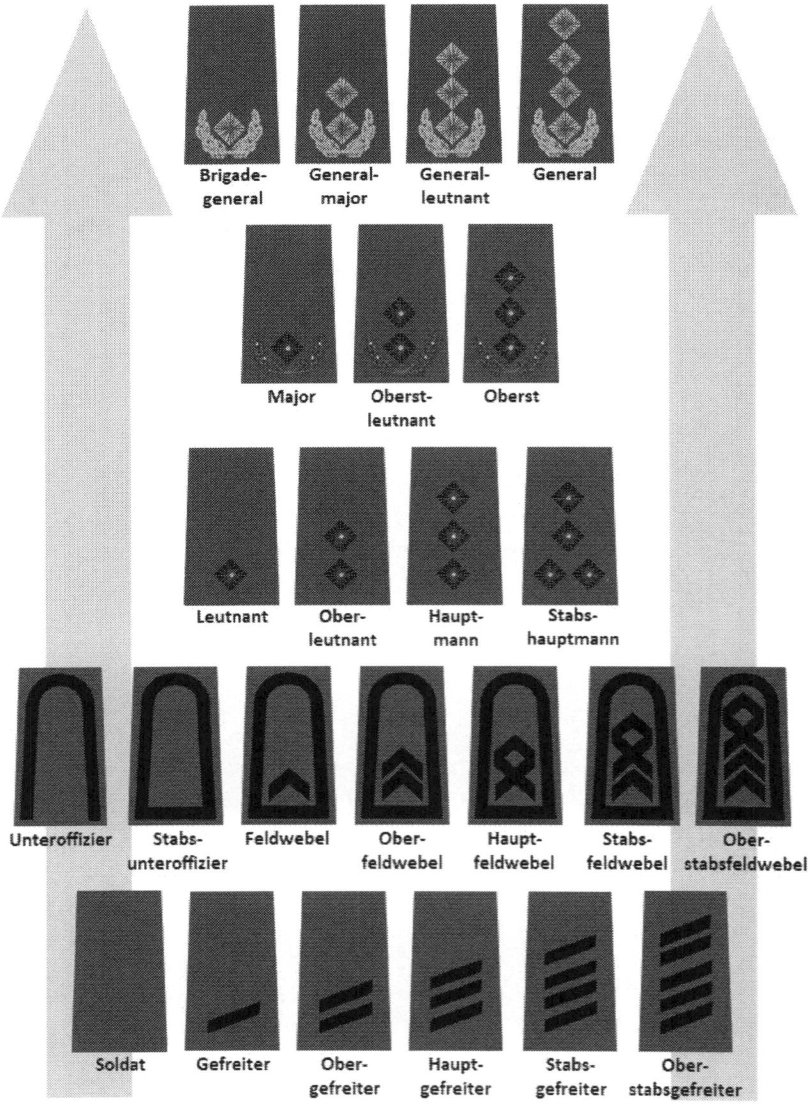

Abbildung 7: Dienstgradübersicht des Heeres (ohne Anwärterdienstgrade)

In Delitzsch (Sachsen) an der Unteroffizierschule des Heeres hielt mal ein Infanterieoffizier, der gleichzeitig Historiker war, einen Vortrag über den Zweiten Weltkrieg über drei bis vier Stunden. Er fokussierte sich auf den militärischen Entscheidungsprozess und Faktoren, welche diesen beeinflussten, zum Beispiel Gelände, Wetter und Kräftedispositiv. Ich merkte ihm den begeisterten Historiker an. Wiederum ein anders Mal sprach jemand über die Entstehung Israels und die Spannungen mit den Palästinensern.

*Ich persönlich empfand auch diese Thematik als wissenswert und bereichernd. Allgemeinwissen und Bildung sollten meiner Meinung nach in einer größeren Rolle innerhalb der Bundeswehr gewichtet werden. Es ist nie verkehrt sich zu bilden und für die allermeisten Soldaten*innen gibt es ein Leben nach der Dienstzeit. Wir Soldaten*innen stumpfen schon genug ab über die Jahre, wenn dann auch noch die Motivation sinkt sich privat und freiwillig weiterzubilden, dann muss es eben in der Dienstzeit befohlen werden, oder zumindest innerhalb der militärischen Liegenschaften attraktiv angeboten werden. Versteht mich nicht falsch, ich mag durchaus das hierarchische System der Armee. Zur Erfüllung unserer Aufträge können wir nur durch Drill, Entbehrungen, hartes Training und Teamwork gelangen. Ein Teil von mir dachte damals, dass zu sensible und feinfühlige Menschen hier nun mal fehl am Platz seien. Es ist ein schmaler Grat zwischen dem Soldaten, der in einem System aus Befehl und Gehorsam dient und gleichzeitig zu Hause bei der Partnerin den liebevollen, offenen Mann abgeben soll. Häufig ist dieser Spagat „harte Schale weicher Kern" zu groß.*

4. Fallschirmjäger

Beim Militär arbeiten wir sehr gerne mit Automatismen, oder sagen wir besser, wir versuchen durch ständiges Üben und Wiederholen einem Automatismus so nahe wie möglich zu kommen, jedenfalls in Bezug auf Bewegungsabläufe, dem Umgang mit unseren Waffen und der eigenen Ausrüstung. Für die Verfahren der Spähtrupps oder der Patrouillen gilt das nicht, denn hier ist Achtsamkeit das höchste Gebot. Routine führt hier schnell zu trügerischer Sicherheit und zu Fehlern. Doch nehmen wir das Beispiel des Waffen-Drills.

Wir bringen unseren jungen Soldaten*innen bei, wie die Waffen funktionieren, wie sie zusammengesetzt werden, wie sie damit umgehen sollen und natürlich die Handhabung in allen möglichen Situationen. Wir beginnen mit ihnen vom einfachen Stubenunterricht und den ersten Ausbildungen auf der Wiese und steigern es Mal für Mal, Monat um Monat bis hin zu hochkomplexen Übungen, bei Nacht, mit starker Vorbelastung und zusätzlich eingespielten schwierigen Szenarien. Am Ende sind immer alle komplett fertig, müde, hungrig, abgekämpft und doch sind sie wieder einen Schritt weitergekommen. Mit jeder einzelnen Wiederholung, mit jedem schon mal durchübten möglichen Szenario erweitert sich unsere Handlungssicherheit.

Fenster, Türen und Erhöhungen werden zu möglichen Bedrohungspunkten. Brücken sind ab sofort hoch riskante Gefährdungspunkte (vulnerable-points), da hier eine Kanalisierung stattfindet und die Anschlagswahrscheinlichkeit exponentiell steigt. Wir sprechen uns nach der Funktion oder Bezeichnung innerhalb der Gruppe an, zum Beispiel Funker, Medic (militärischer Notfallsanitäter) oder MG (Maschinengewehrschütze), damit es zu keinen

Missverständnissen kommt. Wenn drei Soldaten Chris oder Müller heißen, ist keinem bei der Erfüllung des Auftrages geholfen, falls es durch Ansprechen der Namen (anstatt der Funktionen) zu Missverständnissen kommen sollte. Des Weiteren können Funktionen oder Waffen übergeben werden, falls aus welchen Gründen auch immer einer seine Funktion nicht mehr ausführen kann. Wir benutzen viele Abkürzungen und eine sehr direkte militärische Sprache, damit jeder zu jederzeit weiß, was zu tun ist. Eine/n Soldaten*in ohne Auftrag gibt es nicht, sonst hat er/sie etwas falsch gemacht.

Auf einen Punkt bin ich schon in Bezug auf die Bundeswehr beziehungsweise auf die sich weit vor der Bundeswehr entwickelte Art und Weise der militärischen Führung in Deutschland sehr stolz. Wir führen unsere Soldaten*innen mit Auftrag, das heißt man gibt uns die groben Rahmenbedingen, Richtlinien, Ressourcen und einen Zeitansatz vor. Dann handeln alle Beteiligten im besten Interesse zur Erfüllung des Auftrages. Umso besser die Vorbereitung und die Ausbildung war, umso mehr Freiheiten können wir unseren Männern und Frauen zur Erfüllung des Auftrages geben. Es ergibt schlichtweg auch keinen Sinn im Voraus zu 100 % alles befehlen und planen zu wollen, da sich die Realität immer anders widerspiegeln wird als gedacht.

Klassisches Beispiel hierfür ist es, wenn der Kommandeur oder der Kompaniechef dem Zugführer oder mir als Spähtrupp-Führer haargenau vorschreiben will, wo mein Trupp und ich lang zu gehen haben, anhand von einer uralten Karte oder einem schlechten Luftbild. Die Grünfläche um einen Tümpel herum kann sich dann schnell als sumpfähnliches Gebiet entpuppen, alte Forstwege existieren nicht mehr und missinterpretierte Höhenlinien sind nichtbegehbare Steilhänge. Deswegen führen wir unsere

Soldaten*innen mit Auftrag und werden auch so von unseren Vorgesetzten geführt.

Wir adaptieren die Realität an den Auftrag und leben in der Lage.

*Es gibt wie immer Vorgesetze, die dieses Konzept sehr gut verinnerlicht haben und damit rechnen, dass sich wahrscheinlich bald etwas verändern könnte, jedoch haben sie so viel Vertrauen in ihre Soldaten*innen entwickelt, dass sie wissen, die Erfüllung des Auftrages ist das Ziel und nicht der Weg dorthin. In diesem Fall muss man den häufig benutzen Spruch umdrehen, denn eine großartige Annährung und Aufklärung am Feind / Ziel bringt niemanden etwas, wenn wir zu spät sind oder selbst aufgeklärt werden (aufgeflogen sind). Leider gibt es auch immer die andere Sorte von Vorgesetzen, die damit nicht leben können, wenn andere Routen als die geplante, wahrgenommen werden müssen. Manchmal hatte ich das Gefühl, dass einige Vorgesetze sich persönlich angegriffen gefühlt haben, wenn ihre Vorgaben nicht zu 100 % erfüllt wurden. Niemand wird aus Langeweile andere Routen einschlagen, dies hat schon seine Gründe, wie das angesprochene Gelände zum Beispiel. Hier an dieser Stelle wäre ein erneuter Appell an das Führen mit Auftrag angebracht und nicht durch Kleinstbefehle zu stören, denn sonst würde es Befehlstaktik oder Befehlsarmee heißen.*

Nordkorea, China, aber auch viele afrikanische Armeen dürften noch immer dem klassischen Bild einer Befehlsarmee entsprechen. Könnte man es sich aussuchen, was natürlich nicht geht, würde ich immer den Kampf gegen eine Befehlsarmee vorziehen. Egal ob sie zahlenmäßig überlegen sind oder nicht, denn hier gilt es „nur" wenige Schlüsselfiguren (Funker, militärischen Teileinheitsführer und die schweren Waffen) auszuschalten und die Masse weiß nicht mehr, was zu tun ist, was sich wiederum in Panik, Flucht oder Aufgabe widerspiegeln wird.

Entschlossenes Handeln, das Treffen von schnellen Entscheidungen und das Vertrauen in die eigenen Männer, Frauen und deren Fähigkeiten sind in meinen Augen wichtige Punkte, die einen guten militärischen Führer ausmachen. Ich habe in meinen Jahren immer wieder leuchtende Beispiele von guten oder sogar herausragenden Führungspersönlichkeiten erlebt. Männer, die eine Vielzahl an positiven Werten vorlebten und den größten Respekt genossen. Teilweise waren einige Ausbilder sehr polarisierend und umstritten gewesen, jedoch muss man das differenziert betrachten. Es ist eine Frage der Erwartungshaltung, man muss nicht mit jedem befreundet sein, mit dem man dient. Auch muss man es nicht für gutheißen, was der einzelne Soldat in seiner Freizeit macht oder wofür er sein Geld ausgibt. Wichtig ist es, mit ihnen solide arbeiten zu können. Hier habe ich herausragende Soldaten kennengelernt, auf die ich mich zu 100 % im Dienst verlassen konnte, jedoch würde ich nicht freiwillig meine Freizeit mit ihnen verbringen wollen. Das ist gar nicht so böse gemeint, wie es eventuell klingen mag, jedoch ist meine Zeit das Kostbarste, was ich habe, und diese teile ich mir nach meinem Belieben ein. Besonders nach meiner Dienstzeit sollte ich darauf größten Wert legen.

Trotzdem ist jedem bewusst, dass wir immer alles Menschenmögliche tun werden, um unseren Auftrag zu erfüllen und unsere Kameraden*innen zu schützen. Jede/r Soldat*in, die/den du befragen kannst, wird dir immer dieselbe Antwort auf die Frage: „Warum hast du das für den Mann neben dir getan?“, geben.

„Weil er/sie es auch für mich tun würde!“ Man lebt nach diesem Prinzip oder ist dieses Privilegs nicht würdig.

Was mir gleich zu Beginn auffiel war, dass alle sehr viel Respekt vor unserem ersten Zugführer in Pfullendorf hatten. Ein Mann mit

Ausstrahlung. Im Laufe meiner Dienstzeit hörte ich jedoch häufiger andere Soldaten kontrovers über ihn reden. Das wies ich jedes Mal entschieden zurück, denn dieser Mann genoss mein volles Vertrauen und wir erwarben das seinige. Bis auf die üblichen militärischen Witze und Grenzüberschreitungen tat er immer alles dafür, seine Männer (also uns) zu schützen und uns die bestmöglichen Grundlagen für unsere weitere militärische Zukunft zu vermitteln. Das korrekte militärische Wertesystem nahm ich mir stets von ihm zum Vorbild. Danke dafür Herr Hauptfeldwebel M.S.!

Abbildung 8: Hauptfeldwebel M.S. und ich

Ein komplett anderes Beispiel dafür war der Ausbilder, den ich auf meinem Unteroffizierlehrgang hatte. Ein kleiner, überkorrekter Typ von einem Schreihals, der anscheinend wirkliche Probleme in seinem Leben hatte und diese unprofessioneller Weise mit in den

Dienst trug. Er sollte mir den Anschiss meines Lebens geben, wie du gleich noch erfahren wirst.

So mussten wir im Dezember 2010 noch kurz für einen Monat auf den BC-Lehrgang (Kfz und Lkw), damit wir auch entsprechende Fahrzeuge später bewegen konnten und durften. Da ich schon einen Autoführerschein besaß, musste ich nur noch den Lkw-Schein absolvieren. Der Dezember ist inklusive der Feier- sowie Brückentage nicht der längste Monat, so konnte ich ‚nur' den C-Schein ablegen. CE (Lkw-Schein mit Anhänger) war aufgrund der geringen Anzahl an Ausbildungstagen nicht möglich. Das hat allerdings im späteren Verlauf nie eine Rolle gespielt, da ich nie Fahrzeuge mit Anhänger bewegte.

Man muss dazu sagen, Veitshöchheim (ein Nest in Bayern mit circa 10.000 Einwohner in der Nähe von Würzburg) war im Dezember 2010 saukalt. Das Thermometer ging bis auf knapp -20° Celsius herunter. So froren mein Buddy und ich uns den Allerwertesten ab, bis mein Fahrlehrer endlich nach über 20 Minuten Verspätung auftauchte. Wir machten freiwillig Liegestütze und Kniebeugen neben dem Fahrzeug, da wir keinen Schlüssel hatten, nur um uns warm zu halten.

Hier kann ich nur erwähnen, dass mein Fahrlehrer (ein „Mann" der hauptberuflich in beheizten Fahrerkabinen sitzt) uns verhöhnt hatte, wie doof wir Infanteristen sind, da wir keine beheizbaren Einlegesohlen wie er hätten. Als damaliger Obergefreiter musste ich leider höflich zum Oberfeldwebel bleiben. Die Funktionsweise eines Kühlschranks oder das Zwiebelschalenprinzip hatte er wiederum nicht verinnerlicht, denn im Fahrzeug drehte er die Heizung immer mehr auf, bis wir die Fenster wieder öffneten. Er hätte auch einfach ein Teil seiner fünf Kleidungsschichten ausziehen können.

Es war ein kurzer Monat und ich war froh, dass er schnell vorbei ging. Rückblickend war ich nie so viel feiern und Party machen gewesen wie in diesem Dezember damals, sonst hätte ich dieses Umfeld nicht ertragen. Würzburg lag für diesen Zweck zum Glück nicht allzu weit entfernt.

Die winzige Kaserne blieb mir nur als unmilitärischster Ort in Erinnerung, an dem ich je war. Die dort stationierten Soldaten lachten nur, wenn wir salutierten (der förmlich korrekte militärische Gruß). Der eine Fahrlehrer war so fett, dass wir dachten er würde sterben, als er den dritten Stock zu Fuß erreichte. Er ging auch nie zu Fuß durch die Kaserne, er fuhr immer auf einem Roller. Leider zog sich dieses Bild zu einem Großteil durch den gesamten Standort. Wie schon betont war es zum Glück nur der Monat Dezember im Jahre 2010.

Ab Januar begann der Unteroffizierlehrgang auch kurz Uffz-Lehrgang genannt. Dieser ist die offizielle Vorbereitung und Ab-Prüfung für einen Unteroffizier. Wie schon die meisten anderen Lehrgänge bisher fand dieser auch wieder in Pfullendorf statt. Hier lernte man einfache Ausbildungen vorzubereiten, durchzuführen und auszuwerten. Verbunden mit dem ein oder anderen Rechtsunterricht, der uns die Grenzen des Erlaubten aufzeigte. Dieser Lehrgang bestand überwiegend aus Praxisanteilen, wobei die Lehrgangsteilnehmer sich unter Anleitung gegenseitig ausbildeten. So hielt jeder von uns seine ersten Ausbildungen als Übungs-Ausbilder und wurde dabei von den erfahrenen Ausbildern benotet. Soweit so gut, am Ende sollte dieser Abschnitt mit dem sogenannten „Marsch der Tränen“ seinen Höhepunkt nehmen.

Abbildung 9: Abschlussfoto vor dem „Marsch der Tränen"

Dieser Marsch war tatsächlich brutal hart. Jedenfalls aus dem Blickwinkel eines Obergefreiten mit weniger als einem Jahr Dienstzeit betrachtet. Wie bei jedem Marsch gibt es Soldaten die hier besonders positiv, leider jedoch auch immer mal wieder negativ hervorstechen. Die körperlichen Belastungen zu bewältigen und dann noch zu funktionieren sind einfach nicht für jeden Menschen das Gleiche. Der Marsch war auch gleichzeitig das Ende der Ausbildungswoche, die in einem größeren Munitionslager stattgefunden hatte. Die Strecke war auf 10 bis 15 km angesetzt. Wahrlich nicht weit, doch hier wurde die Belastung durch zusätzliche Ausrüstung enorm erhöht. Quasi jeder hatte ein Maschinengewehr, eine Panzerfaust, einen Munitionsrucksack oder die Lafette. Es gab keinen Mann, der nicht nochmal zusätzliche 15 bis 25 kg zu seiner normalen Ausrüstung schleppen musste. Die überschaubare Distanz war dementsprechend von ‚Klassikern', wie dem Eilmarsch, dem Verwundetentransport, einem ABC-

Alarm[19], Gefechtseinlagen, Wassergräben und vielem mehr gezeichnet, ohne daraus eine zu große Story zu machen.

Wer seit dem ersten Tag der Grundausbildung, bis dahin, immer mitgemacht und alles gut durchgezogen hatte, der schaffte auch diesen Marsch. Nur musste man hier einmal ein paar Kohlen mehr ins Feuer werfen und noch etwas länger die Zähne zusammenbeißen. Als wir die Kaserne erreicht hatten, wartete die Spezialhindernisbahn auf uns. Ähnlich wie eine normale militärische Hindernisbahn angelegt, doch diese war nur im Gruppenrahmen zu meistern. Allein schaffte man es nicht, Teamwork ist alles. Leider wurden diejenigen, die den Marsch nicht schafften trotzdem für den weiteren Werdegang zugelassen. Meiner Meinung nach ist das ein Fehler im System, da auf Noten stets großen Wert gelegt wurde, jedoch der körperliche Aspekt nur in absoluten Ausnahmefällen zum Ausschluss führen konnte. Es ist de facto so, dass wer bis dahin gekommen war, auch die Laufbahn zum Feldwebel fortführen durfte, selbst wenn er den Marsch abbrach.

Ich persönlich finde das inakzeptabel. Von mir aus bei anderen Einheiten, aber nicht bei der Infanterie und schon gar nicht bei den Fallschirmjägern, jedenfalls nicht, wenn wir weiterhin im obersten Drittel der Bundeswehr mitspielen wollen und schon gar nicht für angehende militärische Führungspersönlichkeiten.

Rein zufällig konnte mein ‚Lieblings-Ausbilder' (der kleine Schreihals) an diesem ‚schönen' Marsch nicht teilnehmen. Ihm ging es nicht gut. Er hatte Schnupfen und Fieber. Es war wahrscheinlich eine ganz schlimme Form von Männergrippe. Vielleicht war er auch noch heiser, weil er mich am Tage zuvor etwa 30 Minuten am Stück

---

[19] ABC steht für atomar, biologisch und chemische Kampfstoffe. Bei einem ABC-Alarm setzt man seine ABC-Maske („Gasmaske") auf und schützt sich, wenn vorhanden, mit weiterer Schutzbekleidung.

vor versammelter Mannschaft angebrüllt hatte. Wir sagen auch gerne ‚dumm-machen' dazu beim Militär. Fairerweise muss ich zugeben, dass ich bei meiner Übungsausbildung, die ich abhalten musste, wirklich etwas falsch gemacht hatte. Diesen normalen, kurzen und typisch militärischen Anschiss hatte ich verdient. Es ging um das Umgliedern von Formationen. Stell dir eine langgezogene Formation, ähnlich einer Perlenkette vor, die wir ‚Schützenreihe'[20] nennen, in der die Männer leicht versetzt marschieren und dann eine weitere, breite Formation, die bei uns ‚Schützenrudel'[21] genannt wird. Beim Umgliedern von der einen Formation in die nächste, hatte ich nicht exakt nach der Vorschrift ausgebildet und somit etwas falsch erklärt. Manchmal testen einen die Ausbilder gerne, um zu prüfen, ob du nervös wirst, zu stammeln beginnst und tatsächlich von deinem roten Faden abweichst. Dies tat ich nicht und somit besiegelte ich voller Überzeugung mein Schicksal.

Nach dem üblichen knapp fünfminütigen Anschiss und einem Zurechtweisen wäre die Sache eigentlich vorbeigewesen. Jedoch brannte bei dem Ausbilder anscheinend eine Sicherung durch und er steigerte sich mehr und mehr in seinen Zorn gegen mich hinein. So wurde ich von einem Soldaten, der einen Fehler gemacht hatte, zu einem schlechten Soldaten und dann zu einem ganz furchtbaren Soldaten.

Der Rest der Gruppe blieb an Ort und Stelle wie angewurzelt in Formation stehen und traute sich keinen Mucks zu machen. Als Obergefreite hatten wir alle auch keine Wahl. Im mittleren Teil seines Wutausbruchs, nach etwa 15 Minuten, war ich dann für den

---

20 Bei der Schützenreihe (Schütze ist ein Synonym für Soldat) marschiert jeder einzelne jeweils links oder rechts versetzt zum Vordermann folgend.

21 Wenn man nicht nur tief gestaffelt marschieren will, sondern, um zum Beispiel mehr Feuerkraft nach vorne zur Verfügung zu haben, die volle Breite der Formation ausnutzen will, gliedert man in das Schützenrudel um.

Tod anderer Kameraden verantwortlich. Du erinnerst dich bestimmt noch an die Gefallenen vom Karfreitag? Hier wurde die Sache jetzt persönlich und sprengte den Rahmen von strengen militärischen Zurechtweisungen. Mein Gewissen mit den erst vor kurzem gefallenen Kameraden belasten zu wollen, wurde mir dann auch zu viel und ich bekam feuchte Augen, da ich die Welt nicht mehr verstand.

Wie kann man einen jungen, motivierten Mann, der bisher immer gute und sehr gute Leistungen erbracht hatte, für einen kleinen Fehler nur so dermaßen aus dem Leben katapultieren? Für ihn waren meine Krokodilsaugen ein gefundenes Fressen gewesen und anscheinend bestärkte ihn das in seiner persönlichen Sichtweise von Schuld und militärischer Erziehung. Somit hatte er nun genügend Anlass die nächsten zehn Minuten mich auch noch für seine Herzprobleme und anderen körperlichen Gebrechen verantwortlich zu machen. Spätestens jetzt wusste ich, dass er wahrscheinlich gerade einen Nervenzusammenbruch erlitt und einfach nur noch ein Arschloch war, dementsprechend gewann ich meine Fassung wieder. Trotzdem war mein Körper wie paralysiert. Egal ob ich jetzt etwas sagen oder mich bewegen würde, es wäre alles falsch. Nach einer geschlagenen halben Stunde war ich froh, dass es nichts mehr gab, woran ich schuld sein konnte. Er brach die Ausbildung ab, ließ die Grundstellung auflösen, die alle Soldaten währenddessen einnehmen mussten und schickte mich weg, um mit dem nächsten Üb-Ausbilder weitermachen zu können. Bis heute weiß ich nicht, was sein Problem war.

Für die sozial Veranlagten unter euch mit starkem Gerechtigkeitssinn möchte ich folgenden Hinweis geben: Die Armee ist der falsche Ort, um seinen Ausbilder darauf hinzuweisen, dass er gerade selbst etwas falsch macht, jedenfalls nicht vor anderen Soldaten. Sie ist kein Debattierclub und auch keine

Argumentationsgruppe. Man diskutiert nicht. So läuft Hierarchie nun mal ab. Für beispielhafte Fälle wie eben geschildert, ist das dann wirklich scheiße gelaufen, jedoch eher die Ausnahme als die Regel. Trotz dieses Zwischenfalls beendete ich den Lehrgang mit „gut", wurde Unteroffizier und konnte somit zum nächsten Quartal (Q2 2011) für das Truppenpraktikum nach Zweibrücken (Rheinland-Pfalz) kommandiert werden.

Ein Highlight gab es noch, dass ich dir nicht vorenthalten möchte. Für mich war es prägend und richtungsweisend. Wie ich dir beschrieben habe, bekamen wir häufiger Unterrichte oder es kam mal jemand aus einer anderen Verwendung vorbei und berichtete von seinem Berufsbild (ein Scharfschütze, ein Fernspäher oder ein Kampfmittelbeseitiger). Diesmal kam es mit einem Oberstabsfeldwebel aus Calw[22] (eine Ortschaft im Schwarzwald) vom KSK (Kommando Spezial Kräfte) zu einem sehr außergewöhnlichen Besuch. Jeder von uns wusste, was die Buchstaben bedeuten, denn ab und zu sahen wir mal ein paar von den Bewerbern oder Auszubildenden in unserer Kaserne. Jedoch hatte nie jemand von uns ausführlich mit einem „Calwer" gesprochen. Der angesprochene Oberstabsfeldwebel war ein ehemaliger Kommandosoldat und jetzt im Personalwerbetrupp tätig. Spaßeshalber nannten wir solche ‚Anwerber', egal aus welcher Einheit sie stammten, immer ‚Seelenfänger'. Nach knapp einem Jahr in Pfullendorf und dem ein oder anderen kurzen Lehrgang hatten wir immer die gleichen Themen im Kameradenkreis: Einsätze, Ausrüstung, Lehrgänge, spezialisierte Einheiten und Spezialeinheiten, Autos, Sport und natürlich Frauen. Man kam zwangsweise gar nicht an diesem Thema vorbei. Natürlich sprachen wir auch über Privates.

---

22 Das KSK ist im Standort Calw, in der Graf-Zeppelin-Kaserne, beheimatet. (Innerhalb der Bundeswehr betitelt man umgangssprachlich die Soldaten*innen aus diesem Verband als „Calwer" oder „Kommandos")

Dem Konzept der Feldwebelausbildung in Pfullendorf liegt die Absicht zu Grunde, Feldwebel auszubilden, welche zum Ende ihrer Ausbildung direkt das äußerst selektive Eignungsfeststellungsverfahren beim KSK durchlaufen. Diejenigen, welche es nicht bestehen, aus persönlichen Gründen nicht daran teilnehmen wollen oder bei der Einstellung sich für Fallschirmjäger entschieden haben, kommen in die Fallschirmjägertruppe. Daher unterscheidet sich die Feldwebelausbildung für Fallschirmjäger in der Durchführung deutlich von den Ausbildungen anderer Truppengattungen. Die Ausbildung zum Feldwebel wurde seit Bestehen der Bundeswehr häufiger verändert. So wurden früher Unteroffiziere direkt in ihren Verbänden (Bataillone[23] et cetera) ausgewählt und ausgebildet. Lediglich die Laufbahnlehrgänge fanden zentral an den Truppenschulen der jeweiligen Truppengattungen statt. Feldwebel wurden von diesen Unteroffizieren nur die wenigsten. Es gab in der Vergangenheit deutlich weniger Dienstposten für Feldwebel in der Bundeswehr als heute. Aktuell wird die vorherrschende maximale Zentralisierung der Ausbildung zum Feldwebel wieder schrittweise aufgebrochen. Es ist ein permanenter Transformationsprozess. Ich könnte dir jetzt hier lang und breit die Vor- und Nachteile beider Systeme aufzählen und versuchen diese auszuwerten, jedoch würde das den Rahmen sprengen und soll jetzt hier auch nicht das Thema sein. Was ich dir damit versuche zu erklären, ist, dass das Thema KSK immer präsent und allgegenwärtig war. Die Ausbilder sprachen auch ununterbrochen davon.

Noch vor dem offiziellen Beginn meiner Dienstzeit fragte mich der Einplaner, ob er mich als Fallschirmjägerfeldwebelanwärter oder

---

23 Bataillon: ca. 300 - 1200 Soldaten, siehe dazu meine Übersicht: Größe der Truppenteile im Anhang

als Kommandofeldwebelanwärter[24] einbuchen solle. Da ich damals keine Ahnung hatte und schon Fallschirmjäger für das Nonplusultra hielt, entschied ich mich dafür. In der Realität gab es auch keinen wirklichen Unterschied. Wir machten alle die exakt gleiche Ausbildung und alles war komplett identisch, außer dass auf den späteren Lehrgängen die Jungs, bei denen die Vorsilbe ‚Kommando' auf dem Papier stand, bei den Verpflegungsausgaben ein Trinkpäckchen und einen Müsliriegel mehr bekamen. Du kannst dir gar nicht vorstellen, wie anstrengend und lächerlich sich manchmal der Einzelne verhalten hat und auf diese zwei extra Dinge bestand, die ihm laut Papier (gemäß Einplanung) zustanden. Da er sich auf dem Papier für eine „größere Sache" vorbereitete und somit einen höheren Kalorienverbrauch hatte. Unendlich peinlich empfand ich manchmal das Verhalten dieser Kameraden, die sich mit dummen Sprüchen durch dieses eine Wort (Kommando-) brüsteten. Ein Wort, das sich bisher keiner von uns verdient hatte. Der eigentliche Unterschied sollte darin liegen, dass diese Kommandofeldwebelanwärter das Auswahlverfahren in Calw nach den knapp drei Jahren machen mussten und dem Fallschirmjägerfeldwebelanwärter wie ich es war, es freigestellt wurde.

Der ‚Seelenfänger' war nicht mehr der Jüngste und auch an seiner physischen Form konnte ich sehen, dass ihm sein entspannter Job sichtlich gefiel. Doch das war völlig unwichtig, denn er trug das Schwert auf seinem Barett, sowie DAS Kommandoabzeichen an seiner Brust und dieses bekommst du nur, wenn du dir wirklich sehr, sehr lange den Arsch dafür aufgerissen hast. In diesem Fall kommt es wirklich nur auf das Abzeichen auf der rechten Brusttasche drauf an. Das Barett spiegelt ‚nur' die Zugehörigkeit zu einer bestimmten Truppengattung wider.

---

24 Vgl. [Q8]

Abbildung 10: Barett mit Kommandoabzeichen (oben), Kommandoabzeichen für die Feldbluse (unten)

Nach seiner Powerpoint-Präsentation und unzähligen von Fragen, denen er Rede und Antwort stand, lud er uns nach Calw ein und öffnete somit meinen persönlichen Himmel. Als wir etwas später in Calw tatsächlich herumgeführt wurden, die Waffenkammer sehen durften, das interaktive und multifunktionale Schießhaus und etliche andere nette Dinge, war es um mich geschehen. Es gab für mich nur noch das eine Ziel:

Ein Kommandofeldwebel zu werden!

Zeitstrahl Dienstzeit Kevin Bulicke

01.04.2010 Diensteintritt (in Pfullendorf)

07.09.2010 - 28.09.2010 Fallschirmsprunglehrgang Automatik (in Altenstadt)

25.11.2010 - 23.12.2010 Kraftfahrzeuglehrgang BC (in Veitshöchheim)

04.01.2011 - 25.02.2011 Fw Anwärterlehrgang AMT (in Pfullendorf)

5. Beruf oder Berufung?

Selten war eine Überschrift so passend zu dem, was ich in den folgenden 15 Monaten erleben sollte. Im zweiten Quartal 2011 war es nun Zeit, unser erstes Truppenpraktikum als frisch beförderte Unteroffiziere zu absolvieren. Das heißt, du wirst in eine Fallschirmjägereinheit kommandiert, in meinem Fall in die 6. Kompanie des damaligen Fallschirmjägerbataillon 263 in Zweibrücken/Rheinland-Pfalz, eine Ausbildungskompanie für Rekruten*innen. Hier treffen jedes Quartal frische junge Männer, manchmal auch die eine oder andere Frau ein, die sich für die Laufbahn der Mannschaften als Fallschirmjäger entschieden haben. Gleichzeitig war es das erste Quartal, in dem die letzten Wehrpflichtigen und die ersten Freiwilligen aufeinandertreffen würden. Für mich eine sehr spannende Konstellation, da die Bundesregierung die Aussetzung der Wehrpflicht verkündet hatte. Gleichzeitig senkte man die Verpflichtungszeiten. Jetzt gab es gleich mehrere Herausforderungen auf einmal. Die ersten Freiwilligen bekamen finanzielle Anreize (Prämien) zu dienen und das nicht zu knapp. Sie erhielten mehrere tausend Euro steuerfrei für wenige Jahre der Verpflichtung. Natürlich führte dies sofort zu einem Neidgefühl bei allen, die schon länger bei der Bundeswehr waren und auch bei den letzten Wehrpflichtigen. Des Weiteren steht eine dienstpostengerechte Ausbildung, welche drei Monate Grundausbildung, drei Monate Spezialisierung und einen Monat Fallschirmspringerlehrgang beinhaltet für Soldaten, die sich nur für knapp ein Jahr beziehungsweise bis zu maximal 23 Monate verpflichtet haben, in einem ungünstigen Aufwand/ Nutzen-Verhältnis[25].

Die seit Jahren vorherrschende Personalnot der Bundeswehr – ein hausgemachtes Problem.

Meiner Meinung nach ist es höchst bedenklich, junge Männer und Frauen mit dem plumpen Verpflichtungsbonus zu locken, für einen Beruf, den man in aller erster Linie aus Überzeugung ausübt. Berufe, in denen man Uniform trägt wie Militär, Polizei und auch Feuerwehr sollten grundsätzlich überdurchschnittlich vergütet werden, verstärkt durch die kostenlose Nutzung aller öffentlichen Verkehrsmittel, den kostenlosen Zugang zu allen (staatlichen) Kulturstätten und durch die Anerkennung der Bevölkerung honoriert werden. Hier muss ich positiv nachträglich anmerken, der Punkt der kostenlosen Nutzung aller öffentlichen Verkehrsmittel wurde mittlerweile auch für Soldaten umgesetzt, sofern sie in Uniform reisen – Lob und Anerkennung dafür. Erst in zweiter Linie sollte das durch finanzielle Gegebenheiten verstärkt werden, wie zum Beispiel durch die Wiedereinführung des Weihnachtsgeldes[26], höhere Zulagen für spezialisierte Kräfte und Spezialkräfte (wirkliches Fachpersonal) und eine bessere Nettogesamtvergütung für mehr geleistete Dienste (Überstunden).

Erst wenn die Bundeswehr von Grund auf so attraktiv ist, dass wieder nachhaltig mehr Bewerber als Kapazitäten da sind, hat sie aus Arbeitgebersicht Ihren Job gemacht. Weg von einer prämienanreizorientierten Personalstruktur – hin zu einer Kultur

---

[25] Damit ein FWD'ler (Freiwillig Wehrdienstleistender) heute eine realistische Chance auf den Springerlehrgang hat, sollte er sich wenigstens für 15 Monate verpflichten.

[26] Das Weihnachtsgeld wurde in den 10er Jahren (2010-19) auf das monatliche Gehalt verteilt. Das hat den Vorteil, dass eine Kürzung oder Streichung nun reale Lohneinbußen wären.

der Überzeugung: Warum dienst du? → Aus Überzeugung. Die Frage nach dem Warum wieder in den Vordergrund stellen!

Meiner Vorstellung nach sollte der Schwerpunkt zur Personalgewinnung eher in Investitionen in Sportstätten jeder Kaserne liegen. Da wir von Dienstwegen überdurchschnittlich fit sein sollten und müssen, wäre es ein Traum, wenn man nach Dienstschluss zu fast jeder Zeit Nutzungsmöglichkeiten schaffen würde. Wenn ich von Investitionen spreche, meine ich repräsentative Sportstätten. Mit Klettertürmen, Crossfit Hallen, Schwimmhallen, Krafträumen, Turnhallen mit festen Kampfsportbereichen und Außenanlagen für Leichtathletik, die sich sehen lassen können. Der theoretische Zugang und die realen Nutzungsmöglichkeiten sind zwei verschiedene Paar Schuhe. In Pfullendorf hatten wir beispielsweise einen modernen internationalen Kraftraum, den wir als Feldwebelanwärter nicht benutzen durften „Nur für Stammpersonal oder internationale Einheiten!". Die Früchte aus Investitionen zieht man immer erst nachdem man sie gesät hat. Genügend Geld aus dem Wehretat ist vorhanden, man sollte es allerdings zukunftsorientierter verteilen. Doch ich verspreche euch, wenn sich die Bundeswehr „sportlichster und attraktivster Arbeitgeber in Sachen Sportstätten und Nutzungsmöglichkeiten" auf die Fahne schreiben würde, wäre der Personalmangel weit weniger ein Thema. Man stelle sich nur vor, dass Kletterscheine oder Tauchkurse nicht nur für Gebirgsjäger und Mienentaucher zu haben wären, sondern für die breite Masse in Uniform. Mehr Kindertagesstätten zu errichten, ist zwar auch zweckmäßig, betrifft allerdings nur die wenigsten von uns. Außerdem hat es immer den politisch-medialen Beigeschmack, dass dieses Thema zum Ausschlachten benutzt wird. Dagegen sind die Kampagnen in den sozialen Medien mit vielen spannenden Punkten ein guter Anfang gewesen, auf die man jetzt Schritt für Schritt aufbauen kann. Hoffen wir mal, dass es eines Tages auch so etwas wie

Digitalisierung in der Bundeswehr geben wird. Nun aber zurück zu den Rekruten.

Die Rekruten bleiben in meinen Augen solange Zivilisten, bis diese ein Mindestmaß an militärischen Grundsätzen kennengerlernt haben. Erst nach dem Gelöbnis sind sie dann Soldaten. Der Großteil der Jungs war gut, einige wenige lernten alles, was man ihnen zeigte und erklärte enorm schnell. Bei anderen stellte sich zügig heraus, dass diese weder für die Fallschirmjägertruppe noch für die Bundeswehr per se geschaffen waren. Wir reden hier von wirklichen Härtefällen, bei denen sich jeder Bürger mit einem gesunden Menschenverstand fragen würde: „Wie konnte diese Person überhaupt durch die Musterung kommen?" In meiner ganzen Dienstzeit fragte ich mich leider immer mal wieder, was in den Rekrutierungszentren falsch laufen muss, wenn solche „Härtefälle" überhaupt zur Bundeswehr zugelassen werden.

Die Ausbildungskompanien sind meist wie folgt strukturiert: es gibt Stammpersonal, welches dort dauerhaft seinen Dienst verrichtet und in der breiten Masse die Verantwortung der Ausbildungen übernimmt. Alle drei Monate wechseln junge Truppenpraktikanten wie ich damals, die sich dort ihre ersten Sporen verdienen können. Je nachdem wie streng die Vorgesetzten sind und wieviel sie einem persönlich zutrauen, wird man entweder an der ‚kurzen oder an der längeren Leine geführt', um es mal sinnbildlich auszudrücken. Unser Zugführer und mein Gruppenführer waren recht entspannt und ließen uns erst einmal freien Lauf. So konnten wir frischen Unteroffiziere uns ausprobieren. Mehrfach wurden wir ermahnt, die Rekruten bloß nicht zu hart anzufassen und auch physisch keine Extrema einzugehen. Anscheinend hatten die ‚Pfullendorf Generationen' vor uns schon ihre Spuren in den Köpfen der Vorgesetzten hinterlassen. Wahrscheinlich wollten sie den Rekruten zumuten, was man ihnen in Pfullendorf zugemutet hatte. Wir sind nicht besser als andere, ganz und gar nicht. Die meisten von uns Ausbildern waren nun mal deutlich motivierter als ein Teil der Rekruten. Daher war die Grenze zwischen dem, was wir uns selbst zumuteten natürlich höher als bei jemandem, der die Bundeswehr erstmal kennenlernen wollte.

Abbildung 11: Foto im Zugrahmen 2011

Manchmal hatte ich jedoch das Gefühl, einige der Rekruten wollten wirklich ‚speziell' behandelt werden. Sie schienen schier mit Absicht mal etwas zu vergessen, oder zeigten gewisse Unlust in exakt den falschen Momenten. Für diese, sagen wir mal ‚Sonderlinge', die gerne die Grenzen von Ausbildern testen, gab es auch immer eine angemessene Behandlung. Wir verlegten[27] meistens im Laufschritt zu einem Ort weit hinter unserem

---

[27] Verlegen bezieht sich im militärischen Sinne auf die Änderung des Standortes.

Kompaniegebäude und zeigten den Jungs ihre Grenzen auf. Bevor du jetzt etwas Falsches denkst, wir haben niemanden verprügelt. Es gab nur ein paar motivierende Ansagen und etwas zusätzliche körperliche Betätigung. Da ich selbst immer jeden einzelnen Liegestütz und jeden einzelnen Kilometer mit exakt dem gleichen Gewicht absolviert habe, kann ich das genauso ruhigen Gewissens schreiben.

Abbildung 12: Tom S. und ich

So langsam, aber sicher, vergingen die drei Monate. Die Männer stellten sich gut an und auch wir Unteroffiziere lernten viel in der Zeit. Ich überlegte immer wieder, welcher Führungsstil für mich der Richtige sein würde, da ich mittlerweile viele unterschiedliche Eindrücke von anderen Vorgesetzten erlebt hatte. Ich entschied mich für ein nicht zu formelles Gehabe, Spaß sollte auch mal dabei sein, solange jeder machte, was man ihm sagte. Dagegen reagierte ich allergisch auf Lügen, Ausreden und körperliche Schwäche. Des Weiteren bestärkte ich den ‚Zwei-Mann-Gedanken' (auch Buddy Team genannt) sehr intensiv. Jeder sollte dem anderen helfen, so dass sich Schwächen und Stärken ausglichen und sich die Männer gegenseitig schneller kennenlernten und Vertrauen schenkten. Bei der Bundeswehr sagt man, ein Mann ist kein Mann, deswegen arbeiten wir immer mindestens zu zweit. Falls dem einen etwas passiert, kann der andere helfen. Mir war es auch wichtig, besonders am Anfang, dass jeder in den Pausen einfach mal von sich etwas Persönliches berichtete. Herkunft, Geschwister, schulische Bildung, Hobbies, Vorstellungen von der Bundeswehr und so weiter. Über jeden Einzelnen in meiner Gruppe machte ich mir Notizen und Gedanken, wie es mein Gruppenführer damals mit uns auch tat. Ich erkannte deutlich die Unterschiede zwischen jungen Männern, die beispielsweise aus einer inneren Motivation herauskamen, die, wie die meisten in der Bundeswehr, für Werte und Ideale einstehen wollten und alles dafür gaben, dies zu erreichen. Natürlich auch diejenigen, die nicht wussten, was sie im Leben mit sich anzufangen hatten und einfach nur wegen des Geldes, verstärkt durch die Verpflichtungsprämie, kamen. Mir war immer egal, welche ursprüngliche Nationalität die Kameraden hatten. Bis heute urteile ich nicht nach dem Eintrag im Pass oder dem der Eltern. Wenn jemand gut war, immer seine Aufträge erfüllte, sich kameradschaftlich verhielt, dann sprach ich stets ein Lob dafür aus. Beim Gegenteil gab es selbstverständlich die gegenteilige Reaktion. Ich beurteile nicht die Hautfarbe, den Akzent oder die Rechtschreibschwäche, sondern den Anspruch, den jemand regelmäßig an sich selbst hat und den Einsatz, den er im Dienst zeigt.

Abbildung 13: Meine Gruppe, die ich ausgebildet habe

Nach drei Monaten verließen wir das Truppenpraktikum und fuhren für ein verlängertes Wochenende direkt nach Hammelburg zur Infanterieschule des Heeres. Hammelburg liegt im nordwestlichen Teil von Bayern in Unterfranken. Wie fast jede Kaserne liegt auch diese am Arsch der Welt und natürlich mitten auf einem Berg. Jedes Mal, wenn wir uns von der Kaserne entfernten, wussten wir es wird immer bergauf gehen, wenn wir wieder „nach Hause“ wollten. Mittlerweile war das dritte Quartal (Q3 2011) angebrochen und dementsprechend heiß war es auch. An der Infanterieschule des Heeres sollten wir vor allem den Kampf in und um Stellungssystemen, sowie Orts- und Häuserkampf trainieren. Im Vergleich zu Wäldern oder Freiflächen, die wir bisher ausgiebig verinnerlicht hatten und die jedoch meistens nur eine Ebene haben, kamen jetzt eine zweite beziehungsweise sogar dritte Ebene hinzu. Ich empfand es als spannend dieses neue Terrain zu erleben und im Vergleich zu unseren sonstigen Waffen- und Lauf-Drills aus Pfullendorf hatten wir hier wirklich Spaß und Action. Schützengräben und befestigte Stellungen können eine komplexe Sache werden, wenn sie gut vorbereitet sind und es erfordert einen enormen Einsatz von Menschen und Material, feindliche Gräben zu nehmen beziehungsweise gleichzeitig die Eigenen zu halten. Ich traue mir jetzt nicht, einen direkten Vergleich zum Ersten Weltkrieg zu ziehen, da dieser maßgeblich durch Stellungsgräben geprägt war, jedoch bekam ich schon einmal den Hauch eines Vorgeschmackes wie es sein könnte, in solch einer Situation zu stecken. Die Ausbilder zündeten Übungshandgranaten und Rauchkörper gefühlt über unseren Köpfen. Wir bargen Verwundete und kämpften von einem Grabenabschnitt in den nächsten. Besonders schwierig wurde es immer, wenn die Soldaten zur Feinddarstellung nicht nur in den Gräben waren, sondern auch hinter den Gräben oder seitlich davon in Stellung lagen. Zwei Ebenen zu bedenken war wirklich eine Herausforderung.

Am Donnerstag den 11.08.2011 nahmen wir uns dann die Zeit, nach Belgien zu fahren und am ‚Dodentocht-Marsch' teilzunehmen. Das ist dort eine sehr bekannte und populäre ‚Wanderveranstaltung', die es in sich hat. 100 Kilometer am Stück zu Fuß gilt es zu absolvieren. Wer es in weniger als 24 Stunden durchgezogen hat, bekam ein Abzeichen. Zum Glück ist Belgien ebenerdig, sonst wäre das wirklich grenzwertig. Doch auch so hatten wir genug Schmerzen in unserem Körper beim Marschieren der nahezu unendlich langen Strecke. Das Gepäck konnte jeder selbst bestimmen, sowie das Schuhwerk. Ich lief die komplette Strecke mit meinen Stiefeln (Hanwag Tatra GTX) und einem kleinen Rucksack, in dem nur zwei Powerriegel, meine Stirnlampe für die Nacht, eine 0,5 Liter Flasche Eistee und natürlich eine Regenjacke drin waren. Wir waren eine kleine Gruppe von sieben Mann. Am Ende liefen wir zu fünft durch das Ziel. Die anderen

Beiden gaben zwischendurch auf und ließen sich von Sanitätern behandeln. Alle fünf bis zehn Kilometer gab es einen kleinen Stand mit Wasser, Bananen, Äpfeln oder ähnliches. So musste man sich bezüglich der Verpflegung keine Sorgen machen. Die Atmosphäre ist nicht anders zu beschreiben als herausragend. Da sich alle Einwohner der jeweiligen Ortschaften an ihren Zäunen entlang der Straße versammeln und daraus ein Volksfest werden lassen. Sie grillen, trinken, machen Musik und klatschen, wenn die Teilnehmer durch die Straßen ziehen. Man hätte an jedem Gartenzaun ein Freibier und ein Stück Steak bekommen können, doch dann würde man nie das Ziel innerhalb der Zeit erreichen. So blieben wir trocken und zogen es einfach durch. Am Ende liefen wir die letzten Kilometer mit einem amerikanischen Soldaten, der das schon häufiger gemacht hatte und trieben so den internationalen Austausch voran. Beim Durchqueren der Ziellinie erhielten wir unsere Urkunde und ein lokales Starkbier. Wir beglückwünschten uns, machten ein Foto und tranken das Bier sehr zügig aus.

Abbildung 14: Auf der Ziellinie vom Dodentocht Marsch

Alles in allem brauchten wir mit den zahlreichen kleinen Pausen und Unterbrechungen durch die beiden Ausgeschiedenen etwa 20,5 Stunden. Als nächstes wollte ich eigentlich mit meinem Kameraden Tom S. die T-Shirts des Marsches in einem Souvenirshop kaufen, doch als ich sprunghaft aufstand, versagte mein Kreislauf und ich sackte an Ort und Stelle zusammen. Zehn Minuten lang hielt einer der Kameraden freundlicherweise meine Beine hoch. Eine Cola und einen Powerriegel später, war das Problem auch schon weitestgehend gelöst und wir konnten mit schmerzverzogenen Gesichtern Richtung Parkplatz humpeln. Tom hatte netterweise ein T-Shirt für mich mitgekauft, während ich das Gespräch mit den Sternen geführt hatte. Irgendjemand fuhr uns dann zurück nach Hammelburg. Meine Sehnen und Bänder waren für die nächsten drei Tage nicht brauchbar. Muskulär ging es sogar.

Abbildung 15: Urkunde Dodentocht Marsch

Man kann Belastungen und den Schwierigkeitsgrad problemlos immer steigern. Das lernten wir dann im zweiten Teil des Lehrgangs beim Orts- und Häuserkampf. Dafür hat sich die Bundeswehr schon vor Jahrzehnten ein komplettes Übungsdorf gebaut beziehungsweise übernommen, genannt Bonnland[28], mit 120 Häusern. Diese realistische kleine Ortschaft, inklusive eigener Kapelle und Friedhof wird schon seit Ewigkeiten für verschiedene Übungsszenarien im Orts- und Häuserkampf benutzt. Das Dorf steht komplett leer und bis auf die Kapelle und den Friedhof, können wir alles benutzen was wir vorfinden.

Abbildung 16: Besichtigung von Bonnland

28 Bonnland wurde entsiedelt und dadurch zum Übungsdorf.

Man kann Türen und Fenster verbarrikadieren und beispielsweise simulieren, dass sich dort feindliche Kräfte verschanzt haben. Anstatt den Soldaten einfach zu erklären, ihr müsst dann die Tür aufbrechen und bis zur dritten Etage hinaufgehen, um das Gebäude zu nehmen und zu sichern, lässt man es uns einfach wirklich tun. Was anfangs wie ein Heidenspaß klingt, endlich mal wie im Film Türen und Fenster einzutreten, stellt sich als knallharte Arbeit heraus. Es bedarf nicht viel Kraft von innen, um eine Tür mit Möbeln, Brettern und alles was sich finden lässt, zuzustellen, jedoch benötigt es mindestens die dreifache Anstrengung von außen, diese dann mit roher Gewalt aufzubrechen. Zudem sichern wir uns währenddessen immer selbst, um ein Eindringen in ein Gebäude überhaupt zu ermöglichen. Jedenfalls hatte ich einen unglaublichen Respekt vor der Thematik Orts- und Häuserkampf. Trotzdem machte es auch gerade wegen der brutalen Anstrengung richtig Spaß. Hier entschied ich auch mit dem Rauchen aufzuhören (mal wieder) und nach Dienst, sofern der Tag nicht zu anstrengend war, noch das Fitnessstudio aufzusuchen. Denn wie du sicherlich noch weißt, hatte ich ein größeres Ziel. Die letzten drei Monate mit den Rekruten hatten mich zwar definitiv zu einem besseren Läufer gemacht und meine Liegestütze wurden fast dreistellig am Stück. Jedoch fehlte mir immer wieder einfach die Kraft, die andere anscheinend deutlich leichter aufbringen konnten, wenn es darum ging mit der Ramme die Türen aufzustemmen, oder zusätzliche schwere Ausrüstung, wie das Maschinengewehr oder die Panzerfaust, dauerhaft zu tragen. Mit etwa 60 kg Körpergewicht ist man nun mal kein Hüne.

Abbildung 17: Ausbildungsabschnitt Orts- und Häuserkampf in Bonnland

Was ich in Hammelburg wieder intensiviert hatte, wollte ich auch in Altenstadt auf dem nächsten Lehrgang nicht schleifen lassen und so ging ich auch im vierten Quartal so oft es ging nach dem Dienst noch ins Fitnessstudio und stemmte die Eisen. Benjamin, auch ein Kamerad aus meinem Durchgang, sah im Vergleich zu mir wie ein Men's Health Model aus und gab mir viele nützliche Tipps, die ich ausprobierte. Er machte den Fitness-Sport schon seit etwa acht Jahren und war trotz seiner großen Muskeln ziemlich gelenkig und ausdauernd. Ich verbürge mich dafür, dass er keine illegalen Aufputschmittel einnahm. Seine Haut sah im Vergleich zu einigen anderen, die ich später sah, komplett gesund aus. Er achtete sehr auf seine Ernährung und war auch in jeder Pause am Essen. Dies und das absolut regelmäßige Einhalten seiner Sporteinheiten, waren wohl auch der Grund, warum er nach vielen Jahren einfach einen überragenden Körper hatte, wie ein Crossfit-Athlet. Ich versuchte, mir so viele Tipps wie möglich geben zu lassen und trainierte, wann immer es ging, mit ihm im Fitnessstudio.

Der Q4-Lehrgang in Altenstadt stand auch voll und ganz im Zeichen der Fallschirmjägerei. Er begann mit dem Werfen einer ‚Schwachen Sicherung'[29]. Weiter ging es mit einigen Spähtrupps und eine Luftlandeoperation während des Sonnenuntergangs krönte den Lehrgang als Abschlussübung. Wie bei allen Abschlussübungen wurde von uns auch hier alles Gelernte auf einmal abverlangt. Ein paar Tage durfte ich auf der Krankenstation verbringen, da, sagen wir mal, mein Trommelfell etwas zu sehr beansprucht wurde. Es könnte sein, dass die Mündung einer Waffe unmittelbar neben meinem Ohr abgefeuert wurde. Tinnitus willkommen. Einige extra mit Sauerstoff angereicherte Infusionen und der gute Zuspruch durch die bezaubernden Krankenschwestern halfen mir, schnell wieder gesund zu werden. Was bleibt, ist ein immer mal wiederkehrendes Piepen oder Pfeifen in den Ohren. Zum Glück weder allzu oft noch zu laut, denn ansonsten wäre es furchtbar. Leider ist der Tinnitus eine weit verbreitete Soldatenkrankheit. Häufig gehen wir mit unserem Gehör recht leichtsinnig um. Die Gehörschutzpfropfen erfüllen ihren Zweck, wenn man einfach die Geräusche von außen dämmen möchte, jedoch versteht man dabei kaum den eigenen Funk geschweige denn, wenn jemand normal spricht.

Ein aktiver Gehörschutz für alle Soldaten wäre natürlich wieder zu teuer, auch weil die normalen Helme dafür gar nicht geeignet sind.

---

[29] Das Werfen einer schwachen Sicherung bedeutet nichts anderes, als dass man den „unterlegenen Feind" wirft (vernichtet). Vorzugsweise greift man ihn immer in seiner Flanke an. Frontal binden und flankierend werfen, ein militärischer Klassiker und das nicht erst seit gestern. Bei „überlegenen Feind" besteht die Möglichkeit auszuweichen, um ihn dann bei besserer Gelegenheit anzugreifen, oder man bindet ihn einfach so lange bis man Unterstützung bekommt. Das könnte durch Artillerie, Luftfahrzeuge oder zusätzliche Bodentruppen geschehen.

So müsste man neue Helme und einen zeitgemäßen aktiven Gehörschutz[30] *einführen. Natürlich unmöglich bei den Preisen von etwa 300 € bis 500 € pro Stück. Im Jahre 2019 wurde dieser Mangel dann wenigstens bei den Fallschirmjägern auf Gruppen- und Zugführerebene abgestellt. Wieviel haben nochmal die Instandsetzung der Gorch Fock, die Euro Hawk Drohne ohne Fluglizenz und die ‚beratenden' Berater jeweils gekostet? Egal. Bevor es jetzt traurig wird, lassen wir das.*

Wir kamen mit den Ausbildungsthemen gut zu Recht. Die Ausbilder waren auch zufrieden und so konnten wir alle Prüfungen und Leistungsanforderungen ohne Umwege durchziehen. Mit der Aussicht, den Großteil des Dezembers Urlaubstage abbauen zu können, war die Motivation auch dementsprechend hoch.

---

[30] Sogenannte ‚Peltoren' gibt es mittlerweile für die Ausbilder der Fallschirmjäger, passende Helme befinden sich noch im Beschaffungsprozess.

Abbildung 18: SGE packen (dabei wird der Rucksack in einem Sprunggepäckgurtzeug verstaut)

Wie ich es schon im vorhergehenden Kapitel angerissen habe, gab es einen aktiven Kommandosoldaten, der zur selben Zeit wie wir in Altenstadt einen Lehrgang besuchte. Eines Tages wurden wir gefragt, ob es okay wäre, wenn er sich etwas Zeit für uns nimmt und Rede und Antwort steht. Definitiv, alle waren begeistert, wie sich jeder denken kann. Es gab keine langweilige PowerPoint Präsentation, sondern tiefe Einblicke in den Alltag eines Kommandosoldaten: Arbeitszeiten, Vereinbarkeit mit der Familie und Freunden und vieles mehr. Im Schwerpunkt ging es darum, worauf man sich wirklich einlässt. Kurz gesagt, wer sich vorstellen kann etwa 200 Tage im Jahr weder zu Hause, noch am Heimatstandort zu sein, der ist wenigstens von seiner Zeiteinteilung dort nicht fehl am Platz. Eben die Berufung und nicht der Beruf.

Zeitstrahl Dienstzeit Kevin Bulicke

01.04.2010 Diensteintritt (in Pfullendorf)

07.09.2010 - 28.09.2010 Fallschirmsprunglehrgang Automatik (in Altenstadt)

25.11.2010 - 23.12.2010 Kraftfahrzeuglehrgang BC (in Veitshöchheim)

04.01.2011 - 25.02.2011 Fw Anwärterlehrgang AMT (in Pfullendorf)

04.04.2011 - 01.07.2011 Truppenpraktikum 1 (in Zweibrücken)

04.07.2011 - 23.09.2011 Fw Lehrg MFT TrDst Inf Teil A (in Hammelburg)

26.09.2011 - 18.11.2011 Fw Lehrg MFT TrDst Inf Teil B (in Altenstadt)

6. Auf dem Weg zum Eignungsfeststellungsverfahren Teil 1 (EFV I)

Nach dem Abbau der Überstunden und Urlaubstage konnte das neue Jahr auch starten und so mussten wir im ersten Quartal 2012 in Delitzsch aufschlagen. Das liegt in der Nähe von Leipzig (Sachsen). Ich hatte den Dezember intensiv genutzt, um fast jeden Tag im Fitnessstudio zu trainieren. Tatsächlich hatte sich der knappe Monat nur um HIT-Training gedreht (high intensive training). Das heißt ich trainierte 20 Tage lang jeden Morgen. 05:30 Uhr klingelte der Wecker, spätestens um 06:00 Uhr stand ich auf, schnappte mir eine Banane und einen Shake und setzte mich ins Auto, um entweder bei einem ehemaligen Kameraden im Keller zu trainieren, oder ihn im Fitnessstudio zu treffen. Das machte ich 20 Tage lang, jeden Tag in meinem Urlaub, einschließlich Weihnachten. Den Rest der Tage ruhte ich, aß ich und verbrachte Zeit mit Freunden und Familie. Netterweise bekam ich dann auch in den ersten Wochen mehrfach Komplimente über meine positive körperliche Entwicklung.

Die ‚Feldwebel-Boldt-Kaserne' ist die Unteroffizierschule des Heeres. Es ist ein Ort, an dem angehende Feldwebel, egal aus welcher Einheit oder Teilstreitkraft zusammenkommen, um ihre Eignung nachzuweisen. Zum Glück gab es für uns Fallschirmjäger einen eigenen Hörsaal. Ich muss leider sagen, dass ich von den Eindrücken vor Ort bis ins Mark erschüttert wurde. Der Bundeswehrstandort hatte als Unteroffizierschule kaum sinnvolles Material, welches wir verwenden konnten. Die militärischen Dozenten taten mir schon fast leid und der Stoff, den man uns vermittelte, war so alt, dass die Ausbilder uns mittteilten, wir wären der letzte Durchgang, der noch in den alten taktischen

Zeichen ausgebildet werden würde. Danach könnten wir alles vergessen, denn schon im nächsten Quartal wären nur noch die neuen Zeichen gültig. Natürlich wurden wir in den alten Zeichen schriftlich abgeprüft. Du kannst dir sicher vorstellen, dass es ein Traum für alle Beteiligten und mich war, etwas zu erlernen, was staubtrocken war und mit der Ansage danach zu 100 % irrelevant wird, genau in dem Moment, wenn du den letzten Satz der schriftlichen Prüfung beendet hast. Wir hatten einzelne Ausbildungsabschnitte auch mit anderen Hörsälen zusammen. Subjektiv betrachtet war das, was ich in den darauffolgenden sechs Monaten sah, ‚verheerend' und im Vergleich zu meiner eigenen Truppengattung ein arger Unterschied, sowohl was das militärische Verhalten anbelangte, als auch die dort gezeigten Leistungen.

Es ging bei einfachen Dingen wie der Uniform los, über Pünktlichkeit, militärisches Auftreten, vor allem einen Anspruch an Führung als zukünftiger Feldwebel zu zeigen und diesem Bild, sowohl optisch als auch durch Leistungen, gerecht zu werden. Um es kurz zu machen: Ein Großteil der Nicht-Infanteristen stolperte mehr über die eigenen Beine, als ich mir das jemals hätte vorstellen können. Die meisten von ihnen hatten anscheinend nie einen Wald von ‚innen' gesehen, geschweige denn mit einem Rucksack und etwas Gepäck darin trainiert. Sie waren jedoch die Ersten, die sich auf den Stuben das Bier und die Pizza reinknallten, während Typen wie ich nach dem Dienst sofort Richtung Fitnesshalle liefen. Ich kann mich an desaströse Bilder von Unteroffizieren und Stabunteroffizieren erinnern, die noch nie ein Funkgerät bedient hatten, geschweige denn ein Maschinengewehr. Dennoch kamen Heldengeschichten wie: ‚härteste Grundausbildung' und ‚High-

Speed-Gucci[31] Erfahrungen' in jeder Pause und nach Dienst mit dem ersten Bier nicht zu knapp vor. Auch sträubten sich mir die Haare, wenn die Ausbilder uns Gefechtsszenarien erklärten und wie wir in den einzelnen Situationen reagieren sollten.

Wahrscheinlich ist das wieder so ein grundsätzliches Problem mit dem Ausbildungssystem. Der Weg etwas innerhalb der Bundeswehr zu ändern, dauert zu lange. Es gibt zu viele Instanzen, welche prüfen und absegnen müssen. Bis jeder seinen Senf dazu gegeben hat und die Umsetzung schriftlich beschlossen wieder nach unten gereicht wird, können durchaus Jahre vergehen. Im schlimmsten Fall sogar Jahrzehnte.

Wann immer das System nicht ideal konstruiert wurde, gibt es viele die meckern und man kann scheinbar nichts ändern. Doch genau dann wird immer größten Wert auf den Anzug (militärische Uniform), Stiefelputz oder den Haar- und Barterlass gelegt. Ein super Instrument um als ranghoher Offizier seinen Befehl und Gehorsam durchzusetzen. Denn wenn die Soldaten schon genervt sind, weil sie taktische Zeichen lernen müssen, die mit Verlassen der Kaserne schon nicht mehr relevant sein werden, oder praktische Ausbildungsinhalte vermittelt bekommen, die keiner mit einem Funken militärischen Verstandes so angehen würde und man zum Abreagieren einen Kraftraum für die gesamte Kaserne hat, der kleiner ist als das Wohnzimmer meiner Eltern, dann und genau dann wird man zusätzlich mit mündlichen Ermahnungen

---

31 High-Speed-Gucci ist ein Synonym das Bundeswehr intern und umgangssprachlich geläufig ist und dafür steht, dass sich häufig Rekruten oder Soldaten mit nahezu keiner Erfahrung und Dienstzeit, Ausrüstung für mehrere tausend Euro beschaffen, doch damit nicht umgehen können. Sie möchten scheinbar den Eindruck erwecken, dass sie etwas darstellen, wovon sie keinen blassen Schimmer haben. Soldaten mit Erfahrung können solche Prahler mit einem Blick durchschauen.

und Zurechtweisungen gestresst, sollte die Anzugsordnung der Bundeswehr nicht vollständig eingehalten worden sein.

Doch es gab auch Positives zu berichten. Jeden Mittwoch beispielsweise sind wir nach dem Dienst mit unserem Ausbilder in die nächste Schwimmhalle gefahren, konnten so ein paar Bahnen schwimmen und danach noch in der Sauna regenerieren. Ein weiterer Vorteil waren die 2-Mann-Stuben, und zwar nigelnagelneue ‚Stube 2000'-Unterkünfte. Das sind tatsächlich die Stuben, die du aus den Werbevideos kennst. Ein neues großes Bett (also ein Bett in normaler Größe), ein Riesenspint und sogar Schreibtische. Das Badezimmer teilte man sich ‚nur' mit der gegenüber liegenden 2-Mann-Stube. Eine deutliche Weiterentwicklung zu Pfullendorf, Hammelburg und Altenstadt. Vom Essen in der Kantine war ich wie immer nicht begeistert, allerdings bin ich, was das angeht, auch nicht der Maßstab.

So taten wir das, was wir mussten und versuchten nicht allzu oft anzuecken, da man rein vom Dienstgrad her meistens den Kürzeren gezogen hätte. Ich blieb motiviert, indem ich die Tage zählte, bis dieser Lehrgang beendet sein würde und im zweiten Quartal der Englischlehrgang beginnen würde. Ein Vorteil, der mich besonders freute war, dass wir das erste Mal nach knapp zwei Jahren für einen Lehrgangswechsel weder das Bundesland, noch den Standort und nicht einmal unsere Stuben verlassen mussten – ein großartiges Gefühl.

Danach begann ohne große Umschweife das neue Quartal und der militärische Englischlehrgang. Zum Teil konnten wir uns selbst einschätzen und eine der vier möglichen Leistungsstufen wählen, zum anderen griffen die Lehrerinnen ein, wenn sie merkten, dass sich ein/e Soldat*in total über- oder unterschätzt hatte. Hier wurden die Hörsäle jetzt kunterbunt vermischt. Da es nur um Englisch ging, war dies auch vollkommen okay. Mal davon abgesehen, dass es organisatorisch auch schwierig geworden wäre, weiterhin Fallschirmjäger zu separieren. Es wurden viele Wiederholungsübungen gemacht und wir erlernten etliche neue Vokabeln, bezogen auf das militärische Englisch. Mittags war dann meistens auch schon Schluss und wir sollten den Nachmittag mit dem Selbststudium verbringen, unsere Hausaufgaben machen und weiter Vokabeln pauken.

So waren meine Kameraden und ich pünktlich nach dem Mittagessen die Ersten im Fitnessstudio, joggten oder marschierten mit Gepäck über den Übungsplatz. Jeden Mittwoch konnten wir weiterhin schwimmen gehen und danach noch kurz die Sauna genießen. Zusätzlich dachte sich die übergeordnete Führung, dass wir Fallschirmjäger noch einen Sportoffizier bräuchten, der uns einmal pro Woche mit Orientierungsläufen, der Hiba (Hindernisbahn), Sauläufen (Feldanzug mit Sportschuhen und dann jedes Wasserloch mitnehmen beim Joggen) oder ähnlichen körperlichen Aktivitäten beschäftigte. Hier fand nebenbei bemerkt auch der eine Unterricht statt, den ich in einem vorherigen Kapitel gelobt hatte. Ein Offizier und Historiker analysierte mit uns auf ausführlichste Art und Weise Schlachten und deren Verläufe aus einem rein militärischen Aspekt.

Zu Beginn des zweiten Quartals überzeugte mich mein Halbbruder, unbedingt bei der ‚Berlin läuft'-Veranstaltung teilzunehmen. Für das Laufen noch zu bezahlen, will nicht in meinen Kopf rein, doch ich ließ mich dazu breitschlagen. Mein Halbbruder und ich führten schon immer eine engagierte Auseinandersetzung, wer die besseren Laufzeiten der Familie in den verschiedenen Distanzen erzielte. So beschlossen wir die 25 km anzugehen, da ich diese Distanz noch nie in Laufschuhen und im Rahmen einer Sportveranstaltung absolviert hatte. Von über 10.000 Startern wurde ich insgesamt 244. Der 28. in meiner Altersgruppe mit einer

Zeit von 1h:51min:07sek (zu der Zeit war ich 22 Jahre alt). Die Zeit reichte zwar, um meinen Bruder an diesem Tag zu schlagen, jedoch leider nicht, um seine Bestzeit zu erreichen. Um das Ergebnis gleich vorwegzunehmen, zwei Jahre später traten wir erneut an. Dieses Mal belegte ich den 155. Platz von über 11.500 Startern. Innerhalb meiner Altersgruppe erreichte ich den 15. Platz mit einer Zeit von 1h:47min:17sek – Familienbestzeit!

Abbildung 19: Medaillen von Berlin läuft

Soweit so gut. In diesem Zeitraum fing ich auch an, mich auf den Computereignungstest für das Auswahlverfahren beim KSK vorzubereiten. Seitdem der Oberstabsfeldwebel vom Personalwerbetrupp bei uns war und wir die Kaserne in Calw besucht hatten, gab es für mich kein anderes Ziel mehr.

Durch permanente Gespräche mit den Kameraden, besonders den einsatzerfahrenen kamen wir immer wieder auf das Karfreitagsgefecht zu sprechen, sowie auf weitere Anschläge und Hinterhalte, die auf unsere Brüder und Schwestern verübt wurden. Ich wurde jedes Mal sauer und zornig, wenn ich von diesen

Geschehnissen hörte. Auch deshalb wollte ich Angehöriger der Einheit sein, welche die Fähigkeiten und Befugnisse hat, die Hintermänner der Anschläge zu jagen. Ich wollte meinen Beitrag dazu leisten, zukünftige Hinterhalte verhindern zu können. So wollte ich Teil von etwas Besonderem werden und die Möglichkeit erhalten, solche militärischen Operationen mit durchzuführen.

Deswegen nahm ich meine Rolle als Soldat und das Verständnis Fallschirmjäger zu sein sehr ernst.

Da wir nicht nur körperlich überdurchschnittlich fit, sondern auch im Kopf über alle Maße strapazierfähig sein mussten, sollte es gleich zu Beginn des Auswahlverfahrens beim KSK mehrere Computereignungstests geben. Deshalb besorgte ich mir während des Englischlehrgangs die passende Lektüre dafür, sowie einige Computerprogramme für den Eignungstest bei Behörden. Durch den ‚Buschfunk' erfuhr ich, dass der Computertest sich vor allem auf die dauerhafte Belastung meiner Denkfabrik beziehen wird. Wir sollten keine Raketenwissenschaftler werden, sondern dauerhaft, auch nach mehreren Stunden der physischen und psychischen Belastung noch im Stande sein, zu denken und rationale Entscheidungen zu treffen. So verbrachte ich das zweite Quartal 2012 damit, Englisch zu pauken, vor allem wie gewohnt Sport zu treiben und mich durch Eignungstestbögen zu quälen. Die Zeit verging schneller als ich dachte, die letzten Englischtests waren erfolgreich und danach bekamen wir unsere Zeugnisse und machten ein Abschlussfoto.

Abbildung 20: Abschlussfoto Englischlehrgang

Wie du dir denken kannst, baute sich die Spannung vor dem baldigen Auswahlverfahren immer weiter auf und unsere Gesprächsthemen wurden sehr einseitig. Bevor es zu viel wurde, bekamen wir unsere Kommandierungen für das Eignungsfeststellungsverfahren Teil 1 (EFV I) und damit die Eintrittskarte in die Kaserne nach Calw, Baden-Württemberg, im Schwarzwald. Ohne eine offizielle Einladung oder Kommandierung kommen keine anderen Soldaten*innen dort rein. Die eine Woche zwischen dem Abreisetag vom Englischlehrgang und der EFV I verbrachten wir in unserer üblichen Stammkaserne in Pfullendorf. Dort klärten wir die letzten bürokratischen Hürden und ließen uns das ‚Okay' vom Truppenarzt noch einmal bescheinigen.

Bürokratie – bedrucktes Papier mit einem Stempel und zwei Unterschriften in dreifacher Ausfertigung – ist das Wichtigste, was die Bundeswehr zu bieten hat. Du wirst das im weiteren Verlauf meines Buches noch öfter lesen.

Jetzt habe ich in den letzten Kapiteln häufig über das KSK gesprochen und dir bisher nie wirklich erklärt, was das ist und was deren Auftrag ist. Zum einen gewollt, da die meisten Soldaten*innen, die das hier lesen werden, es bereits wissen, zum anderen wollte ich mir die spannendsten Kapitel bis hierher aufheben.

Lass mich dir kurz ein paar Fakten und etwas Persönliches zum KSK sagen.

Das Kommando Spezialkräfte kurz KSK ist aus meiner persönlichen Sicht die professionellste Truppe der gesamten Bundeswehr. Da hochkomplexe Aufgabenbereiche ineinander übergehen und eine Grundhaltung mit diesem Beruf einhergeht, welche ihres Gleichen sucht. Wie schon erwähnt - eine Berufung kein normaler Beruf. Gegründet wurde das KSK 1996, da damals die Bundesrepublik Deutschland nicht im Stande war, ihre eigenen Staatsbürger aus Ruanda (Zentralafrika) zu befreien und zu evakuieren[32]. Dies mussten belgische Spezialkräfte durchführen, was ihnen auch erfolgreich gelang[33].

---

32 1994 saßen sieben Mitarbeiter der deutschen Welle und ihre vier Familienangehörigen in Kigali / Ruanda fest. Innerhalb von 100 Tagen brach ein Völkermord in Ruanda aus, bei dem fast eine Million Menschen abgeschlachtet wurden. Vgl. [Q9]

33 Anfang der 90er Jahre stellte die Bundeswehr die sog. ‚Bravo'-Kompanien in den FschJgBtl auf. Diese waren natürlich noch nicht auf dem Niveau des KSK, doch man sagt diesen Kompanien auch ‚Kommando-Fähigkeiten' nach, da sie unter anderem Geiselbefreiungen trainierten. Man erzählt sich, dass die „Bravo"-Kompanien (wenigstens eine) bereit war(en), den Auftrag zu erledigen. *Doch wie so oft hatte die Politik zu viele Bedenken, die eigenen Soldaten, samt Ausrüstung, Material und im besten Fall mit einem schnellen robusten Mandat zu entsenden. Die kritischen Aufträge wälzen die Politiker allzu gern auf verbündete Partner ab. Etwas das sich bis heute wie ein roter Faden durchzieht.* Vgl. [Q10] S. 33ff

Als Grundlage des KSK wurden Elemente aus der GSG 9 (Grenzschutzgruppe der Bundespolizei), dem SAS (britischen Special Air Service) sowie von verschiedenen US-Spezialeinheiten zum Vorbild genommen. Die Aufgaben, wir sagen Aufträge dazu, sind wie folgt:

- Military Advisory (militärische Beratung und Operationsführung),
- Special Reconnaissance (Aufklärung und Informationsbeschaffung),
- Direct Action (unmittelbares Agieren zum Beispiel bei Terrorismusbekämpfung oder Kampf gegen irreguläre Kräfte),
- Hostage Rescue Operations – HRO (Retten und Befreien, also auch Evakuierung und Bergung) und
- Kommandooperationen.

Alles in allem braucht es dafür Männer, die nicht nur ein Mal im Jahr ihre Schießleistungen und ihren Erste-Hilfe-Kurs ablegen, ähnlich wie das häufig in anderen Truppengattungen durchgeführt wird, sondern Soldaten die jede Woche, jeden Monat, mindestens jedes Quartal regelmäßig dazu kommen, sich im Schießen, Klettern, Schwimmen, Nahkampf, Fallschirmspringen, militärisch-taktischer Verwundeten-Versorgung und vieles mehr weiterzubilden. Dies alles in den verschiedensten Regionen, vom Eis bis zur Wüste, sowie vom Ozean bis zum Hochgebirge. Im Schwerpunkt wird nachts geübt und natürlich auch tagsüber, auch unter Zuhilfenahme modernster Technologien und militärischer Ausrüstung. Das abzudeckende Spektrum an möglichen Aufträgen wird immer größer und komplexer. Das permanente in Übung halten für alle möglichen Szenarien ist eine der größten Herausforderungen. Da diese Männer stets in ihrem Trupp, der üblicherweise aus vier Mann besteht, agieren, ist das meiner Meinung nach der Schlüssel für dieses hohe Maß an Professionalität. Mit ihren ungefähr 1.000 Soldaten*innen im Verband (Bundeswehrangabe) wird es immer schwieriger, Auslandseinsätze, Vor- sowie Nachbereitungen, Übungen, Ausbildung, aber auch so normale Dinge wie Urlaub und Zeit für die Familie abzudecken.

Der Verband setzt sich aus dem Führungsorgan, den Kommandokompanien, Spezialkompanien, sowie diverser Unterstützungskräfte zusammen, zu denen auch einige Frauen gehören. Bis heute halten sich die Gerüchte hartnäckig, dass das KSK nach wie vor einen Personalmangel aufweist. Dementsprechend muss weniger Personal das vorhandene Aufgabenspektrum abdecken, welches unter normalen Umständen bereits enorm fordernd ist. Bei den geschätzten 200 Tagen im Jahr, die man NICHT an seinem Heimatstandort ist, würde es mich nur schwer wundern, wenn die Kameraden nicht auf dem Zahnfleisch gehen würden. Aus eigener Erfahrung kann ich berichten, dass der ständige Standortwechsel für Lehrgänge und Truppenübungsplatzaufenthalte sehr zeitaufwendig und fordernd ist. Die Vereinbarkeit mit der Familie und dem Privatleben leiden zu einem gewissen Grad unter der häufigen Abwesenheit. Es bedarf viel Vertrauen und Planung, um eine gewisse Balance zu halten. Was diese Männer, aber auch Frauen im Verband brauchen, ist unsere Anerkennung (die der Gesellschaft und der Bundesregierung), ein stabiles familiäres Umfeld und den Zugang zu sämtlichen Unterstützungselementen, damit sie möglichst in Ruhe ihrer Tätigkeit nachgehen können. Deswegen ist ein Großteil des Verbands darauf ausgerichtet, den Kommandokompanien das Arbeiten ‚so leicht' wie möglich zu machen, in dem sie sich beispielsweise nicht über fehlende Ausrüstung den Kopf zerbrechen müssen.

Für weitere Informationen verweise ich gerne auf die offiziellen Internetseiten der Bundeswehr, die veröffentlichten YouTube- und TV-Dokumentationen, beziehungsweise auf Presseberichte von einzelnen Journalistenteams, die den Auswahlprozess begleiten durften (siehe dir dazu Beispiele in meinem Quellenverzeichnis näher an).

Doch nun wieder zurück zum eigentlichen Auswahlprozess, der sich in mehrere Phasen untergliedert.

Für den Fall, dass man das EFV I (Eignungsfeststellungsverfahren Teil 1) besteht, bekommt man eine Einladung / Kommandierung zum 10-Wochenprogramm. So heißt das einschlägige Sport- und Vorbereitungsprogramm auf die eigentliche Prüfungswoche, die von allen liebevoll als ‚Höllenwoche' (oder EFV II) bezeichnet wird. In diesen zehn Wochen sollte man sich weder verletzen noch deutlich schlechter sein als der Durchschnitt. Hat man es bis hier hin geschafft, kann man in die Höllenwoche starten. Besteht man in dieser Woche alle Anforderungen, die einem gestellt werden, hat man das Auswahlverfahren rein physisch bestanden. Jetzt entscheidet allerdings noch das sogenannte Gremium, ob man charakterlich für den Dienst im Kommando geeignet ist und man somit zur Ausbildung zum Kommandosoldaten zugelassen wird.

Zur Erklärung, das Gremium besteht aus dem General, einigen hochrangigen Offizieren und Ausbildern, sowie dem Truppenpsychologen. Dieses Gremium entscheidet anhand von allen Informationen, die an sie weitergemeldet wurden, sowie den persönlichen Eindrücken, die die Ausbilder bei einzelnen Stationen gesammelt haben, ob es ein Knockout-Kriterium gibt. So etwas könnte zum Beispiel sein, dass du zwar alles Körperliche geschafft, jedoch in einer einzigen Situation unter enormen Stress aggressiv reagiert oder Kameraden, vielleicht sogar dem Ausbilder eine patzige Antwort gegeben hast. Das reicht schon und dein

Durchhalten wird mit ‚nicht bestanden' gewertet. Ein Verhalten wie dieses könnte auf Charakterzüge hinweisen, die in diesem Verband nicht gerne gesehen werden. Du merkst spätestens hier, wie viele Hürden und Konjunktive es gibt, nur um überhaupt in den Genuss der Ausbildung zu kommen. Obwohl das Wort Genuss hier eher Genugtuung für das eigene Gewissen bedeutet, denn wie sich hoffentlich jeder vorstellen kann, ist die Ausbildung zum Kommandosoldaten unglaublich komplex, herausfordernd und anstrengend. Und dies ist noch untertrieben. Die Ausbildung ist brutal anstrengend. Doch für Typen wie mich war es das Ziel der Ziele gewesen, alles durchzustehen, um dann eines Tages ‚gepatched' zu werden, um dann in die wirkliche Welt der ‚Special Operations Forces' einzutauchen: Mit seinem Buddy und dem eigenen Trupp sich Tag für Tag allen Herausforderungen zu stellen und Aufträge zu erfüllen.

Abbildung 21: Das Kommandoabzeichen

Nachdem wir also zweieinhalb Jahre ausgebildet wurden, über dieses jetzt anstehende Thema immer wieder gesprochen wurde und fast jeder der Jungs es versuchen wollte, gingen nicht einmal zehn Kameraden aus meinem Durchgang zur EFV I. Da war ich ehrlich gesagt schon etwas enttäuscht. Meine Grundausbildung hatte mit knapp 70 Mann begonnen. Tatsächlich bestanden hatten dann das EFV I nur vier Soldaten (aus meinem Ausbildungsdurchgang), davon nur einer aus meiner Grundausbildung und ich. Zwei weitere Männer kamen kurz nach der Grundausbildung dazu. Keiner von den Jungs war auf dem Papier Kommandofeldwebelanwärter, wir waren einfach Fallschirmjäger, junge Männer, die inspiriert wurden!

Insgesamt bewerben sich jedes Jahr etwa 100 bis 200 Soldaten für das Auswahlverfahren beim KSK. Davon wird ein großer Teil gar nicht zugelassen, oder sie bestehen das EFV I nicht. Wir waren dann im 10-Wochenprogramm etwa 68 Teilnehmer zu Beginn. Nach den zehn Wochen waren es noch 60. Mit 58 Teilnehmern sind wir allerdings nur in das EFV II gestartet, da sich nochmal zwei abgemeldet hatten. Um das Ergebnis kurz vorweg zu nehmen, damit du alle Zahlen einmal vergleichen kannst, ohne seitenweise zu blättern. Tatsächlich ‚durchgelaufen' sind 14 und durch das Gremium zugelassen wurden dann zwölf Soldaten. Was schon eine gute Anzahl an Bestehern bedeutet. Häufig sind es weniger als zehn gewesen, es soll sogar einen Durchgang gegeben haben, in dem es nur einer und ein Durchgang, in dem es gar keiner geschafft hatte.

Noch einmal vereinfacht dargestellt: Ungefähr 180.000 Bundeswehrangehörige → circa 150 freiwillige Bewerber beim KSK pro Durchgang → bei mir waren es 68 Teilnehmer im 10-Wochenprogramm → Zwölf, die das Auswahlverfahren bestanden und jetzt das Recht hatten in die knapp dreijährige Ausbildung zum Kommandosoldaten gehen zu dürfen. Ob es nach den drei Jahren zur Verleihung des Abzeichens immer noch zwölf Soldaten aus diesem Durchgang sind, sei mal dahingestellt. Die Chancen stehen also bei unter 8 % für einen glühenden und hervorragend über Jahre vorbereiteten Bewerber. Mir ist es wichtig, dir diese Zahlen vor Augen zu führen. Mittlerweile dürfte die Bewerberzahl deutlich zurückgegangen sein, jedoch tut das KSK alles dafür, die Vorbereitungsphase zu intensivieren, damit prozentual mehr Bewerber bestehen, bei gleichbleibenden Anforderungen an das Auswahlverfahren. Was ich persönlich herausragend finde ist, dass das Auswahlverfahren nie wirklich geändert wurde. Hier und da gab es kleine Anpassungen, eine Art ‚fine tuning', doch im Grunde war es das gleiche Auswahlverfahren. Sprich ein Ausbilder, der es vor zehn Jahren selbst absolviert hatte, wird mit einer nahezu 100 %igen Wahrscheinlichkeit gleiche Prüfungen, Wegstrecken und Herausforderungen gemeistert haben, wie ein Bewerber von heute. Zwar wurden über die Jahre viele der Stationen bekannt und man kann sich eventuell mental versuchen darauf einzustellen, jedoch sieht die Situation immer noch anders aus, wenn man sich dann gut abgekämpft mit der Wirklichkeit konfrontiert sieht. Dies ist gut, da es so zu weniger Unmut innerhalb der Truppe kommt, nach dem Motto, ‚deine Prüfung war viel leichter als meine!' Zum anderen sichert es die Qualität – ‚Lieber Lücke, statt Krücke!'

In Zeiten von Personalproblemen und Anforderungsanpassungen nach unten innerhalb der Bundeswehr zeigt das KSK Beständigkeit.

Qualität vor Quantität! Danke dafür!

Im Folgenden werde ich euch weder irgendwelche Geheimnisse verraten, noch Namen ausplaudern oder andere Details, die diese Truppe gefährden könnten. Was ich dir aber ganz genau im Detail berichten kann, ist, wie ich mich selbst während der einzelnen Abschnitte gefühlt habe. Wenn ich dabei auf konkrete Stationen eingehe, dann nur, weil diese schon in den offiziellen Büchern erwähnt oder in den einschlägigen Dokumentationen angerissen worden sind. Das heißt, alle Prüfungen, die nicht veröffentlicht wurden, zu denen werde ich auch absolut nichts schreiben. Des Weiteren wird die Reihenfolge der erwähnten Prüfungen, vor allem das EFV II betreffend, auch mit Absicht nicht richtig sein. Die einzelnen Abschnitte vom Auswahlverfahren beschreiben das, was in meinem Kopf vorging und wie ich mich dabei motiviert und gefühlt habe, absolut schonungslos, offen und ehrlich.

Doch nun zurück zu meiner EFV I. Sie ging über fünf Tage und fand Ende Juni 2012 statt. Das KSK führt zweimal pro Jahr dieses komplette Auswahlverfahren durch. Man darf nicht vergessen, dass es für diesen relativ kleinen Verband jedes Mal eine große Herausforderung darstellt, zusätzlich zu ihrem normalen Dienstbetrieb alles vorzubereiten und durchzuführen. Hier traf ich nun auf viele andere hochmotivierte Männer unterschiedlichsten Alters und aus den verschiedensten Einheiten. Natürlich überwogen prozentual leicht die Infanteristen und speziell die Fallschirmjäger, jedoch hat das nichts zu bedeuten. Die erste Änderung war, dass man eine Nummer bekam, die man auf einer Binde um den Oberarm herumtragen musste. Während der Eignungsfeststellungsverfahren musste sie sichtbar sein, egal in welchem Anzug man gerade agierte. Das hat folgenden einfachen Hintergrund: Man umgeht die Aussprache von hin und wieder komplizierten Nachnamen. Das ist jedoch nur ein nachrangiger Grund. In erster Linie will man eine bestimmte Atmosphäre schaffen und durch das Anonymisieren ist das möglich. Zudem hilft es klar, die Bewerber vom Stammpersonal abzugrenzen. Dies hat unter anderem den Vorteil, dass falls sich doch jemand danebenbenimmt, kann man ihn über seine Nummer identifizieren. Dabei kann ‚Danebenbenehmen' abgesehen von unkameradschaftlichem Auftreten, auch schon aufschneiden in Pausengesprächen oder die Nutzung von für den Bewerber nicht frei gegebenen Räumlichkeiten sein. Ich war die ganze Woche sehr angespannt. Man möchte bloß keinen Fehler machen und achtet sehr darauf, wie man sich gibt und wie man sich äußert. Die Chance durch einen blöden Kommentar negativ aufzufallen, ist ziemlich hoch und wir sind uns alle einig, dass dies auch der falsche Ort dafür ist. Die EFV I ist geprägt durch Computertests und psychologische Gespräche. Bei den Computertests handelt es sich vor allem um Intelligenztests sowie Testungen zur Persönlichkeit, die dann durch die Psychologen ausgewertet werden. Im weiteren Verlauf finden Einzel- und auch Gruppengespräche statt, bei denen man häufig spontan eine Situation hingeworfen bekommt und das Beste daraus machen muss. Aus Gründen der (schon angesprochenen) Verschwiegenheit will ich nicht weiter ins Detail gehen.

Körperlich war die Woche nicht sehr anspruchsvoll, da dies auch nicht der Schwerpunkt war. Trotzdem war man etwas müde am Ende eines jeden Tages, da der Kopf umso mehr beansprucht wurde. Zwar gab es einen Sporttest, bei dem Klimmzüge, Liegestütze und Situps gemacht wurden, jedoch ist hier die Belastung relativ kurz. Als kleine zusätzliche Hürde für alle ‚Nichtspringer', mussten alle Bewerber aus dem Sprungturm (vergleichsweise mit der Sprungturm-Skizze aus Altenstadt) springen. Die Ausbilder wollten verständlicherweise sehen, dass jeder Soldat in der Lage war, sich zu überwinden. Die Sprungbefähigung erst im Automatik- und später im Freifallspringen wird dann für diejenigen, die diese Lehrgänge noch nicht erfolgreich absolviert haben, im Zuge der Kommandoausbildung nachgeholt. Denn die Fallschirmsprungbefähigung ist eine essenzielle Kernkompetenz, die jeder mitbringen und auch dauerhaft aufrechterhalten muss.

Wer hätte es gedacht, natürlich besuchte man auch die Hindernisbahn und durfte seinen Körper in einer flinken Zeit über die vorgeschriebenen Hindernisse schwingen. Hier wurde vor allem auf die akkurate Ausführung an den Hindernissen größten Wert gelegt. So musste ich zum Beispiel auch ein Hindernis wiederholen, da ich es berührt hatte. Trotzdem lag ich am Ende noch voll in der Zeit. In einer Prüfungswoche wie dieser, setzt der Körper immer noch etwas mehr Energie frei, außerdem ist man absolut konzentriert und fokussiert auf jede seiner Bewegungen. So vergingen die Tage schnell und wir wurden ständig geprüft. Die Computertests ziehen sich über mehrere Stunden hin. Das ist, wie schon angedeutet, sehr anstrengend. Dass ich in der Lage war, die Aufmerksamkeitsspanne und die Konzentration auch nach Stunden noch auf einem hohen Niveau zu halten, schreibe ich meiner eigenen Vorbereitung zu. Andernfalls wäre mein Kopf zu schnell überfordert gewesen. Die Antworten hätten sich rapide verschlechtert, was dann eine Ablösung vom Auswahlverfahren zur Folge gehabt hätte. Viele Kameraden hatten das anscheinend unterschätzt.

Hier habe ich dir die Anforderungen von der offiziellen Bundeswehrseite herauskopiert (Quellenverweis EFV I PDF)[34]:

- 5 Klimmzüge im Ristgriff mit Aushängen
- einen Physical Fitness Test (PFT), bestehend aus fünf Disziplinen (Sprint, Sit-ups, Standweitsprung, Liegestütz, Zwölfminutenlauf)
- Überwinden der Hindernisbahn (Feldanzug, Helm) in maximal 1:40 min
- 7 Kilometer Geländelauf (Feldanzug, 20 kg Gepäck) in maximal 52 min
- 500 Meter Schwimmen in maximal 15 min

Der Geländelauf mit Rucksack fand allerdings nicht in dieser Woche statt. Vorher sollte man diese Form von Geländelauf schon häufiger geübt haben und die Stammeinheit musste schriftlich bestätigen, dass man es innerhalb der Zeit geschafft hatte. Später wurde dieser Geländelauf selbstverständlich auch noch mehrmals trainiert sowie vor der Höllenwoche abgeprüft. Hier möchte ich noch einmal bekräftigen, dass es sich ausdrücklich um Mindestanforderungen handelt. Wer hier gerade so in der Zeit ankam und dann schon am absoluten Limit war, wird sich in der Höllenwoche sehr schwer tun. Zum Vergleich, meine Zeit war immer um die 43 Minuten (in Pfullendorf). Je nachdem an welchem Standort man die Zeit nimmt, kommen ein paar Minuten drauf oder weg, da es sehr viel ausmacht, wie hügelig das Gelände ist.

In den Pausen nutzten wir die Zeit, um uns zu entspannen und uns mit den anderen Kameraden auszutauschen. Wir werteten aus, wie sie das letzte Gespräch beim Psychologen beurteilten und natürlich quatschten wir auch einfach so. Unsere ‚Unterkünfte' waren, sagen

---

[34] Vgl. [Q11]

wir mal, kurzfristig aufgebaut worden und dienten nur als Schutz gegen die Witterungseinflüsse von außen. Logisch aber auch, da der Großteil wieder nach wenigen Stunden (Fall der Ablösung) oder spätestens am Ende der Woche (dann meist mit bestandenem EFV I) nach Hause fahren würde. Als Stabsunteroffizier FA (Feldwebelanwärter) war ich mit 22 Jahren einer der jüngsten Bewerber. Es waren viele Feldwebel, Oberfeldwebel und Hauptfeldwebel dabei, sowie ein paar Offiziere. Im Schnitt standen dort gestandene Männer, häufig auch mit Einsatzerfahrung. Die Stimmung war immer freundlich und gelassen, da jeder wusste: wer sich hier bewirbt, hatte eine Entscheidung getroffen. Als recht junger Soldat gab es auch nicht viel zu berichten. Meine militärischen Erfahrungswerte beliefen sich ausschließlich auf meine eigene Ausbildung und auf das, was ich von anderen Ausbildern und Kameraden bisher aufgenommen hatte. So hielt ich mich meistens zurück und ließ die anderen berichten. Wenn man gestandenen Soldaten*innen ihren verdienten Respekt zollt, einfach freundlich und locker bleibt, erfährt man häufig alles, was man wissen möchte, da diese Männer und Frauen erfahrungsgemäß sehr gerne berichten.

Am letzten Tag der Woche bekamen wir unsere Bestätigung, dass wir die EFV I offiziell durchlaufen und bestanden hatten. Wir, die knapp 70 Teilnehmer verabschiedeten uns freundlich voneinander und freuten uns, dass es schon bald in die nächste Etappe gehen würde. Bis auf einen von diesen stundenlangen Computertests hatte ich auch bei jeder einzelnen Station ein gutes Gefühl gehabt. So konnte ich erleichtert ins Wochenende fahren und mich darauf freuen, dass zwei Wochen später das 10-Wochenprogramm beginnen würde. Das Gute daran war, dass wir so alle die Gelegenheit hatten, uns in unserer Stammeinheit (bei mir wieder Pfullendorf) zurückzumelden, die Ausrüstung auf Vordermann zu bringen und ein paar lockere Sporteinheiten zu absolvieren, bevor es heftig werden würde.

Natürlich gab es wie immer noch einige bürokratische Zettel und Hürden zu meistern. Was wäre die Armee auch ohne Papierwahnsinn? Ab hier verliefen die weiteren Wege der jungen Männer aus meiner Grundausbildung auch unterschiedlich. Einige gingen ins nächste Truppenpraktikum, andere wiederholten einen Lehrgang, den sie zuvor nicht absolvieren konnten (häufig aufgrund von Verletzungen), wiederum andere wurden auf den Einzelkämpferlehrgang Teil I (EKL I) geschickt. Eine knappe Hand voll Jungs, unter denen ich mich befand, gingen zum 10-Wochenprogramm.

Bevor ich dir das 10-Wochenprogramm in aller Ausführlichkeit schildere (jedenfalls soweit das vertretbar ist), möchte ich noch kurz einen privaten Aspekt einbringen. Was haben eigentlich meine Familie, Freunde und meine damalige Freundin von meinen Plänen gehalten und wie bin ich damit umgegangen?

Meine Familie hat mich immer unterstützt. Natürlich ist keine Mutter wirklich froh, wenn sich ihr Sohn bewusst für etwas so Spezielles und auch später durchaus Hochriskantes entscheidet, jedoch sah sie auch immer, wie stolz und glücklich ich während meiner Ausbildung von den einzelnen Abschnitten berichtet habe und so unterstützte sie mich immer bei den Dingen, die ich tat und vorhatte. Dabei war sie einerseits selbst stolz auf mich, andererseits aber auch besorgt, was wohl selbstverständlich ist, wenn es um das eigene Kind geht. Für meinen Vater war die ganze Sache bestimmt einfacher. Er hatte nie etwas dagegen und befürwortete durchaus meinen Schritt zum Militär, sowie der weiteren Spezialisierung. Als Vater kann man da lockerer mit der Sache umgehen. Meine beiden Brüder akzeptierten meinen Weg, den ich eingeschlagen hatte und drückten mir immer die Daumen, auch wenn sie selbst nie zum Militär gegangen wären. Ähnlich war es in meinem Freundeskreis. Nicht jeder befürwortete das Militär. Einige fanden es cool, was ich machte, andere freuten sich, dass ich einfach zufrieden war. Jeder lebt sein Leben und macht das Beste daraus. Elly, meine damalige Freundin, mit der ich schon seit knapp zwei Jahren zusammen war, unterstütze mich immer und überall. Sie gab mir Halt und war häufig so etwas wie mein Ruhepol gewesen. Witzigerweise war sie Pazifistin und hatte nie etwas mit dem Militär am Hut gehabt, bis wir uns kennenlernten. Zu Beginn unserer Beziehung hatte ich etwas taktlos die Prioritäten in meinem Leben aufgezählt. Militär, Familie, Freunde und dann die Beziehung. Das kam, wie du es dir vorstellen kannst, überhaupt nicht gut an, jedoch wusste jeder, wo er stand. Im weiteren Verlauf war die Reihenfolge jedenfalls nicht mehr unser Problem gewesen. Mit einigen Pausen, Aufs und Abs blieben wir etwa vier Jahre zusammen, bevor wir uns endgültig trennten.

Zeitstrahl Dienstzeit Kevin Bulicke

01.04.2010 Diensteintritt (in Pfullendorf)

07.09.2010 - 28.09.2010 Fallschirmsprunglehrgang Automatik (in Altenstadt)

25.11.2010 - 23.12.2010 Kraftfahrzeuglehrgang BC (in Veitshöchheim)

04.01.2011 - 25.02.2011 Fw Anwärterlehrgang AMT (in Pfullendorf)

04.04.2011 - 01.07.2011 Truppenpraktikum 1 (in Zweibrücken)

04.07.2011 - 23.09.2011 Fw Lehrg MFT TrDst Inf Teil A (in Hammelburg)

26.09.2011 - 18.11.2011 Fw Lehrg MFT TrDst Inf Teil B (in Altenstadt)

17.01.2012 - 19.06.2012 Fw Lehrg Englisch + AMT (in Delitzsch)

24.06.2012 - 29.06.2012 EFV Teil I (in Calw)

7. Das 10-Wochenprogramm

Endlich war es soweit: in der zweiten Juliwoche begann dass 10-Wochenprogramm. Ich musste damals nach Meßstetten in die ‚Zollernalb-Kaserne' fahren. Meßstetten liegt nordwestlich von Pfullendorf, jedoch immer noch deutlich im Süden von Stuttgart. Das Beste daran war tatsächlich, dass Elly aus Balingen kam, was defacto um die Ecke lag und wir uns so viel häufiger sehen konnten als zuvor. Die Kaserne, wer hätte es gedacht, lag mitten auf einem Hügel und ganz in der Nähe vom Truppenübungsplatz Heuberg, welchen viele Kameraden häufig mit Stetten am kalten Markt in Verbindung bringen. Das ist eine weitere Kaserne, die auf der anderen Seite des Truppenübungsplatzes liegt. Die Zollernalb-Kaserne, in der wir uns befanden, gehörte zur Luftwaffe und wurde einige Jahre später aufgegeben. Nach meinem aktuellen Kenntnisstand von 2019 hatte die Bundeswehr die Kaserne an die Bundesanstalt für Immobilienaufgaben (kurz BImA) abgeben und seit einiger Zeit wird über die weitere Nutzung mit der Stadt Meßstetten verhandelt. Für uns war es nahezu ideal, da kaum andere Soldaten dort waren. Wir hatten ein riesiges Areal mit dem Übungsplatz und den gefühlten 1.000 Hügeln im nahen Umfeld zur Verfügung, um uns so in aller Ruhe, konzentriert und fokussiert auf unsere Aufgabe vorbereiten zu können.

Das meiste ist Kopfsache, „Der Wille entscheidet!"[35] hörten wir wieder und immer wieder. Die Ausbilder zeigten uns im Verlauf wie recht sie damit hatten. Sie wussten ganz genau, wie man uns an unsere physischen und psychischen Grenzen langsam heranführt, ohne uns gleich komplett zu überfordern. Dass wir in dieser nahezu leeren Kaserne fernab vom Schuss waren, kann man meiner

---

[35] Offizieller Wahlspruch vom Kommando Spezialkräfte

Meinung nach gar nicht hoch genug einschätzen. Denn wenn du nicht ständig durch andere Kameraden, Möglichkeiten oder andere Annehmlichkeiten abgelenkt wirst, nur dann kannst du dich wirklich voll und ganz auf eine Sache einlassen. Außerdem fördert es deutlich schneller den Zusammenhalt der Gruppe. Dies ist ein nicht zu unterschätzender Faktor für das weitere Auswahlverfahren.

Die erste Woche war geprägt von den ganzen Einführungsunterrichten und dem Empfang von Material, zum Beispiel Klettergeschirr oder einem Neoprenanzug für kalte Gewässer. Viele der Kameraden mussten ihre Zeltbahn noch vernähen, wachsen und vorbereiten, um diese Form von Bundeswehr-Plane gegen Witterung widerstandsfähiger zu machen. Als Fallschirmjäger hatte ich bereits in meiner Grundausbildung gelernt, dass der Stoff ohne diese zusätzliche Behandlung einem ordentlichen Regen kaum standhält. Wir sprechen beim Militär dann von der Kampfkrafterhaltung, wenn man seine Energie schont beziehungsweise durch gezielte Vorbereitung weniger Energie verbraucht. Die Ausbilder stellten sich und das Team vor, bevor jeder Einzelne von uns dran war. Wir bekamen einen Überblick, was in den nächsten Wochen passieren würde, einen Rundgang durch die Kaserne sowie unsere linke und rechte Grenze für das erwartete Verhalten aufgezeigt. Die beiden Hauptausbilder machten uns recht freundlich, jedoch sehr direkt, darauf aufmerksam, dass wir zwar immer noch beim Militär waren, jedoch der Schwerpunkt hier nicht zwangsweise auf der korrekten Anzugsordnung und dem förmlichen Gehabe liegen würde, sondern auf Leistung und Teamwork. Die beiden Ausbilder wussten genau, wovon sie sprachen, denn sie waren Kommandosoldaten der ersten Stunde, wie es so schön heißt. Es war die pure Erfahrung, die uns gegenüberstand. Ich freute mich total, denn es gibt nichts Schlimmeres als Theoretiker.

Sie zeigten uns auch, wie sie sich ab sofort jeden Morgen den Frühsport vorstellten und wie die Kraft- und Fitnesszirkel bis zum Mittagessen auszusehen haben. Gegen sechs Uhr morgens ging es mit dem Frühsport los, dann das Frühstück. Nach einer kurzen Pause legten wir dann zwei bis drei Trainingseinheiten hin bis zum Mittag. Im Wechsel mussten wir zwischen Krafteinheiten, Kondition und Koordination, sowie Boxen variieren. Fallschirmjäger, spezialisierte Kräfte und Spezialkräfte werden häufig im Nahkampf geschult oder betreiben es sowieso nebenher. Boxen und Kickboxen bilden da nur einige Elemente als Grundpfeiler. In unserer Welt ist es wichtig seinen Mann stehen zu können. Es ist überlebenswichtig nicht seine Nerven zu verlieren und quasi auf Knopfdruck, einer gezielten Aggressionen (zur Erfüllung des Auftrages) freien Lauf zu lassen. Was Profis von Amateuren und hohlen Schlägern unterscheidet, ist kontrollierte Aggression. Wir Soldaten müssen zu einem gewissen Grad aggressiv sein, denn die Welt ist nicht fair. Krieg läuft nie fair ab. Man kann sich in den allermeisten Fällen nicht aussuchen, gegen wen man wann kämpft, oder ob es gleich mehrere sein werden. So wurden wir auch ausgebildet. Kontrollierte Aggression ist ein weiterer Schlüssel zum Erfolg.

Einmal pro Woche gab es Sprinttraining an einem Berg (kurz und steil) und einmal pro Woche gingen wir Schwimmen. Zeitlich war das Schwimmen so angesetzt, dass wir ganz früh am Morgen vor der Rentnertruppe tapferer Frauen in einem Schwimmbad draußen im Herbst unser Programm absolvierten. Die Begriffe ‚kalt und frieren' bekamen dort für mich immer ganz neue Dimensionen. Spezielle Übungen und gezielte Kontrollen sorgten dafür, dass wir uns immer häufiger selbst überwinden mussten. Die Ausbilder separierten uns im Becken, sodass niemand bei den Überwindungsmomenten bescheißen konnte. Wenn du fertig warst, konntest du entweder das Becken wechseln oder unter den

Augen der Ausbilder auf die andere Seite schwimmen, erst dann war wieder der nächste dran. Ich klapperte so sehr, dass einige Jungs schon Angst bekamen, dass ich ernsthaft unterkühlt sein könnte. Anderen erging es ähnlich, umso länger die Trainingseinheit dauerte. Wir wurden dann zu Pinguinen, die sich im Becken immer enger zusammenschlossen und bibbernd versuchten etwas Körperwärme von einem anderen zu erhalten. Jedes Gramm Fett am Körper wäre hilfreich gewesen, jedoch gab es da nichts Sichtbares bei mir. Deswegen bekam ich auch meinen Spitznamen ‚Rippchen' von den Ausbildern. Weitere Erklärungen spare ich mir an dieser Stelle.

Das Sprinttraining fand ich da schon deutlich sympathischer. A konnte man nicht untergehen, falls einem die Kräfte verließen und B war es auch nicht so erbärmlich kalt, unabhängig wie das Wetter draußen war. Falls mal einer ohnmächtig wurde, sackte er einfach an Ort und Stelle zusammen. Nach einer kurzen Pause ging es dann für die Betroffenen auch meistens weiter. ‚Der Hügel', das waren zwei direkt aufeinander folgende kurze sehr steile Erhebungen. Er war den meisten Teilnehmern vorher bekannt, da sich herumgesprochen hatte, dass das Sprinten an den Erhebungen die Hölle sei. Wir begannen mit Aufwärmübungen und lockerten die Muskulatur auf. Danach gingen wir einen dieser Absätze hoch und joggten langsam den anderen aufwärts, dann wechselten wir die Absätze. Die Übungen wurden dennoch Schritt für Schritt zügig gesteigert. Meistens lief man vorwärts, manchmal auch rückwärts oder man trug einen anderen Kameraden. Am Ende wurde komplett durchgesprintet, plus eine weitere Strecke darüber hinaus. Das Gefühl von Sauerstoffmangel machte sich schnell breit. Sprinttraining am Berg ist der Endgegner, besonders wenn der Körper versucht durch Hecheln, tiefes Durchatmen oder Hyperventilation das an Sauerstoff zu kompensieren, was die

Muskulatur verbraucht hat. Trotzdem allemal besser als Schwimmen, erbärmliches Frieren und Wasser in der Lunge.

Für mich waren das Schwimmen und das Wasser bei der Bundeswehr so, wie in etwa die französische Sprache auf dem Gymnasium. Irgendwie habe ich es immer geschafft, nicht sitzen zu bleiben und ich war definitiv froh, wenn es vorbei war. Das Element Wasser kann ich nicht so feiern wie andere. Etwas schnorcheln und surfen in Südostasien reichen mir auch schon nach einer Stunde. Ich schwimme nicht gerne auf Zeit und schon gar nicht in Uniform!

Marschtraining war demgegenüber meine Stärke. Stumpfe, scheinbar langweilige Dinge sehr lange zu tun, liegt mir.

Abbildung 22: Marschtraining privat am Wochenende

Monotonie kann auch etwas sehr Schönes haben. Beispiele gefällig?

Erstens ist man im Falle von Marschtraining an der frischen Luft und in der freien Natur. Zweitens kann man so viel Zeit dafür aufwenden, den Kameraden an seiner Seite kennenzulernen. Der erste und einfachste Weg das Band zu schmieden, das einen der Grundpfeiler für später legt. Mehrere sehr gute und lange Gespräche über alles Mögliche, Privates, Dienstzeit, Einsätze, Hobbies, Training, Autos, Geld, Frauen, Ex-Freundinnen, Affären und vieles mehr ergeben sich. Wir kennen die meisten unserer Kameraden, mit denen wir jeden Tag Zeit verbringen / verbracht haben, besser als unsere Freundinnen oder Ex-Freundinnen. Und genau das ist auch gut, richtig und wichtig so.

Das Marschtraining lief in etwa so ab, wie du es dir bestimmt schon denken kannst. Auf dem Dienstplan stand vorher 20 km Marsch, oder 30 km Marsch oder ähnliches. Du hast deinen Rucksack und den Rest deiner Ausrüstung genauso vorbereitet, wie es erwartet wurde. Beim Marschieren selbst wird ganz normal in Doppelreihe gegangen, da die Wege meistens recht schmal sind. Vorne gibt es einen eingeteilten Gruppenführer, der mit seinem Buddy das Orientieren übernimmt. Zu Beginn führten die Ausbilder selbst und gaben dann die Verantwortung nach und nach an uns ab. Mal marschierten wir mit der bekannten Kiste aus den Dokumentationen und mal ohne. Häufig wurden die Teams auf drei bis vier Leute geteilt und wir bekamen Kartenausschnitte und mussten in einer bestimmten Zeit verschiedene markierte Punkte anlaufen, also ein ganz klassischer Orientierungsmarsch. Grundsätzlich kann man sagen, dass das ganze 10-Wochenprogramm, sowie die Höllenwoche unter ‚NICHT-Taktischen' Umständen durchgeführt wurden. Sprich, wir mussten nicht permanent sichern, keine Wege überspringen, nicht sickern oder ähnliches. Weißlicht und das Sprechen waren nur in der

Höllenwoche verboten. In der Vorbereitung konnten wir uns leise mit dem Nachbarn während des Marschierens austauschen. Doch zu jeder Zeit sollten wir Ortschaften und Räume meiden, an denen wir mit einer hohen Wahrscheinlichkeit auf die Bevölkerung treffen würden. Ich aß die ganze Zeit Nüsse, Power Riegel und ähnliches beim Marschieren. Möglich, dass das nicht gut für den Magen war, doch wenn man so viele Kalorien verbrannte wie wir, musste man permanent seine Vorräte wieder auffüllen. Gerade an mir war nichts dran, kein Gramm Fett war zu sehen, deshalb musste ich besonders darauf achten, immer im Kalorienüberschuss zu sein. Meine körperlichen ‚Reserven' wollte ich erst in der Höllenwoche abgeben.

Wenn du das jetzt liest, könnte es sein, dass bei dir der Eindruck einer lustigen Wandertruppe auftaucht, die auch noch für den Spaß bezahlt wurde. Den Zahn möchte ich dir hiermit auch gleich wieder ziehen. Die Realität sah so aus: Wir wurden auf einen Hügel gefahren. Sagen wir mal Hügel 645. Das bedeutet, dass der Hügel an seiner höchsten Erhebung 645 m hoch und dementsprechend in der Karte markiert ist. Um diesen Ausgangshügel herum lagen fünf weitere Hügel mit ähnlichen Höhen. Der Orientierungsmarsch spielte sich dementsprechend in einem Bereich ab, den man auf der Karte als schiefen Stern hätte markieren können. Um von Punkt A nach B zu kommen, sind wir den ganzen Hügel heruntermarschiert / teilweise locker getrabt (für Zivilisten wäre es joggen gewesen), passierten das Tal, in dem wir eine abgelegene Brücke fanden und marschierten dann den ganzen Hügel auf der anderen Seite wieder hoch. Wenn du Punkt B gefunden hattest, rate was passiert? Du machst mit Punkt C weiter, der wiederum auf dem nächsten Hügel lag. Klingt stumpf und genau das war es auch!! Selbstverständlich immer mit vollem Gepäck und Waffe, was etwa insgesamt 25 kg entsprach. Wenn man in den zehn Wochen der Vorbereitung mal irgendwann keinen Rucksack beim Marschieren aufhatte, fühlte man sich leer. Es fehlte sprichwörtlich etwas. Oder um es anders zu sagen, es gab kein Marschtraining ohne Rucksack, jedoch häufiger Rucksack ohne Marschtraining.

Zeiten, Grenzen, Auflagen und andere Vorgaben wurden für jeden Orientierungsmarsch natürlich schon vorher festgelegt. Beispielsweise wurde nach acht Stunden automatisch abgebrochen und wir hatten uns selbstständig zum Ausgangspunkt oder einer vorher festgelegten Auffanglinie (beispielsweise einer markanten Landstraße im Gelände) zu begeben. In diesen maximal acht Stunden wurden im besten Fall 30 bis 35 km zurückgelegt und etliche hundert, wenn nicht sogar tausende von Höhenmetern. Unser übernormaler Anspruch an uns selbst, duldete zu keiner Zeit eine der gestellten Aufgaben nicht zu erfüllen, oder zu spät zu kommen. Deswegen trabten wir freiwillig sämtliche flachen Wege auf dem Hochplateau und alles was bergab ging durch. Du erinnerst dich, unser Traben ist das Joggen eines Normalos. So schafften wir die Vorgaben in etwa 6 h bis 6,5 h. Häufig waren es ‚nur' 30 km mit 25 kg Gepäck, manchmal wurden es auch 35 km oder sogar 40 km und mehr.

Die meisten Märsche waren tagsüber, doch einige zogen sich bis in die Nacht. Die wenigstens starteten erst nachts. Jedoch ist gerade nachts zu marschieren deutlich anstrengender als tagsüber. Da das Orientieren sich massiv erschwert, die Abstände kommen einem immer länger vor, als sie es in Wirklichkeit waren und natürlich zermürbt die kalte Dunkelheit die Moral deutlich mehr als sonst schon. Nachts zu agieren, bringt einen persönlich auch immer schneller an die Grenzen. Doch darum geht es auch, es ist gewollt. Vor allem ist es gewollt, dass wir unser persönliches Limit immer weiter ausbauen, sodass wir, egal in welcher Situation wir sind, trotz totaler körperlicher Erschöpfung noch rationale Entscheidungen treffen können und nicht den Emotionen nachgeben, beziehungsweise uns zu sehr von unseren körperlichen Bedürfnissen aufzehren lassen.

Ich denke das ist ein Punkt, den ich nochmals hervorheben sollte. Das rationale Handeln unter Stressbedingungen ist ein wesentlicher, nein sogar ein essenzieller Punkt bei einem/einer Soldaten*in. Besonders wenn man sich in Kampfeinheiten und spezialisierten Kräften aufhält und absolut, wenn man zum KSK möchte. Das ganze Auswahlverfahren dreht sich im weiteren Sinne um folgende Punkte:

- Agieren unter Stress,
- sich selbst an und über die eigenen Grenzen führen,
- der absolute Wille zur Auftragserfüllung und
- natürlich die uneingeschränkte Kameradschaft.

Deswegen bringt es gar nichts, nur in einer sportlichen Disziplin herausragend zu sein, oder alles beginnen, doch nichts zu Ende bringen zu können. Du bekommst einen Auftrag, du erfüllst ihn. Du bekommst ein Zeitfenster, du bleibst innerhalb davon. Schaffst du beides nicht, wirst du auf die eine oder andere Art und Weise dafür büßen. So einfach ist das. Wir alle haben Emotionen, das ist menschlich, doch wir müssen sie kontrollieren können. Es gibt Orte und Zeiten, an denen man sich gehen lassen kann. Mit Sicherheit nicht, wenn du einen Auftrag bekommen hast oder dich gerade in einem Auswahlverfahren befindest. Solange dein Auftrag / Befehl nicht gegen Recht, Gesetze oder andere Auflagen verstößt, führst du ihn aus und hinterfragst ihn nicht. Wenn dein Ausbilder dir aufträgt, du marschierst jetzt 15 km in Richtung zu einem Brunnen, füllst deine Wasserflaschen wieder auf und kommst dann selbstständig wieder zurück, dann antwortest du mit „Jawohl“ oder „Habe ich so verstanden“ und führst es aus. Gerade im Auswahlverfahren setzt du einfach um, was man dir sagt. Es ist der falsche Ort und auch der falsche Moment, um die Herangehensweisen der Ausbilder, das Konzept oder den Sinn zu hinterfragen. Diese Männer wollen sehen, dass du funktionierst. Das ist alles. Man darf nie vergessen, wir wollen zu ihnen gehören und nicht andersherum. Die Ausbilder müssen uns nichts mehr beweisen. Mal davon abgesehen, dass alle Bewerber sich freiwillig beworben haben und dementsprechend wissen sollten, auf was sie sich eingelassen haben. Die allermeisten Männer, die bei meinem Auswahlverfahren dabei waren, wussten das und verhielten sich dementsprechend korrekt, genau wie ich auch.

So vergingen die Wochen schneller als gedacht. Zwischendurch, wenn wir nicht gerade marschierten, trainierten oder schwammen, bekamen wir Auffrischungskurse und ein paar Sonderausbildungen. Die Auffrischungskurse bezogen sich vor allem auf den Umgang mit unserer Ausrüstung:

- Abseilen
- Knotenlehre
- Packen von Zeltbahnpaketen (wird zur Gewässerüberquerung benötigt). Hierbei verstaut man seinen Rucksack, die persönliche Ausrüstung, Stiefel und alles, bis auf die Waffe, in einer wasserdichten Zeltplane und schnürt sie mit Hilfe von bestimmten Seiltechniken zu einem hübschen Paket, was nicht nur schwer ist, sondern auch noch schwimmen sollte. So kann man ein Gewässer, wie einen Fluss oder einen See überqueren ohne auf der anderen Seite nasse Kleidung, nasse Stiefel oder eine triefend nasse Ausrüstung zu haben.
- Wir erhielten erneut Erste-Hilfe-Kurse von den Profis.
- Einmal kam sogar jemand, der zwei Stunden über Stiefel, Einlegesohlen und Socken sprach. Der Mann wusste alles darüber, jeden noch so kleinen Hinweis gab er uns. Wenn

du noch nie 20 km und mehr mit Gepäck marschiert bist, dann ist das wahrscheinlich auch nicht wichtig. Doch wenn du jeden zweiten oder dritten Tag so etwas machen musst, werden Details auf einmal ziemlich wichtig. Sonst hat man schneller kaputte Füße, als man denken kann.

Eine der wenigen Annehmlichkeiten war, dass wir die Sauna regelmäßig besuchen konnten. Es tut gut, den Körper nach den ganzen Entbehrungen auch wieder etwas Erholsames zurückgeben zu können. Außerdem gab es zwei professionelle Physiotherapeuten, die zweimal pro Jahr extra für die Bewerber ihre Praxis verlassen und für die Zeit des Auswahlverfahrens uns zur Seite standen. Als Annehmlichkeit konnte ich das allerdings nur bezeichnen, wenn es vorbei war. Diese beiden Herren renkten und knackten unsere Körper mit einer derart brutalen Perfektion, dass man sie in den Momenten, in denen sie ihrer Arbeit nachgingen, fast nicht mögen konnte. Doch auch diese beiden waren super Typen und hatten immer ein offenes Ohr für uns.

Mehrmals besuchten wir Calw, den Standort, an dem das KSK beheimatet ist. Natürlich wurden wir herumgeführt, wir sahen die Teile der Ausrüstung, die Waffenkammer, sprachen mit dem General und anderen ranghohen Persönlichkeiten. Ich brauche an dieser Stelle wohl nicht erwähnen, dass das in einer Phase wie dieser pure Motivation für jeden Einzelnen bedeutete. Wir versuchten jeden ‚Goldkrümel', den sie uns hinwarfen, zu nutzen. Wir saugten alles auf, was wir sahen und wurden süchtig. Mehrmals marschierten wir auch von dort los oder übten den schon bekannten 7 km Marsch mit Gepäck (20 kg) in maximal 52 min. Wie ich es schon häufiger erwähnte, war so eine Zeit weder gewünscht, noch wollte sich jemand von uns so viel Zeit dafür lassen. Deshalb war das stets ein 7 km Gepäcklauf, in dem ich nur zwischen langsamerem Joggen und sehr zügigem Joggen wechselte, je nachdem ob es gerade bergauf ging, ebenerdig war oder bergab ging. Den gleichen Lauf auf Zeit trainierten wir auch regelmäßig in Meßstetten, wo das 10-Wochenprogramm damals beheimatet war. Hier war speziell die Laufstrecke für die 7 km sehr freundlich, da es kaum eine Erhebung gab, was sich wiederum deutlich in den Zeiten widerspiegelte. Meine Bestzeit belief sich hier auf 38 min und 33 sek mit dem 20 kg Gepäck.

Ein weiterer kleiner Test, an dem die Ausbilder sehen konnten, wie fit wir waren und wie sehr wir beißen wollten, war der Halbmarathon. Rund 21,1 km diesmal in einem deutlich hügeligeren Gelände im Vergleich zu der 7 km Strecke. Ich hatte einen guten Tag und wollte alles aus meinem Körper herausholen was ging, um mir selbst und den anderen zu beweisen, wie fit ich war. Laufen in Wettkämpfen ist Taktik. Die allermeisten Läufer machen den gleichen Fehler, sie starten viel zu schnell. Es ist ein klassischer Fall von Herden-Logik. 80 % lassen sich mitreißen, sind nicht voll erwärmt oder haben das Gefühl etwas zu verpassen, wenn sie nicht gleich Vollgas geben. Taktisch ist das nicht clever, ich erkläre dir gleich noch genauer wieso. So startete ich wie immer zügig, doch ließ mich von vielen überholen, bis mein Körper auf voller Betriebstemperatur war, um dann einen nach dem anderen wieder zu kassieren. Besonders bitter für die Kameraden, wenn man sie auf den letzten 3 bis 5 km überholt. Umso kürzer die Strecke ist, umso zügiger muss man natürlich starten, doch umso länger die Strecke ist, umso größer wird der Effekt beim Überholen. Immer wieder fiel mir über die Jahre auf, dass nahezu jeder Läufer zu Beginn zu viel gibt und am Ende nicht mehr genug übrig hat, um im Schlusslauf die Geschwindigkeit zu erhöhen. Rein psychologisch gesehen ist es viel verheerender, wenn man seinen Konkurrenten kurz vor Schluss überholt, als gleich zu Beginn. Mittlerweile mag ich Psychologie und wende gerne ein paar Dinge an, die ich gelernt habe. Nachdem man seinen Konkurrenten auf den letzten Kilometern überholt hatte, konnte man sehen (sofern man sich nochmal umdrehte), wie sein Wille gebrochen war und er schlagartig langsamer wurde. Man könnte in der Theorie jemanden überholen, um dann in seinem alten Tempo weiterzulaufen, ohne selbst wieder kassiert zu werden. So simpel können Laufveranstaltungen sein.

Doch bis auf zwei Kameraden, die uneinholbar vorne waren (beide passionierte Marathonläufer), konnte ich mich bis zum Dritten Platz nach vorne kämpfen, mit einer amtlichen, doch immer noch ausbaufähigen Zeit von 1h: 35 min: 05 sek. Ich denke für die geografischen Umstände und bei der Konkurrenz war das ein sehr gutes Ergebnis. Abends beim Lagerfeuer wurden uns dann die Urkunden überreicht und es fielen ein paar warme Worte. Ein großartiges Gefühl!

Abbildung 23: Urkunde Halbmarathon

Wir trainierten mehrfach am Tag, permanent wie Leistungssportler:

- Wir kletterten, besuchten einen Hochseilgarten und übten das Abseilen,
- boxten,
- schwammen,
- tauchten,
- sprangen,
- joggten,
- sprinteten,
- marschierten und schleppten.
- Es ging vom Frühsport bis zum abendlichen „Traberli" (wie unser Ausbilder immer zu sagen pflegte).

Die Wochen vergingen wie im Flug und dann waren die zehn Wochen der intensivsten Vorbereitung auch fast vorbei. Am Ende machten sie mit uns noch einen Laktat- und Leistungstest. Zwar bin ich kein Mediziner, was die Werte angeht, jedoch weiß ich noch, dass man mir mitteilte, dass ich einen exzellenten Laktatwert aufwies. Sprich meine Muskeln produzierten langsamer die Milchsäure, die wir als Brennen wahrnehmen, als bei vielen anderen und der Abbau danach ging auch deutlich schneller vonstatten. Demzufolge war ich dann wieder schneller einsatzbereit. Es gibt Statistiken der Calwer, die besagen, dass wenn man alles mitgemacht hat und jeden geplanten Kilometer gegangen ist, kommt man am Ende des 10-Wochenprogramms auf knappe 1.000 km.

Leistungstest

Bundeswehr Calw

[redacted]

Name: Gulicke, Kevin
Alter: 22
Sportart:
BMI: 20,3 kg/m² (n 19-25)
Testdatum: 10.07.2012

Testmodifikationen

Steigung % 1,5
Stufenlänge: 00:03:00 hh:mm:ss
Startleistung: 5,0 km/h
Steigerung: 2,0 km/h
Stufenanzahl: 6
Testmethode: Laufen
Protokoll: Laufen Profi

Bemerkungen:

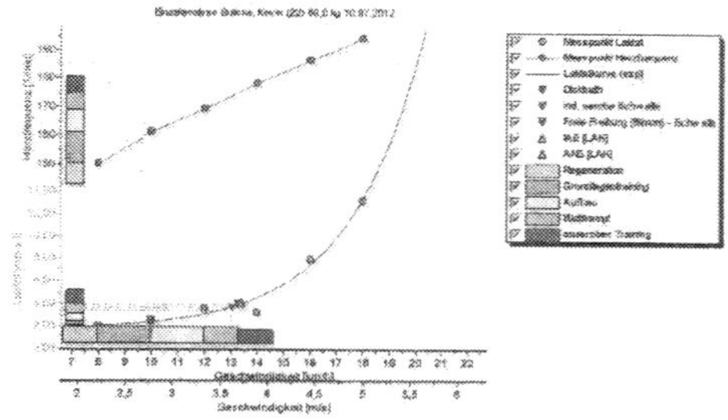

Ruhewerte

1,4 mmol/l LAK, 72 1/min HF

$VO_{2\,max}$

Rad 0,00 ml/min (kein aktives Modell)
Lauf 73,26 ml/min/kg (Haas, W. - Laufband (1% Steigung))

Schwellen

	IAS	ANS	Dickhuth	Ind. aerobe Schwelle	Freie Freiburg (Simon) - Schwelle	Max
Laktat [mmol/l]	2,00	4,00	3,91	2,41	3,72	13,10
Herzfrequenz [1/min]	148	175	175	161	174	194
Geschwindigkeit [km/h]	7,3	13,4	13,3	10,0	13,0	22,0
Geschwindigkeit [m/s]	2,02	3,72	3,69	2,77	3,62	6,11
Energieverbrauch [kcal/h]	459	845	837	627	821	1386
1000-m-Zeit	08:13	04:28	04:30	06:01	04:36	02:43
Marathon-Zeit	05:47	03:08	03:10	04:14	03:14	01:55
VO2 [ml/min/kg]	24,3	44,7	44,3	33,2	43,4	73,3
max. Leistung [%]	33,1	60,9	60,4	45,3	59,2	100,0

IANS Dickhuth

Trainingsbereiche

Bezeichnung	Regeneration	Grundlagentraining	Aufbau	Wettkampf	anaerobes Training
Prozentbereiche	50 - 60 %	60 - 75 %	75 - 90 %	90 - 100 %	100 - 110 %
Intensität					
Laktat [mmol/l]	1,95 - 2,07	2,07 - 2,41	2,41 - 3,10	3,10 - 3,91	3,91 - 5,21
Herzfrequenz [1/min]	143 - 150	150 - 161	161 - 169	169 - 175	175 - 180
Geschwindigkeit [km/h]	6,6 - 8,0	8,0 - 10,0	10,0 - 12,0	12,0 - 13,3	13,3 - 14,6
Geschwindigkeit [m/s]	1,85 - 2,22	2,22 - 2,77	2,77 - 3,32	3,32 - 3,69	3,69 - 4,06
1000-m-Zeit	09:01 - 07:31	07:31 - 06:01	06:01 - 05:00	05:00 - 04:30	04:30 - 04:06
Marathon-Zeit	06:20 - 05:17	05:17 - 04:13	04:13 - 03:31	03:31 - 03:10	03:10 - 02:53

Prozentuale Orientierung an der IANS bezogen auf die Leistung

Analysebericht:

Abbildung 24: Auswertung Laktattest / Leistungstest

Unser Gruppengeist, die Kameradschaft hatte sich wirklich gut entwickelt über die Zeit. Mit vielen der Jungs hatte ich gute und lange Gespräche geführt, sodass eine gemeinsame Verbundenheit mit der Sache sich entwickeln konnte. Auch stellte ich mental bei mir eine Veränderung fest. Ich fühlte mich reifer und entschlossener am Ende der Zeit. Mein Charakter festigte sich, was sich auf meine Ausstrahlung auswirkte, positiv versteht sich von selbst. Dann war es auch soweit. Wir bekamen ein paar Tage frei, bevor der Ernst und die Isolationsphase losgingen. Die freien Tage verbrachte ich bei Elly. Wir genossen die gemeinsamen Momente und sie tat alles in der Vorbereitungsphase, um mir das Leben so leicht wie möglich zu machen. Sie massierte mich, ließ mir Bäder ein und kochte permanent. Die letzten Tage trainierte ich gar nicht mehr, um Kräfte zu sparen und meine Speicher zu füllen. Wir spazierten nur jeden Tag ausgiebig mit dem Hund. Und dann musste ich los.

<u>Zeitstrahl Dienstzeit Kevin Bulicke</u>

01.04.2010 Diensteintritt (in Pfullendorf)

07.09.2010 - 28.09.2010 Fallschirmsprunglehrgang Automatik (in Altenstadt)

25.11.2010 - 23.12.2010 Kraftfahrzeuglehrgang BC (in Veitshöchheim)

04.01.2011 - 25.02.2011 Fw Anwärterlehrgang AMT (in Pfullendorf)

04.04.2011 - 01.07.2011 Truppenpraktikum 1 (in Zweibrücken)

04.07.2011 - 23.09.2011 Fw Lehrg MFT TrDst Inf Teil A (in Hammelburg)

26.09.2011 - 18.11.2011 Fw Lehrg MFT TrDst Inf Teil B (in Altenstadt)

17.01.2012 - 19.06.2012 Fw Lehrg Englisch + AMT (in Delitzsch)

24.06.2012 - 29.06.2012 EFV Teil I (in Calw)

09.07.2012 - 14.09.2012 10 WoPro (in Meßstetten)

8. Schritt für Schritt

Die EFV II, die sogenannte Höllenwoche, begann mit einem Lauf. Wie schon mehrfach erwähnt, der 7 km Marsch / Lauf mit 20 kg Gepäck in maximal 52 min. In der Vorbereitung lief ich immer Zeiten um die 40 Minuten. Allerdings muss man fairerweise auch sagen, dass das Gelände in Meßstetten, wo wir hauptsächlich speziell für diesen Marsch trainiert hatten, etwas flacher war als hier in Calw. Deswegen lief ich dort auch jedes Mal einfach durch. Die offiziellen Zeiten aus Calw habe ich nie erfahren, jedoch denke ich eine 44er bis 46er Zeit ist realistisch anzunehmen, da die Steigungen deutlich anspruchsvoller sind im Vergleich zu Pfullendorf oder gar Meßstetten. Das Gepäck wird wie immer vor und nach dem Marsch gewogen und es gibt den ein oder anderen Streckenposten, der sicherstellen soll, dass niemand ‚aus Versehen' eine Abkürzung nimmt oder sich seines Gepäckes vorübergehend erleichtert.

Nach dem Marsch vom Freitag konnten wir wieder nach Hause fahren beziehungsweise das machen, was wir wollten. Die nächste Zeit, die uns gesetzt wurde, war Sonntag nach dem Mittagessen. Das letzte Mal seinen Magen füllen, Notdurft verrichten, bevor wir in die Turnhalle gingen und für eine ganze Weile nicht mehr dazu kommen würden. Du kontrollierst ein letztes Mal deine Taschen, richtest deine Nummer auf dem Oberarm, sitzt auf deinem gepackten Rucksack und gehst geistig vor deinem Auge nochmal alles in Ruhe durch. Ist alles eingepackt, nichts vergessen, nichts aus Versehen vom Mittag in der Tasche, ein Snack oder ähnliches. Jeder Fehler würde zur sofortigen Ermahnung oder direkt zum Ausschluss führen. Dann hieße es nur noch sachlich und trocken: „Nummer 108 [beispielsweise meine Nummer aus diesem Durchgang], bitte treten Sie aus der Reihe und gehen Sie dort rüber.

Das Auswahlverfahren ist hiermit für Sie beendet!". Da ich mir genau das, wie jeder andere auch, ersparen wollte, prüfte ich erneut alle Taschen und dann ging es los.

Ab hier begann die Isolationsphase, sprich die Prüfungsphase. Niemand scherzte mehr, keiner sprach auch nur ein Wort, wir funktionierten einfach nur noch. Im ersten Schritt wurde selbstverständlich die Anwesenheit kontrolliert und dann die Ausrüstung. Wir mussten uns ausziehen und unsere gesamte Ausrüstung vor uns ausbreiten. Jeder noch so winzige Gegenstand wurde von den Ausbildern kontrolliert und inspiziert. Erst dann durften wir ihn auf einer zweiten Plane wieder ablegen. Es waren so viele Ausbilder in der kleinen Turnhalle, dass niemand etwas hätte tun können, ohne dabei gesehen zu werden. Grundsätzlich ging es darum, dass du genau das eingepackt hast, was auf deinem Verpackungsplan stand. Das heißt weder einen Bleistift zu wenig noch einen Notgroschen zu viel. Es wird 100-prozentige Präzision verlangt und wir lieferten sie ab. Die Ausbilder wollten sehen, dass wir uns mit unserer Ausrüstung ausgiebig beschäftigt haben und alles vorbereitet war. Nichts wurde dem Zufall überlassen. Natürlich kennen Sie alle Tricks und möglichen Verstecke. Über die Jahre gab es anscheinend immer mal wieder den einen oder anderen Experten, der dachte er kann etwas schmuggeln, sei es ein Traubenzuckerbonbon, eine Schmerztablette oder gar einen Powerriegel. Der Prüfer, der vor mir stand, glitt mit seinen Fingern über jede Naht an jedem Kleidungsstück, das ich ihm reichte. Anscheinend hatte mal jemand etwas in seine Kleidung eingenäht. Wenn es ums Bescheißen geht, kann der Mensch sehr kreativ werden. Mir war das egal, ich hatte weder etwas zu verbergen, noch würde mir ein einzelner Bonbon so viel Kraft und Durchhaltevermögen geben können, um die gesamte Höllenwoche zu bestehen. Man muss immer alles in einer Relation sehen. Entweder sind dein Wille und dein Körper stark genug dafür oder eben nicht. Nach mehreren Stunden war die Prozedur endlich vorbei und wir verließen die Halle. Draußen standen Busse bereit, die wir bestiegen und wortlos eine Weile fuhren, bis sie anhielten.

Im Folgenden werde ich die Ausbilder nur noch als ‚OCs' bezeichnen. ‚OC' steht für ‚Observer-Controller', was so viel heißt wie Beobachter und Kontrolleur. Die Herren sind nicht zum Plaudern da, beantworten keine Fragen und sagen bis auf wenige Sätze einfach gar nichts. Soweit mir das bekannt ist, können in der Vorbereitung auf dem 10-Wochenprogramm, oder bei einzelnen gesonderten Abläufen zwar ‚Calwer' dabei sein, jedoch heißt das nicht automatisch, dass es Kommandosoldaten aus den Einsatzkompanien sind. Für die eben genannten Tätigkeiten können auch mal Unterstützungskräfte aus Calw oder externe Ausbilder eingesetzt sein. Die OCs, die uns in der Höllenwoche ständig begleiteten, waren Kommandosoldaten. Das was in der Höllenwoche passiert, was man zu sehen bekommen könnte, ist einfach nicht für die Augen von Nicht-Kommandosoldaten bestimmt. Nach dem simplen Prinzip, die Männer, die uns Bewerber die ganze Zeit begleiteten, hatten exakt das gleiche Auswahlverfahren durchlaufen. Eine simple Grundregel, die einfach zu verstehen und fair allen Beteiligten gegenüber ist. Die Ärzte, Psychologen und wenigen Ausnahmen an einzelnen Stationen mal ausgenommen. Was ich grundsätzlich verstehe und bestens nachvollziehen kann, denn nach spätestens einer Nacht sahen wir Bewerber nicht mehr aus, wie vorher und es kann durchaus sein, dass einige mal einen ganz schwachen Moment haben. Für solche Situationen, die mit Sicherheit eintreffen, ist kein Publikum erwünscht und auch kein externes Personal zugelassen.

Wir traten in Linie zu je drei Gliedern an, die Gruppen wurden eingeteilt, die ersten Gruppenführer wurden bestimmt. Direkt danach wurden die Marschgruppen auf Linie zu zwei Gliedern reduziert, da die Wege im Wald deutlich schmaler sind. Mal davon abgesehen, dass es logisch ist bei der zu tragenden Ausrüstung. Danach ging es auch schon los. Natürlich nicht ohne vorher pro Gruppe das 70er Funkgerät und die so sehr berüchtigte 25 kg Kiste, jeweils an einem dicken Ast mit Seilen fixiert, zu haben. Der Inhalt der Kiste bleibt weiterhin ein Rätsel. Als die Gruppe dann in Marschreihenfolge stand, der Gruppenführer den ersten Marschbefehl erteilt hatte und einer der OCs nickte, ging es los. Wir setzten uns in Bewegung und verschwanden im Wald. So begann meine Reise im Auswahlverfahren. Wie in der Vorbereitung spulten wir Kilometer um Kilometer ab.

Wenn man das Szenario, beispielsweise als Förster oder Jäger von einem Hochstand heraus beobachtet hätte, wäre eine Doppelreihe zu sehen gewesen. Vorne mit dem Gruppenführer und seinem Schrittzähler, dahinter zwei Mann mit der Kiste im Nacken, genauer gesagt den Ast im Nacken, an dem mittig die Kiste befestigt wurde. Dann eine Leerrotte (sprich zwei Mann ohne extra Gepäck), dahinter zwei Mann mit dem Funkgerät am Ast und danach wieder eine Leerrotte. Falls die Gruppe größer als zehn Mann war, was durchaus vorkommen konnte, gliederten sich die anderen einfach hinten an. Bei einer ungeraden Personenanzahl stellt man sich immer wieder auf der anderen Seite an. Bist du also jetzt eine Runde auf der linken Seite marschiert, wird im Regelfall nach 100 Schritten getauscht und man rückt automatisch eine Reihe nach vorne. Die Hintermänner drücken immer die Vordermänner raus. Ist man an der Kiste gerade dran mit dem Tragen, sagt der Schrittzähler vorne beim Gruppenführer etwas lauter „100" oder „Wechsel", dann rutscht man so weit wie möglich nach außen von dem Ast und die beiden Männer hinter der Kiste füllen die Lücken auf, übernehmen den Ast und drücken dementsprechend die beiden Träger raus. Diese lassen sich dann seitlich der Marschgruppe mit kürzeren Schritten nach hinten fallen und gliedern sich automatisch am Ende wieder an. Nicht den Seitenwechsel dabei vergessen, um die Belastungspunkte für den Körper zu wechseln. Da wir das im 10-Wochenprogramm ausgiebig geübt hatten, ging es sehr flüssig und ohne Probleme vonstatten. Bis auf ganz wenige leise Worte vom Gruppenführer und die immer wieder erklingende Ansage vom Schrittzähler „Wechsel“ hörte man niemanden sprechen. Die OCs mischten sich auch nur in den seltensten Fällen ein, oder man hörte sie kurz etwas sagen wie, „Okay, der neue Gruppenführer ist Nummer 39, ich will haben: Erstens, Zweitens, Drittens!“ Der Förster hätte aus seinem Hochsitz also nicht viel gesehen oder gehört.

Falls du bisher nur Videos von der Grundausbildung kennst, es ist nicht zu vergleichen und wahrscheinlich zu 180° das genaue Gegenteil. Der OC steht nicht brüllend neben dir, um dich zu motivieren, er sagt einfach gar nichts, läuft mit dem anderen OC hinter der Gruppe her und macht sich Notizen. Hier wird EIGENE Motivation vorausgesetzt und einen Willen, über die eigenen Grenzen hinauszugehen, der seinesgleichen sucht. Wenn ein Bewerber rumjammert oder andere Zeichen von körperlicher, wie geistiger Abnutzung zeigt, fragt dich der OC maximal, ob du im Stande bist weiterzumachen. Wenn deine Antwort eine Verneinung ist, wird er dich fragen, ob du ihm deine Karte geben möchtest. Auf dieser Karte steht: „Ich gebe auf!“, auf der anderen Seite sieht man nochmal die Frage: „Bist du dir sicher?“. Für den Fall, dass man selbst einen schwachen Moment hat, mit dem Gedanken spielt aufzugeben, müsste man dem OC in die Augen gucken, ihm seine Frage beantworten, dann in den Taschen nach der Karte kramen, diese sich noch einmal durchlesen und dann als bewusste Handlung dem OC in die Hand geben. Tust du das, bist du zwar raus und von den Strapazen der Höllenwoche erlöst, jedoch brauchst du dich auch nie wieder beim KSK zu bewerben, denn Aufgeben ist keine Option für diese Männer. Wenn deine Gruppe neben dir stehen würde, gäbe es bestimmt Kameraden, die dich durch leises Zischen, auf den Oberschenkel klopfend oder dich am Ärmel zupfend daran erinnern wollen, dass du nicht allein bist. Genau in Momenten wie diesen will niemand dort Publikum dabeihaben. Wenn die Gruppe den ersten Mann durch Aufgabe oder Verletzung verliert, ist schnell die positive Gruppendynamik im Keller und es dauert wieder Stunden, um sie von Neuem aufzubauen.

So viel vorab nochmal über das ‚interne Regelwerk'. Dass man sich absolut kameradschaftlich und fair verhalten muss, brauche ich hier wahrscheinlich nicht zu erwähnen. Stolpert der Mann neben dir, fällt hin, du siehst es zwar, gehst jedoch weiter und hilfst ihm nicht hoch, wäre das nicht gut. Vor allem wenn das jemand gesehen hat und sich eine dementsprechende Notiz macht. Diese Regel greift grundsätzlich. Doch wer im Duden schon einmal nachgeschlagen hat, wird feststellen, dass das Wort grundsätzlich auch Ausnahmen beinhaltet. So auch hier. Bei Einzelprüfungen wie dem bekannt gewordenen Baumstamm, gibt es keine Hilfe. Weder Sprechen noch Zupacken sind erlaubt. Hier bist du absolut allein auf dich gestellt, doch dazu gleich mehr.

Wir hofften alle, dass sich niemand verletzten würde während der ersten Nacht, geschweige denn aufgibt. Für die Gruppendynamik, die sich bei jedem Auswahlverfahren zwangsweise entwickelt, ist das schon sehr wichtig. Denn eine ‚starke' Gruppe zu Beginn kann einem das Leben schon etwas erleichtern. Versteh mich nicht falsch, dir wird hier nichts abgenommen und du musst jeden geplanten Meter, von den knapp 200 km in diesen circa 100 Stunden (Vier Tage +) allein gehen. Doch Hoffen war noch nie eine gute Taktik. Deswegen war unsere Vorbereitung weit über das 10-Wochenprogramm hinaus sehr intensiv. Das Wörtchen ‚stark' muss ich auch schon wieder relativieren, da grundsätzlich jeder stark ist, der sich dort bewirbt. Nur manchmal kommt es vor, dass direkt in der ersten Nacht Kameraden umknicken oder stürzen und somit ausfallen. Dem einen oder anderen wurde wider Erwarten klar, dass er im Kopf doch noch nicht bereit war, zieht die Karte und gibt somit auf. Deswegen meinte ich, wenn in der ersten Nacht alle aus deiner Gruppe durchkommen, ist das ein kleiner Motivationsschub. Am ehesten könnte man das vielleicht noch mit einer Fußballmannschaft vergleichen, die eine komplette Hinrunde ungeschlagen ist. Gegen Ende hin wird es immer wichtiger die Meisterschaft mit dem Team zu holen, jedoch will man auch diesen Zusatz, ‚ungeschlagen' beziehungsweise ‚alle durchgekommen' bekommen. Für die Moral ein wichtiger Faktor, denn sobald der Erste aufgegeben hat, wird es auch immer leichter für einen selbst seine Karte zu ziehen, denn man war dann nie der Erste, der aufgegeben hat. So können wir während der gesamten Höllenwoche nur mit Blicken und Gesten füreinander da sein. In den wenigen Pausen, die es gibt, flüstert man eventuell mal kurz mit seinem Buddy, doch dann geht es meistens auch schon wieder weiter. Pausen sind sehr rar in der Woche. Eine Pause kannst du dir so vorstellen, dass die Marschgruppe eine kleine Kreuzung im Wald erreicht. Dort stehen dann zwei Ausbilder mit Wasserkanistern und ihrem Fahrzeug. Es kann sein, dass wir uns fünf Minuten auf die Rucksäcke setzen konnten, doch häufig gab es auch einfach die Aktivpause im Stehen. Sprich die Kiste, das Funkgerät sowie die Rucksäcke bleiben alle auf. Man marschiert nicht weiter, sondern steht. Keine besonders effiziente Variante, in der man Kraft tankt, doch wer so viel trainiert hat wie wir, für den sollte das ausreichen, besonders in der ersten Nacht. In der zweiten, dritten und vierten Nacht fühlt es sich wie die Hölle an. Die Nächte und das Auswahlverfahren werden übrigens immer schwieriger, nicht leichter, nur damit wir uns verstehen. In die erste Nacht geht man ‚fit und ausgeruht', da die Höllenwoche erst begonnen hat. Die Pausen waren in ziemlich genau den gleichen Abständen wie in der Vorbereitung. Die zweite Nacht fühlt sich dagegen schon brutal an, denn die Abstände zwischen den Pausenpunkten werden immer länger und die Anzahl der Aktivpausen steigt, doch was dich wirklich zerreißen wird, ist die dritte Nacht. Denn Mittwoch ist Bergfest, gefühlsmäßig ist es, als ob dir ein 40-Tonner ins Kreuz fährt. Pausen mit Sitzen, eine echte Rarität. In der vierten Nacht gibst du dir dann mental den Rest, wenn du bis dahin nicht schon am Ende bist. Über die letzten Stunden am fünften Tag brauchen wir gar nicht erst reden.

Die populärste und wahrscheinlich am meisten besprochene Prüfung ist der Baumstamm. Also fangen wir damit gleich mal an, auch wenn die Reihenfolge, wie schon vorher erwähnt, willkürlich ist. Da diese Belastungsspitze in jedem Video, in jeder Dokumentation und sogar von ‚Olli' (ehemaligen Hauptfeldwebel Bender des offiziellen Bundeswehrkanals auf YouTube)[36] selbst in etwas abgewandelter (low low Level) Form getestet wurde, kann ich ruhigen Gewissens darauf eingehen, ohne Angst dabei haben zu müssen, Staatsgeheimnisse auszuplaudern. Die Höllenwoche hat ihren Namen definitiv verdient. Zu meinen üblichen 25 kg Ausrüstung, die man in dieser Woche die ganze Zeit mit sich herumtrug, kamen jetzt noch einmal 25 kg in Form eines Baumstammes dazu. Zu beachten ist, dass hier bei den Einzelprüfungen die extra Gruppenkiste sowie das Funkgerät vorher abgesetzt wurden. Bei meinem besagten Eigengewicht von 63 kg, dürfte jedem klar sein, dass es sich um viel Gewicht handelte, das bergauf in einem bestimmten Zeitansatz und mit sportlicher Vorbelastung getragen werden musste. Rund 80 % des eigenen Körpergewichts waren das bei mir. Da ich nicht wusste, wie lange es dauern würde und auch kein Gefühl dafür hatte, wie hart diese

---

[36] Vgl. [Q12]

Prüfung tatsächlich war, kam ich meines Wissens nach, als letzter noch gültig Gewerteter über die Ziellinie. Völlig fertig. Mein Rücken fühlte sich wie gebrochen an. Am Anfang dachte man noch, „oha das geht ja gerade noch", wenige Momente später entwickelte sich das Gefühl eher in ein „Scheiße, ich glaube meine Bandscheiben fliegen gleich raus". Wahrscheinlich war das der Moment am Fuße des Berges, in dem man für sich selbst entschied, ob man es durchzieht oder nicht. Einmal langsam den Stamm absetzen ist erlaubt, jedoch wusste ich, wenn das Ding einmal unten ist, bekomme ich es aus eigener Kraft nicht mehr nach oben, da bei der Hälfte der Strecke etwa meine Arme eingeschlafen waren und ich kein wirkliches Gefühl mehr dafür hatte, den Stamm mit den Schlaufen gerade auf dem Rücken zu halten. Rationale Entscheidungen liegen mir anscheinend in absoluten Stresssituationen. Deswegen blieb ich aufrecht und ging einfach weiter bergauf. In meinem Kopf redete ich auch immer wieder mit mir selbst. Da fluchen strengstens verboten war, motivierte ich mich nur in meinem Kopf. Du kannst dir in etwa denken, was man sagt, wenn man zu fluchen beginnt, deshalb spare ich mir den Text an der Stelle. Doch solange du noch fluchen kannst, bist du noch nicht völlig am Ende.

Wenig motivierend hingegen waren die Jungs, die den Baumstamm abgeworfen, fallengelassen, umgeknickt oder ohnmächtig geworden waren und nun am Wegesrand lagen oder geknickt saßen. Die Blicke der gerade gescheiterten Männer zu ertragen, in solch schweren Momenten, war wirklich nicht leicht, da man selbst noch im Rennen war. Nachdem ich also immer nur kurz geguckt hatte, wer jetzt als nächstes im Graben lag, quälte ich mich weiter nach oben. Man muss dazu sagen, dass, wie im Video angesprochen und teilweise zu sehen ist, überdurchschnittlich viele Ausbilder, Psychologen und Sanitäter vor Ort waren. Es ist so eine Art Knackpunkt bei dem häufig 50 % aller Teilnehmer scheitern. Von knapp 70 Gestarteten waren danach noch etwas mehr als 30 Mann übrig. Einzelprüfungen sollte man nicht unterschätzen. Auch in meinem Kopf mehrten sich die Stimmen wie, „Lass den Stamm doch einfach fallen, oder breche doch komplett zusammen“. So würde es vorbei sein und man dürfte nochmal wiederkommen. Nein! Wieso aufgeben, wenn ich doch noch im Rennen war. Nach einer gefühlten Ewigkeit musste ich fast schmunzeln, da ein bekannter Ausbilder, den viele aus den verschiedenen Videos kennen dürften, genauso neben mir herlief und mich einfach nur anstarrte, ohne etwas zu sagen. Es war eine sehr ähnliche Szene wie aus der Dokumentation, nur war zum Schmunzeln in diesem Moment keine Zeit. Das kann ich jetzt nur machen – beim Niederschreiben meiner Erinnerungen.

So ging ich also Schritt für Schritt diesen Berg hoch. Kleine Kurven, an denen man hoffte, eine Markierung oder ein Fahrzeug zu sehen, blieben aus. Meinen Nacken spürte ich nicht mehr, meine Finger waren taub, der Schweiß brannte in den Augen und ich starrte benommen auf meine Füße. Schritt für Schritt. Von Kurve zu Kurve und bloß nicht langsamer werden. Gefühlt dauerte diese Prozedur einen ganzen Tag, wahrscheinlich ging es rückblickend geschätzt „nur“ ein bis zwei Stunden. Bei der Hälfte musste ich an Elly denken, was ich alles bisher richtig, aber vor allem auch falsch gemacht hatte. Ich bin weiß Gott nicht religiös, jedoch brabbelte ich kurz mit den Wolken und machte dann meinen Frieden mit mir selbst. Als ich zur Seite blickte war niemand mehr da. Kein Ausbilder, kein OC, keine Ärzte oder sonst wer. Im letzten Drittel ging ich also allein und funktionierte nur noch. Die Atmung wurde gleichmäßiger, der Schweiß brannte sich immer noch durch meine Augen, doch ich konnte meine Schrittlänge erweitern, da mein Laktatspiegel scheinbar sank, was sich an weniger brennenden Oberschenkeln und Waden bemerkbar machte. Du erinnerst dich noch an meinen Laktatwerttest aus dem 10-Wochenprogramm?

Wie dem auch sei, als ich endlich die Linie auf dem Boden gesehen hatte, war ich vollkommen am Ende und eher dem Taumeln nah, als einen stabilen ausgewogenen Gang zu haben. Ich musste noch ein paar Schritte weiter gehen und lies den Stamm erst sachte runter, als ein Ausbilder mir das gesagt hatte. In diesem Moment wollte ich kein Risiko eingehen und den Baumstamm zu früh ablassen. Stell dir vor, es wäre die falsche Linie gewesen, oder nur eine Markierung vom Förster. Alles wäre umsonst gewesen. Deswegen lieber noch ein paar Meter weiterquälen und dafür aber ganz sicher sein. Dann endlich konnte ich zu den anderen Jungs, die es geschafft hatten und durfte etwas trinken. Ein Kumpel von mir aus meiner Gruppe, der wirklich wie ein laufender Schrank aussah, war freudig überrascht mich zu sehen und meinte nur: „Rippchen Junge! Scheiße nochmal, ich hätte nicht gedacht, dass du es hier hoch schaffst. Schön, dich zu sehen!“ Na danke, er musste für mich die Wasserflasche öffnen, da ich meine Finger nicht mehr spürte. Übrigens ist das eine Form des Lobes gewesen, da wir Soldaten immer eine sehr trockene und fiese Form von Humor füreinander übrighaben. Den einen oder anderen Spruch hier habe ich auch bewusst entschärft. Meine Absicht ist es nicht, dass dieses Buch durch Kraftausdrücke glänzt, sondern durch Ehrlichkeit. Da ich wie angesprochen als Letzter innerhalb des Zeitansatzes über die Ziellinie gekommen war, fiel meine Pause dementsprechend kurz aus, bevor die nächsten Prüfungen kommen sollten. Auf diese werde ich jedoch nicht weiter eingehen. Nur ein Satz mit einem Augenzwinkern dazu, wirklich spaßig waren die folgenden Prüfungen auch nicht. Denn auch wenn wir schon oben auf dem Berg angekommen waren, haben die OCs tatsächlich noch einen kleinen Weg gefunden, der nochmal den letzten Anstieg barg. Und wenn es nicht weiter nach oben geht, kann man jeden Berg wieder ein Stück herunterlaufen, um dann wieder den Gipfel zu erreichen. Danke dafür!

Nebenbei sollte ich erwähnen, dass in dem Jahr eine Reporterin von einem Radiosender dabei war. Es ist leider sehr lange her und ich weiß weder den Namen von ihrem Sender, noch konnte ich beim Schreiben des Buches das abschließende Interview im Internet finden. Es gab jedoch einen offiziellen Beitrag von einem Radiosender, für den sie einzelne unserer Jungs und Ausbilder interviewt hatte. 2012 war auch das Jahr, in dem die ersten Frauen für einen eigens aufgestellten Frauen-Unterstützungszug geprüft wurden. Sie hatten ihr separates Auswahlverfahren und später sollte ich die erste Gruppe dieser absolut fitten Frauen kennenlernen dürfen.

Nach der Aktion mit dem Baumstamm und zwei weiteren Spielen ging ich auf dem Zahnfleisch. Besonders die Kraft fehlte mir zeitweise, die Kondition war das geringere Problem. Zum Glück gab es auch irgendwann einmal eine richtige Pause mit Essen und Kräfte sammeln. Bevor du jetzt allerdings denkst, wir konnten entspannt ein Picknick machen, weit gefehlt. Das Essen wurde sich durch die Spiele verdient. Ist die Gruppe nicht erfolgreich, geht das Spiel von vorne los und glaub mir, die OCs haben weit mehr Zeit als wir. Du bezahlst deine Nahrung mit Abgaben in Form von Energieverlust und Willen. Dem Willen, einmal mehr über die eigene Hürde zu gehen. Das, was du dafür bekommst, ist mehr als übersichtlich. Wer das EPA (Ein-Mann-Packung der Bundeswehr, oder auch als Notration für 24 h gedacht) kennt, weiß dass ein hungriger Soldat das komplette EPA essen könnte und gesättigt oder satt sein würde. Je nachdem wieviel man normalerweise isst. Mir hätte ein ganzes EPA voll und ganz gereicht, jedoch gab es nur Bruchteile davon. Selbst die kleine Tafel Schokolade wurde aufgebrochen und auf einen kleinen Streifen reduziert. Es gab Brot oder Kekse und ein Warmgericht. Der OC meinte: „Teilt euch das gut ein, mit Glück bekommt ihr in 24 h wieder etwas!“ Na danke, wenn nicht mal ich davon satt wurde, muss sich niemand wundern, warum die Männer bis zu 8 kg Körpergewicht in den knapp 5 Tagen verloren. Du hast richtig gelesen – in nicht mal einer Woche. Bei knapp 200 km Strecke macht das durch 4,5 Tage im Schnitt mehr als einen Marathon pro Tag mit mindestens 25 kg Gepäck in den Bergen (Schlafentzug, Nahrungsentzug, viel Stress und Schmerzen). Falls du ambitioniert bist und mal ein Gefühl bekommen willst, wie so etwas ist, laufe doch einfach von Montag bis Freitag jeden Tag einen Marathon (kann auch im Flachland sein) mit deinen Laufschuhen und gehe sonst deinem normalen Tagesablauf nach. Dann könntest du eine ganz, ganz grobe Vorstellung von der Höllenwoche in der zivilen Version und ohne Gepäck erhalten.

Nach weiteren vielen, langen und endlosen Kilometern und weiteren Aufgaben, gefolgt von, wer hätte es gedacht, weiteren endlosen Kilometern, zeigte mein Körper mir massiv auf, dass ich nicht dafür gemacht war oder vorher etwas falsch gemacht hatte. In der Vorbereitung hatte ich nie ernsthafte Probleme gehabt. Zwar konnte ich mal einen Marsch nicht antreten, jedoch meine ich nie wirklich gesundheitsgefährdende Schmerzen gehabt zu haben. Meine rechte Hüfte, genauer gesagt das rechte Hüftgelenk begann stechend Schmerzen auszusenden. Zwar hatte ich schon vor dem Baumstamm einen leichten Druck gespürt, doch wie du es dir denken kannst, einfach ignoriert.

Durch die Spitzenbelastungsphasen schien sich das Problem verstärkt zu haben. Dieser Druckschmerz nahm bei jedem Schritt gefühlt zu. Ich kämpfte mich so mehr oder weniger durch die 2. Nacht. Sie war geprägt von Aufgaben und etlichen Kilometern an Marschleistung, die erbracht werden mussten. Der 3. Tag begann, wie die 2. Nacht aufgehört hatte. Wir wurden beschäftigt!

Im 10-Wochenprogramm geht es um Wandel und Progression, die Bereitschaft sich zu verändern und anzupassen. Den Großteil der

Höllenwoche kämpft man gegen sich selbst - nicht gegen die Ausbilder oder die Aufgaben, sozusagen die eigene Prüfung des Verstandes. Die Höllenwoche ist nicht nur eine der härtesten Wochen in deinem Leben, sondern auch einer der fairsten und ehrlichsten Wettbewerbe auf diesem Planeten, da man sich A das Recht verdienen muss, daran teilzunehmen und B, wie schon erwähnt, gibt es keine OCs, die dich anschreien, beleidigen oder versuchen dich zum Aufgeben zu bewegen. Es ist bestimmt die einsamste und wortkargste Woche deines Lebens. Ich hätte mich gefreut, wenn mich jemand zur Brust genommen hätte, wie das bei den Fallschirmjägern üblich ist. So kann man einen temporären ‚Hass' entwickeln und zieht daraus Stärke. Du möchtest es ihm dadurch heimzahlen, dass du am Ball bleibst und nicht einknickst. Doch nichts dergleichen passiert. Niemand schreit, niemand motiviert dich. Du kämpfst nur gegen deine mentale Schwäche. Die leisen Stimmen in deinem Kopf: „Warum machst du das Kevin? Warum tust du dir das an? Du musst das hier nicht machen!", kommen immer mal wieder auf. Doch du unterdrückst das, sobald der kleinste Zweifel in dir hochkommt oder du hast verloren. Wer sich selbst in Frage stellt, wird es nicht schaffen. Es ist ein Auswahlverfahren der Stärke - des Gewissens. Es ist ein Auswahlverfahren der inneren Haltung - des Anspruches an sich selbst. Das ist das, was viele sportliche Männer mit guten Genen häufig unterschätzen. Das sind in den allermeisten Fällen diejenigen, die die Karte ziehen. Bei den Amis müssen sie die Glocke läuten und ihren Helm niederlegen, jedoch ist das Resultat das Gleiche - wer aufgibt ist raus.

Deshalb auch der Wahlspruch beim KSK: "Der Wille entscheidet!"

9. Pyrrhussieg

Eine weitere und ausnahmslos in jeder Armee der Welt durchgeführte Disziplin ist und bleibt der Eilmarsch. Er ist Teil eines jeden Auswahlverfahrens, nicht nur beim Militär, sondern auch bei den Sondereinsatzkräften der Polizei. Dieser Klassiker ist auch Bestandteil der Höllenwoche. Ein Eilmarsch bedeutet nichts anderes, als dass man meistens unter einem Zeitansatz möglichst schnell von A nach B verlegt. Gründe dafür könnten sein, das Erreichen von einem Luftfahrzeug (Helikopter) an einem bestimmten Punkt im Gelände, ein zügiges, weiträumiges Umgehen von einem spezifischen Geländeabschnitt, oder natürlich zur körperlichen Ertüchtigung, sowie der Teambildung innerhalb einer Gruppe. Hier in der Höllenwoche könnte man den Eilmarsch als Einzelprüfung und / oder als Gruppenaufgabe laufen lassen. Dementsprechend wird er dann mit dem Extragepäck (Funkgerät und Kiste) durchgeführt oder eben nicht. Der Eilmarsch ist nichts anderes als sehr zügiges Marschieren mit Gepäck oder eben Joggen mit kurzem Schrittabstand. Grundsätzlich ist das eine meiner besten Disziplinen, wie du es schon mitbekommen haben solltest. Doch wie wir auch schon gelernt haben, beherbergt das Wort grundsätzlich auch Ausnahmen.

Wir bekamen eine kurze Einweisung am Fuße eines Berges und ja es beginnt meistens am Fuße eines Berges. Unmittelbar nach dem Start hatte ich ein gutes Gefühl und machte mir keine Sorgen, da ich bisher jeden, aber auch wirklich jeden Eilmarsch überstanden hatte. Das Einzige war, dass meine Oberschenkel aus welchem Grund auch immer sich kalt und schwer wie Blei anfühlten. Wenige Hundert Meter nach dem Start wurde ich langsamer und langsamer. Die Jungs überholten mich links und rechts und ich bekam Schiss, dass die Sache hier gerade aus dem Ruder laufen würde. Es ging sportlich bergauf und meine Beine sendeten nur das klassische Brennen aus, was jeder von uns schon einmal hatte. Komischerweise waren es nicht die Waden, sondern wirklich nur die Oberschenkel. So fiel ich Mann um Mann zurück. Mir lief der Schweiß aus allen Poren und ich war kurz davor zu fluchen, da mir bisher so etwas noch nie passiert war. Ein junger OC war anscheinend für mich verantwortlich und lief entspannt neben mir, während ich mit meinem Rucksack joggte. Der Kerl war groß wie ein Baum und machte einen Schritt bergauf, während ich dreimal meine Beine bewegte auf derselben Distanz. Vielleicht merkte er, dass irgendetwas nicht stimmte oder dass ich Panik bekam, die Zeit nicht zu halten. Er murmelte etwas mit vorgehaltener Hand und klopfte sich dabei auf den Oberschenkel. Rückblickend wollte er mich natürlich motivieren, ohne etwas direkt zu sagen und auch selbst die Regeln einzuhalten. In Momenten wie diesen muss ich sagen, dass die OCs immer fair waren, besonders bei den Einzelprüfungen. Klar konnten sie mal die Gruppe ein paar Stunden nachts so lange pushen, bis jemand aufgab, doch das war auch ihr Job. Mir steht es nicht zu, deswegen eine schlechte Meinung über sie zu haben, nur weil sie ihren Job machten. Ich hätte das Gleiche an ihrer Stelle getan. Nach einer gefühlten Ewigkeit, die anderen waren schon außer Sichtweite, löste sich die Verhärtung in meinem Oberschenkel und ich fühlte, wieder mehr leisten zu können. Durch die kleinen Gesten von dem OC neben mir weiter motiviert, konnte ich das Tempo im letzten Drittel bergauf noch einmal erhöhen und schaffte es gerade noch so innerhalb des Zeitansatzes über die markierte Linie. Der OC auf der Linie quittierte das mit: „Na aber grade so Nummer 108!“ Glück gehabt, ich kann auch nicht immer Pech haben.

Doch zurück zu meinen Hüftschmerzen, der Druckschmerz wurde nicht geringer. Logisch, wie denn auch bei der Belastung. Ich schleppte mich so durch den Tag. Am Nachmittag absolvierten wir wieder einmal eine Gruppenaufgabe und wer hätte es gedacht, dabei ging es natürlich bergauf. Grundsätzlich kannst du dir merken, dass fast alle Spiele und Belastungsspitzen immer bergauf gehen werden. Die Frage ist dann nur, wie lange, wie steil und mit wieviel Extragepäck. Nach dieser Aufgabe begann mein Körper zu reagieren und versuchte den stechenden Schmerz mit Humpeln zu kompensieren. Da ich ein sturer Bock bin und bisher nichts aber auch gar nichts an meinem Bewegungsablauf geändert hatte. Nur musste ich immer häufiger die Zähne zusammenbeißen, um die Schmerzen zu ignorieren. Meine Schrittlänge wurde dadurch kleiner und ich musste die Schrittfrequenz anpassen. Immer wenn ich wieder an der Kiste dran war, wurden die Schmerzen nahezu unerträglich. Um nicht die Gruppe auseinander zu reißen, gab ich mir alle Mühe an der Kiste und am Funkgerät nach wie vor meinen Mann zu stehen, doch wenn ich alle Positionen durchhatte, um mich wieder nach hinten fallen zu lassen, ging mein Körper automatisch in den Reservemodus über. Ich wurde langsamer und fiel das eine oder andere Mal etwas hinter die Gruppe. Den OCs fiel das natürlich auf, da diese meistens hinter der Gruppe liefen. Einer der OCs schloss kurz zu mir auf und fragte mich während des Marschierens, was los sei. Ich antwortete nur, dass mein Hüftgelenk Geräusche macht und an meinem Gesicht konnte er sehen, dass ich keinen Mist erzählte. Er fragte mich, ob etwas gebrochen sei, ich verneinte. Dann fragte er, ob ich aufgeben möchte, ich verneinte. Er sagte: „Du musst deinen Scheiß in den Griff kriegen und halte das Tempo der Gruppe.“

Das klingt für dich vielleicht hart und unfair, doch für mich war klar, dass er keinen Satz mehr sagen würde. Die Prüfung für die ‚Besten‘ von den Besten lässt keinen Spielraum offen. Nur bei Brüchen oder offensichtlichen lebensbedrohlichen Verletzungen hätten sie die Gruppe gestoppt und einen Sani beziehungsweise Medic (Sanitäter, militärischen Notfallsanitäter) geholt. Die Frage an mich, was los sei, war an und für sich schon eine nette Geste, die gar nicht notwendig gewesen wäre. Für mich war das, trotz meiner beschissenen Situation vollkommen okay, denn ich wusste, wie die Regeln waren und konnte damit leben. Mir war bewusst, dass mein Körper gerade dauerhaft im gelben bis roten Bereich arbeitete. Es klingt zwar etwas pervers, aber dem eigenen Zerfall zuzuschauen ist auch eine interessante Art der Grenzerfahrung. Bis kurz vor der Abenddämmerung ging das so weiter. Berg hoch, Berg runter und wieder Berg hoch.

Als wir auf einem weiteren Hügel standen, auf einer kleinen Lichtung mitten im Schwarzwald kurz bevor es dunkel wurde, stoppten die OCs unsere Gruppe. Keiner wusste, was los war. Es war windig und kalt durch den Nebel, der sich langsam gebildet hatte. Dann hieß es: „Pause auf der Stelle". Das ist eine, von den vorher erwähnten Aktivpausen auf der Stelle. Hier zählt der Schrittzähler in Gedanken locker weiter und man wechselt dann trotzdem der Reihenfolge nach. So kann jeder etwas von der Pause haben und es bleibt gerecht. Die beiden OCs murmelten sich gegenseitig etwas zu und standen zehn Meter hinter unserer Gruppe. Ich war gerade an der Kiste und hatte somit die volle Belastung senkrecht auf meinem Gelenk. Mein Körper krümmte sich und einige der Jungs fragten mich, was los sei. Sie hatten es schon mitbekommen, dass ich nicht mehr in ‚Topform' war. Ich schüttelte den Kopf und wusste nicht, was ich sagen sollte. Dann hörte ich vom Schrittzähler: „Wechsel". Ich ging einen Schritt zur Seite und der Mann hinter mir übernahm unverzüglich. Eigentlich hätte ich jetzt zurückgehen müssen, um mich am Ende wieder anzugliedern. Doch mir kamen die Tränen und ich schaute meine Gruppe mit großen Krokodilsaugen an. Mein Kopf war halb gesenkt. Ich wischte mir durch die Augen, blickte zu den OCs rüber, guckte den Männern meiner Gruppe erneut in die Augen und schämte mich für meine Schwäche. Mein Kopf senkte sich weiter und ich machte die ersten wackligen Schritte entlang meiner Gruppe in Richtung der OCs. Einige Männer wussten sofort, was los war und riefen leise meinen Vornamen. Zwei klopften sich auf den Oberschenkel und einer nahm seinen Handschuh vor den Mund und sagte entschlossen: „Nein, Kevin bleib hier man, wir schaffen das zusammen!". Erinnerst du dich noch an die erwähnten schwachen Momente, die keiner sehen soll. Deswegen und genau deswegen ist kein Publikum zugelassen. Mir liegt es fern, diese Momente anderer zu berichten, deswegen erfährst du nur, wie es bei mir war. Doch geh mal davon aus, dass früher oder später jeder einen ähnlichen Moment hatte – man spricht nur nicht davon. Der letzte Mann aus unserer Reihe griff nach meinem Arm und versuchte mich festzuhalten. Ich konnte nichts sagen, mein Körper war gelähmt vor Schmerzen. Ich glaube, ich humpelte einfach weiter auf die OCs zu. Sie unterhielten sich weiter, jedoch verstand ich kein Wort. Mir liefen die Tränen und ich hörte im Hintergrund immer wieder einen der Jungs etwas leise rufen, ein Zischen oder ein Klopfen auf den Oberschenkel. Bei den OCs angekommen, starrte ich den beiden in die Augen. Wahrscheinlich war das kein schöner Anblick.

Der gleiche OC, der mich schon einmal gefragt hatte, was los sei, blickte mich lange an und fragte dann, was er fragen musste:

„Was ist los Nummer 108?",
Ich: „Mein rechtes Hüftgelenk macht Geräusche."
Er: „Wollen Sie aufgeben 108?"
Ich: „Nein, ich würde gerne einen Arzt sprechen, das klingt nicht gesund."
Er: „Hier ist gerade kein Arzt. Sie können jetzt aufgeben und mir Ihre Karte geben oder Sie warten noch etwas bis zum nächsten großen Streckenabschnitt. Dort wird dann ein Sani sein."
Mir war klar, dass er die Gruppe nicht rasten lassen würde wegen mir, um einen Arzt zu rufen. Ich kann dir auch nicht sagen, was in

meinem Kopf vorging, denn ich stand einfach da. Er: „Nummer 108, geben Sie mir Ihre Karte oder gehen Sie zurück zur Gruppe!"

Ich fasste mich wieder, nickte, drehte mich zu meiner Gruppe um und humpelte zurück. Als ich wieder bei meinen Männern war, sagte ich nur: „Sorry Jungs, ich weiß auch nicht, was das eben war.". Ich senkte meinen Kopf und gliederte mich hinten wieder an. Der Mann neben mir klopfte mir auf die Schulter und flüsterte mir zu, dass es nicht mehr weit wäre bis zum nächsten großen Pausenpunkt und dass wir es zusammen schaffen würden. Wir wussten beide, dass er keine Ahnung hatte, wie weit es noch war, doch in dem Moment wollte ich ihm glauben und natürlich war es eine nette Geste.

So quälte ich mich etwa zwei bis drei Stunden weiter. Die Nacht brach an, die Temperaturen sanken, Spiele kamen meiner Erinnerung nach nicht mehr. Doch ich fiel wieder das eine oder andere Mal zurück. Zum Glück ging es einen Großteil der Strecke bergab, da wir gefühlt den ganzen Tag über bergauf marschiert waren. Tatsächlich kam nachts ein Pausenpunkt mit Sitzen und ‚frischen Getränken' (kaltes Wasser aus dem 20 Liter Kanister). Der OC nahm mich kurz raus und schickte mich zur Ärztin. In einer von diesen kleinen Wanderhütten aus Holz (eher ein Unterstand mit einer Bank) sollte ich mich auf die Bank legen und meine Hose runterziehen. Sie griff an die Hüfte und bewegte mein Bein. Da die Hose störte, zog ich sie kurz komplett aus. Das Öffnen der Stiefel war kein Geschenk und man sollte es tunlichst vermeiden, unnötiger Weise die Stiefel zu öffnen. Unter Rotlicht und dem weiteren Rotlicht vom OC, bog sie mein rechtes Bein in alle Richtungen und tastete mein Gelenk ab. Bei einigen Bewegungen knirschte es leise durch meine Radlerhose. Danach fragte sie mich, ob ich im Stande wäre die EFV II weiter zu absolvieren. Ich gab ein wenig überzeugendes „Ja“ von mir. Sie fragte mich direkt, ob ich aufgeben möchte. Ich antwortete mit einem klaren: „Nein, niemals!“ Dann fiel ihre Diagnose recht übersichtlich aus. Sie sagte zum OC: „Das mit dem Hüftgelenk ist suboptimal, jedoch ist es nicht lebensbedrohlich. Wir sollten es im Auge behalten. Gegebenenfalls sollten Sie im weiteren Verlauf die Führsorgepflicht berücksichtigen!“ Der OC nickte, wies mich an ‚mein Zeug gefälligst wieder anzuziehen und zur Gruppe zurückzuverlegen‘. Gesagt getan und schon war die Pause auch wieder vorbei.

Wir rappelten uns alle wieder auf und bevor ich verarbeiten konnte, was die Ärztin mit der Führsorgepflicht meinte, ging es auch schon wieder los. Es war mitten in der Nacht und uns allen war arschkalt. Wir standen wieder am Fuße eines Berges und alle wussten, was jetzt kam. Ohne Rücksicht ging es weiter. In den nächsten beiden Stunden strömte der Schweiß nur so aus mir heraus. Ich schwitze und gab Geräusche von mir, von denen ich gar nicht wusste, dass ich so etwas machen konnte. Wieder stachen die Schmerzen und wieder wurde ich etwas langsamer. Einer der Jungs drückte mich sogar etwas bergauf mit hoch. Das hatte ich bisher häufiger für andere getan, jedoch nie jemand für mich. Nach gefühlten zwei bis drei Stunden später war wieder eine kleine Verschnaufpause. Der OC rief mich zu sich und gab mir offiziell die erste Ermahnung. Ich war zu langsam und bremste so die Gruppe. Vollkommen zu Recht, da konnte ich nicht widersprechen. Er sagte zu mir: „Nummer 108, Sie müssen sich zusammenreißen, sonst war es das für Sie. Das ist Ihre erste und letzte offizielle Ermahnung.“ Ich war mir unsicher, ob man bei zwei Ermahnungen fliegt und nicht mehr wiederkommen darf oder nicht. Keine Ahnung und ich fragte auch nicht nach. Wahrscheinlich wäre es das gewesen, da es einfach wie zwei Verstöße gewertet würde. Bevor ich ging, sagte der andere OC zu mir: „Zeigen Sie uns Ihren absoluten Willen hier nicht aufzugeben, und dass Sie bereit sind, alles für Ihre Gruppe zu geben und wir gucken, was wir machen können.“ Jetzt wusste ich, was er meinte, antwortete entschlossen: „Jawohl!“, drehte mich um und ging zurück zur Gruppe.

Den Rest der Nacht verbrachte ich damit meinen Auftrag auszuführen, alles zu tragen und genau so zu erfüllen, wie es vorgegeben war. Was immer es auch kostete, ich war nicht dazu bereit mir eine weitere Verwarnung abzuholen. Zu dem Zeitpunkt war mir klar, dass ich es niemals bis zum Ende schaffen würde. Wir reden hier auch gerade einmal von der dritten Nacht. Die Frage war nur, ob ich in Würde gehen durfte und mir damit meinen zweiten Versuch verdient hätte, oder ob ich geistig einbrechen würde, um dann aufzugeben. Mit Würde abtreten hieß in diesem Fall, der OC bekam über Stunden mit (in meinem Fall ein halber Tag von Nachmittag an bis nachts), dass ich unter offensichtlichen starken Schmerzen bereit war, meinen Job zu erledigen und nicht aufgab. Die Fürsorgepflicht greift dann, wenn durch den Arzt nichts Lebensbedrohliches beziehungsweise akut Gesundheitsgefährdendes festgestellt wurde, es jetzt jedoch plausibel und offensichtlich ist, dass man auf Dauer davon Schaden nehmen würde.

Ich kämpfte also nicht mehr ums Bestehen, sondern nur um meinen zweiten Versuch, denn wie du weißt, Aufgeben ist ein ‚No go‘ und nochmal Antreten gibt es dann nicht mehr. So humpelte und ‚joggte‘ ich sofort, wenn ich wieder etwas zu langsam war. Unter der Kiste gab ich 115 %, um den Mann neben mir nicht aus dem Rhythmus zu bringen. Keiner von den Jungs konnte etwas für meine Schwäche und sie hatten es nicht verdient, wegen mir eine zusätzliche Last zu haben. So verging die Nacht für mich wie in Trance. In jeder Minipause oder Aktivpause brach ich fast zusammen. Mein Körper krümmte sich vor Schmerzen und ich schwitzte so abartig, wie noch nie zuvor in meinem Leben. Um meinen Mineralstoffhaushalt halbwegs in einem akzeptablen Bereich zu halten, leckte ich mir in regelmäßigen Abständen die Unterarme ab. Gerade die Kameraden, die dazu neigen in kurzer Zeit sehr viel Wasser zu trinken, um ihren ‚Durst' zu löschen, werden wissen was ich meine. Durch den Mineralstoffmangel neigt der Körper dazu, ein Schwindelgefühl entstehen zu lassen. Im schlimmsten Fall spült man durch zu schnelle Wasseraufnahme seinen Körper regelrecht aus und bei unserem Belastungsniveau kann man dadurch ohnmächtig werden. Ab und zu bemerkte ich, wenn ich einmal komplett mit dem Tragen durch war und mich wieder hinten angliederte, wie einer der OCs auf meine Höhe kam und mir von der Seite mit seiner Rotlichtlampe ins Gesicht leuchtete. Mal hing mein Kopf schlaff nach vorne, mal legte ich ihn in den Nacken und starrte nach oben. Ohne etwas zu sagen oder zu fragen, verschwand er wieder.

Bevor die Morgendämmerung anbrach, erreichten wir wieder einen Punkt im Wald mit einer kleinen Hütte an einer mittelgroßen T-Kreuzung auf dem Plateau eines Berges. Hier war es brutal windig, da etliche Bäume fehlten. Ich konnte den Mond sehen. Wir durften die Kiste und das Funkgerät ablegen und uns alle auf die Rucksäcke absetzen. Noch bevor ich meinen Rucksack heruntergleiten ließ, wurde ich erneut zu den OCs gerufen. Ich schleppte mich wie ein Haufen Elend die paar Meter rüber und guckte beide an. Einer der beiden sagte: „Nummer 108, ich nehme Sie hiermit aus Führsorgegründen heraus. Das da kann nicht gesund sein (dabei zeigte er auf meine Hüfte). Sie haben sich die ganze Nacht zusammengerissen und uns bewiesen, dass Sie sich einen 2. Versuch verdient haben. Ich denke Ihnen war klar, dass Sie es nicht mehr bis zum Ende geschafft hätten!".

Ich: „Ich weiß, ich wollte einfach nur meinen Job machen und nicht aufgeben, sonst hätte ich mich selbst nicht mehr im Spiegel ertragen." Er nickte und übergab mich an den anderen OC mit den Worten: „Die EFV II ist für Sie hiermit beendet, folgen Sie den Anweisungen von dem OC zu Ihrer Linken!". Damit verschwand er. Der etwas jüngere OC fragte mich, ob ich alles verstanden hätte und gab mir weitere Anweisungen: trockenlegen, umziehen, Kälte- und Nässeschutz überziehen, trinken und bei einem Unterstand auf weitere Befehle warten!

Ich war furchtbar geknickt, aber irgendwie auch erleichtert, da ich noch einmal wiederkommen durfte. In diesem Moment fiel etliches an Anspannung von mir ab. Traurig und mit gesenktem Kopf begann ich mein Zeug zu nehmen. Es ist schwierig, dieses Gefühl zu beschreiben. Zum Teil ein Hochgefühl, nicht aufgegeben zu haben und trotz der Umstände noch das Beste für mich persönlich herausgeholt zu haben, um so noch einmal antreten zu dürfen. Auf der anderen Seite das deprimierende Gefühl, die Jungs allein weiter laufen zu lassen und selbst aus dem Rennen zu sein. Jedes Mal, wenn jemand die Gruppe verlässt, schwächt es, wie schon erwähnt die Moral und schlägt sich auf die Gruppendynamik nieder. Natürlich fehlt dann wieder eine Person, welche die Kiste und das Funkgerät mitträgt, sprich die Verbleibenden sind somit deutlich häufiger dran. Irgendwie war es eine Mischung aus beiden Gefühlen.

Als ich mich an dem Schrägdach umgezogen und soweit alles erledigt hatte, was ich tun sollte, setzte ich mich auf meinen Rucksack und lehnte mich an den Holzbalken vom Schrägdach an. Oh mein Gott, war das schön. Quasi ‚frische' Klamotten an, sitzen und sogar eine Lehne im Rücken. Fünf Minuten lang fühlte sich das himmlisch an, bis mich die irdischen Probleme wieder einholten. Mein Magen knurrte, denn ich hatte schon wieder seit Ewigkeiten nichts gegessen. Doch bevor ich mich versah, kam eine weitere Gestalt aus der Dunkelheit auf mich zu gehumpelt. Nennen wir ihn hier in meinem Buch Fritz. Er war einer von den vier angesprochenen Jungs aus meinem Ausbildungsdurchgang, mit dem ich die letzten 2 ½ Jahre verbracht hatte. Mittlerweile ist er Hauptfeldwebel (BS[37]) und Zugführer eines Fallschirmjäger-Zuges in Seedorf. Er humpelte und kam keuchend auf den Unterstand zu. Als wir uns erkannten, mussten wir beide trotz der Umstände lachen und warfen uns blöde Sprüche an den Kopf. Ich merkte ihm an, dass er genauso geknickt war wie ich, doch wir versuchten das ganze so ‚locker' wie möglich zu sehen. Ich fragte ihn aus, was los sei und warum er nicht weiter im Rennen war. Als er mir beim Umziehen sein Knie zeigte, erübrigte sich die Frage. Es war fett geschwollen und er musste eine ähnliche Prozedur überstanden haben wie ich, bis die OCs die Sache beendeten. Wir besprachen sofort, wo die anderen beiden von uns Vier, aus unserer alten Ausbildungsgruppe, waren.

Ich: „Benjamin läuft noch, der war in meiner Gruppe und lief lange Zeit direkt neben mir. Benni ist eine Maschine der läuft das Ding durch!".
Dann fragte ich: „Wo ist Tom, hast du ihn gesehen?"
Fritz: „Ja, Tommy war in meiner Gruppe, er ist beim Baumstamm raus. Ich hatte ihn am Straßengraben sitzen gesehen. So eine Scheiße!"
Ich: „Ah Fuck, da haben wir bestimmt die Hälfte aller Leute verloren. Ich dachte wirklich mein Rücken bricht unter der Belastung, das war so brutal Fritz!"
Fritz: „Ja war schon echt scheiße, selbst für mich mit über 1,90 m. Das du halbes Hemd da überhaupt hochgekommen bist. Hut ab Kevin!"

---

37 Berufssoldat (diese leisten im Unterschied zu Zeitsoldaten, ihren Wehrdienst bis zur Pension)

Nachdem wir die wichtigsten Dinge besprochen hatten, kamen wir auf die naheliegenden Probleme zu sprechen.
Fritz: „Ich habe Knast[38], hast du noch was übrig?"
Ich: „Gar nichts mehr, mir ist auch schon wieder kalt, trotz der frischen Klamotten. Mein Körper ist einfach am Ende."

So setzen wir uns Rücken an Rücken, wie wir es gelernt hatten und warteten. Nach etwa 20 bis 30 weiteren Minuten kam einer der OCs zu uns und meinte, dass wir uns bereithalten sollen, denn gleich würde ein Fahrzeug für uns kommen. Etwas später stellte sich heraus, dass wir schon einen Punkt weitermarschiert waren, als der vorher angegebene große Versorgungspunkt. Sprich das Fahrzeug, welches wie beim Marathon die zu Langsamen oder Verletzten einsammelte, war schon voll und auf dem Weg in die Kaserne zurück. Wir hatten also Pech und mussten warten. Nach weiteren zwei Stunden, die wir eher im Halbschlaf Rücken an Rücken verbracht hatten, kam endlich der ‚Bus'. In dem Fall war es ein alter Sprinter mit circa 13 Plätzen.

Aus dem Bus sprang ein OSG (Oberstabsgefreiter), den ich vorher schon einmal gesehen hatte. Ein breit aufgepumpter, netter Typ, der uns gleich half, unsere Ausrüstung in das Fahrzeug zu bringen. Er begrüßte uns auf die einzig richtige Art und Weise: „Ich habe Powerriegel im Fahrzeug, Kaffee und wenn wir etwas weg vom Schuss sind, bekommt jeder von euch eine Kippe." Simsalabim und schon hatten wir ein Funkeln in den Augen. Unser neuer bester Kumpel griff in einen Karton und warf uns jedem zwei Powerriegel zu. Der Motor lief die ganze Zeit und wir spürten die Wärme der Heizung. Den ersten Riegel inhalierte ich, bis mir auffiel, dass er gar nicht im Magen ankam. Ein unangenehmer Druck in der Speiseröhre machte sich breit. Dem musste ich natürlich zuvorkommen und spülte das ‚Festmahl' mit einem großen

---

[38] Umgangssprachlich für sehr großen Hunger

warmen Becher Kaffee herunter. Diese Art von miesem Bundeswehrfilterkaffee, der in Momenten wie diesen, trotzdem dem Paradies auf Erden gleichkam. Beim zweiten Riegel ließ ich mir etwas mehr Zeit. Jetzt gab es gute, sowie weniger gute Nachrichten. Die schlechte Nachricht war, dass der OSG die Anweisung bekommen hatte, bis zum Mittag den Gruppen des Auswahlverfahrens hinterherzufahren, oder bis der Bus wieder voller / voll sein würde. Erst dann dürften wir in die Kaserne zurückverlegen. Sprich in den nächsten vier bis sechs Stunden bekam ich höchstens noch einmal zwei Riegel, da die Anzahl begrenzt war und noch genug für die restlichen Jungs übrigbleiben sollte, die im weiteren Verlauf ausscheiden würden. Es wäre unfair, wenn sie nicht genauso nett begrüßt werden könnten wie wir mit Riegeln, Kaffee und Kippen. So verbrachten wir weitere zwei Stunden damit, den Jungs mehr oder weniger hinterher zu fahren. Manchmal fuhren wir auch einfach einen Punkt voraus und warteten dort. Durch das Fenster und aus der Ferne sah ich immer mal wieder eine Gruppe. Ich konnte nicht genau sehen, welche Gruppe es war, doch sah ich wie fertig die Jungs waren. Ihre Körpersprache signalisierte mir, dass sie einfach nur noch funktionierten. Dann stieg die Traurigkeit in mir hoch, nicht mehr dabei sein zu können. Die Verbundenheit und Sympathie, die man mit diesen Männern innerhalb dieses kurzen Zeitraums der Vorbereitung und des Marsches entwickelt, sind nicht zu beschreiben.

Vor meinem Fenster tauchten plötzlich zwei OCs auf, sie nutzen die Bank für eine Verschnaufpause und legten sich trocken, sprich sie zogen die durchnässte Kleidung aus und wechselten, wie auch ich Stunden zuvor, auf frische Kleidung aus dem Rucksack. Als der eine OC sein T-Shirt auszog und in seinem Rucksack nach einem Neuem suchte, sah ich den Preis, den man in diesem Job zahlen kann. Der Kommandosoldat hatte überall am Körper Verbrennungen erlitten, beziehungsweise sah ich die rosa Haut, die sich danach entwickelt hatte. An den Armen, am Hals und sogar auf der Hälfte seines Gesichts. Ich konnte die Abdrücke vom Helm, der Brille und dem Plattenträger deutlich erkennen, denn dort war die Haut nicht verbrannt worden. Schwierig zu beschreiben, wenn man so etwas zum ersten Mal sieht und weiß, dass diese Verbrennungen wohl eher kein Unfall der heimischen Herdplatte waren, sondern viel mehr von einem Einsatz stammten. Der OC zog sich sein Woolpower Shirt an, zündete sich eine Zigarette an und verschwand wieder. So holt uns die Realität manchmal schneller ein, als uns lieb ist.

Bevor ich darüber zu viel nachdenken konnte, hörte ich mich selbst den OSG fragen: „Sag mal, du hattest uns doch noch jedem eine Kippe versprochen, wann und wo können wir die denn genießen?“.
OSG: „Stimmt, aber nicht hier vor den Ausbildern und zwischen den Marschgruppen. Ich muss eh tanken, wenn in den nächsten fünf Minuten keiner hier einsteigt, fahren wir zur Tankstelle und rauchen dann in Ruhe eine auf dem Parkplatz.“
An der Tankstelle und somit wieder in der Zivilisation angekommen, begann ich mein Notgeld herauszusuchen. Ich zählte die kargen Münzen und überlegte mir schon, was ich dafür in einer Tankstelle bekommen würde. Mir lief das Wasser im Mund zusammen, doch bevor ich mich versah, betrat der nächste ‚Gescheiterte‘ den Bus. Es war Benjamin aus meiner Gruppe, aus unserer Truppe und unserem Ausbildungsdurchgang. Fritz und ich schossen aus unseren Sitzen hoch.
Fritz: „Benjamin hast du dich verletzt, scheiße man was ist los?!“
Benjamin: „Ich weiß auch nicht, ich habe die Karte gezogen, aber irgendwie war das keine gute Idee, merke ich gerade.“
Ich: „Willst du mich verarschen Benni, du bist doch topfit Junge, geh sofort zum OC zurück und sag ihm, dass du gerade Gehirngulasch hattest und weitermachen willst!“

Benjamin: „Ja nee, jetzt ist es zu spät, er hatte mich dreimal gefragt, weil der OC es selbst nicht glauben konnte und dann habe ich ihm die Karte gegeben. Ich hatte einen Aussetzer und jetzt bin ich hier."

Ohne weitere Bemerkungen (Benni ist eher der wortkarge Typ, drei Sätze am Stück pro Tag sind schon viel für ihn) ging er durch den Bus und setzte sich hinter mir auf den Sitz. Ich drehte mich um, starrte zu Benni, dann zu Fritz und konnte es nicht fassen. Ein Mann, auf den ich gewettet hätte (ich weiß, man soll so etwas nicht machen und wie ich dir im gesamten Buch schon versuche zu erklären, man steckt nicht in den Leuten drin, du weißt vorher nicht, wer es schaffen wird und wer nicht), den ich ganz sicher auf meinem persönlichen Zettel im Kopf hatte, zieht die Karte und ist somit für immer raus. Bei Benni und das wusste ich, war es noch ein bisschen krasser von der Ansicht her als bei mir. Er war mit der Absicht, ein Spezialkräfte-Mann zu werden, zur Bundeswehr gegangen. Für ihn gab es absolut nur Schwarz oder Weiß. Benni war auch gar nicht der Typ dafür, der sich gegen andere Dienstgrade oder erfahrene OSGs in der Truppe durchsetzen möchte. Benni wollte noch viel mehr ein Spezialkräfte-Mann werden als ich und dafür trainierte er seit Jahren. Sein Leben bestand aus Sport, hartem Training, von Crossfit über Laufen bis Schwimmen, ein geborener Athlet. Er wog sein Essen ab, ernährte sich zu 98 % gesund und zog das konsequent über acht Jahre durch, dementsprechend sah er auch aus. Sonst umgab er sich nur mit Menschen, die ihn so akzeptierten wie er war und sprach immer recht wenig. Für mich war Benni immer ein Vorbild, ich achtete diesen Mann für seine Konsequenz und diesen unbeirrbaren Fokus, den er an den Tag legte. Trotzdem hatte auch er einen schwachen Moment gehabt.

Ohne weiter zu reden, fuhr der OSG mit uns zur Tankstelle. Dort angekommen tankte er das Fahrzeug auf, während ich humpelnd den Weg zur Kasse beschritt. Stell dir jetzt das Bild aus Sicht der Kassiererin vor. Du stehst an der Kasse, die Automatiktür geht auf, im Einklang mit diesem klassischen Begrüßungsgebimmel und ein junger Typ schlürft humpelnd in den Raum. Er trägt Flecktarnuniform, hat ein G3-Gewehr auf der Schulter, sieht kreideblass aus, mit verdrecktem Gesicht und kommt mit einer leichten Schieflage im Bewegungsablauf, ohne etwas zu sagen, direkt auf dich zu. Du siehst, wie die Augen des Mannes immer größer werden und er die Hand nach dir ausstreckt, bis du realisierst, dass er nicht dich anhimmelt, sondern die Bifi XXL vor dir. Mit seinem letzten Kleingeld versucht er, das kostbare Stück Delikatesse zu zahlen.

Was soll ich sagen, die Frau an der Kasse war etwas fertig mit der Welt und ziemlich sprachlos. Wahrscheinlich war mein Körpergeruch auch nicht gerade die frische Brise. Zum Glück kam der OSG mit der Bundeswehr Tankkarte im Anschluss hinter mir rein, freundlich grüßend, ein Lächeln auf den Lippen und zahlte. Er fragte mich, ob ich noch etwas bräuchte und war sogar so nett, mir eine von meinen geliebten Eisteeflaschen zu kaufen (von seinem Geld versteht sich). Ich hätte ihn am liebsten umarmt. Stolz wie Bolle und glücklich für den Moment humpelte ich wieder zurück zum Fahrzeug. Der OSG fuhr dann mit uns ein Stück weiter und gab Fritz und mir eine Zigarette. Benjamin rauchte selbstverständlich nicht. Meine letzte Kippe lag schon über 1 ½ Jahre zurück. Doch wenn es mal einen guten Moment gab, zur Zigarette zu greifen, dann war es wohl dieser. Aus einer wurden beim Quatschen dann zwei, bevor wir wieder weiterfuhren. Im Auto öffnete ich meine Bifi. Es war eher ein Zelebrieren, die Geruchsexplosion in meiner Nase kann ich gar nicht beschreiben. So fuhren wir mit deutlich besserer Laune zum nächsten Punkt. Während der nächsten beiden Stunden sammelten wir an verschiedenen Punkten erneut drei weitere Jungs auf. Wir versuchten, sie etwas aufzubauen und konnten dann in die Kaserne nach Calw zurückverlegen.

In der Kaserne angekommen, traf ich noch einige der anderen Jungs, die in den letzten Stunden oder in der vorherigen Nacht rausgeflogen waren oder rausgenommen wurden. Die Stimmung war dementsprechend nüchtern, höchstens etwas Galgenhumor machte sich breit. Unser Kumpel Tom war allerdings schon abgereist. Nach einer ausgiebigen heißen Dusche ging ich sofort zum Mannschaftsheim und bestellte mir bei der netten Dame eine Schwabenpfanne. Jeder in der Kaserne wusste Bescheid. Zweimal im Jahr ist Auswahlverfahren und natürlich sind die Männer, wie ich mit ihren Nummern auf dem Oberarm, nicht zu übersehen. Die Empathie war unbeschreiblich. Buchstäblich wildfremde Männer kamen an unseren Tisch und trösteten unsere gekränkten Egos mit netten Sprüchen oder einem lockeren Gespräch, das eine oder andere Schulterklopfen und der Verweis, dass wir unsere zweite Chance wahrnehmen sollten. Ich spürte, dass es von Herzen kam und dass dieser Verband sich bei der Nachwuchsgewinnung wirklich alle Mühe gab, ohne die Anforderungen zu senken. So verging das Warten wie im Flug und plötzlich hatte ich eine gigantische heiße Pfanne vor mir. Das nenn ich mal ‚a Schwabenpfännle'. Die Frau war sogar so nett gewesen und hatte uns das Essen an den Tisch gebracht, wahrscheinlich wusste sie, dass die meisten, die vor Freitag bei ihr auftauchten, etwas Unterstützung brauchen würden. Nach gefühlt fünf Happen und zehn Minuten des Kauens war ich dann auch schon wieder fertig. Mein Magen machte dicht. Zu lecker, zu viele Geschmacksexplosionen und definitiv drei Portionen zu groß für mich. Nach einer Weile kam sie wieder und ich musste ihr beichten, dass mein Körper einfach nicht mehr herunterbekommen würde. Nicht weil es nicht lecker gewesen wäre, sondern auf Grund der

Überbelastung ist mein Magen einfach nur geschrumpft. Auch das erlebte sie nicht zum ersten Mal und packte den Rest für mich ein.

Routinemäßig arbeiteten wir die einzelnen Ausschleusungsvorgänge ab: Arzt, Psychologe, Einzelgespräche bei den Verantwortlichen und weitere Stationen. Es soll Kameraden gegeben haben, die sich nach dem Scheitern, wahrscheinlich auch nach dem wiederholten Scheitern das Leben nehmen wollten. In diesem Fall finde ich die strengen Richtlinien in Calw gerechtfertigt. Bei vielen anderen Lehrgängen hingegen, bei denen es um weitaus weniger geht, dagegen deutlich übertrieben. Hier möchte ich betonen, dass uns wirklich in jedem Gespräch mehrfach gedankt wurde, dass wir überhaupt angetreten sind und wir unser Bestes gegeben hatten. Dieser häufige und wirklich immer ehrlich gemeinte Dank der Gemeinschaft tat meiner Seele gut und so fasste ich Mut und den Entschluss, es in genau einem Jahr nochmal zu versuchen.

Um das lange Kapitel noch kurz abzuschließen: auf die Kameraden, die erfolgreich Donnerstagnacht beziehungsweise Freitagmorgen reinkamen, wartete ein Empfang par excellence mit versprochenem Gänsehauteffekt. Kommandosoldaten und viele Supporter aus Calw begrüßten die Jungs klatschend im Fackellicht. Sie hatten alle körperlichen und seelischen Hürden genommen und dann nochmal einen schriftlichen Test bestanden. „Die Höllenwoche ist das Härteste, was man jungen Menschen in einer Demokratie zumuten kann.", sagte einst ein Kommandeur des KSK[39]. Ob sie bestanden haben oder nicht, das wussten sie noch nicht, jedoch hatten sie alle Hürden gemeistert, die ihnen auferlegt wurden und waren aus eigener Kraft wieder in der Kaserne angekommen. Am Freitagvormittag wurden die ‚Durchläufer' zum Gremium gebracht. Das Gremium bestand aus dem General, dessen

[39] Vgl. [Q13]

rechter Hand (einem Oberstabsfeldwebel), dem leitenden Psychologen, sowie einigen anderen hochrangigen Beteiligten. Diese entschieden dann, ob die gezeigten Leistungen auch anerkannt wurden und somit die Höllenwoche (EFV II) als bestanden galt.

In meinem Herbstdurchgang von 2012 sind von über 60 Startern der Höllenwoche tatsächlich 14 „durchgelaufen" und durch das Gremium zugelassen wurden dann zwölf Soldaten. Wie schon häufiger erwähnt, kann man alles geschafft haben, der beste Typ vorm Herrn sein und trotzdem nach Hause geschickt werden. Denn die gesamten Notizen der OCs werden hier selbstverständlich in den Entscheidungsfindungsprozess mit einfließen. Einmal einem Kameraden nicht geholfen, einmal mit den Augen gerollt oder einen patzigen Spruch laut ausgesprochen und alles wäre umsonst gewesen. Tatsächlich kann man auch durchgelaufen sein und hat trotzdem nicht den Eindruck hinterlassen, den sich das KSK vorstellt und auch hier ist dann Ende. Diejenigen, die vom Gremium abgesegnet und zugelassen werden, dürfen in die Ausbildung zum Kommandosoldaten starten. Wenn man es irgendwie schafft, diese knapp dreijährige Ausbildung mit all ihren Abschnitten und Hürden zu meistern, bekommt man tatsächlich das Kommandoabzeichen verliehen – das Schwert in einem Eichenlaubkranz. Das ist in meinen Augen die absolut höchste Auszeichnung für Professionalität und Durchhaltevermögen, die man einem deutschen Staatsbürger verleihen kann. Was im Umkehrschluss jetzt nicht heißen soll, dass ich andere Spezialkräfte wie die Mienentaucher, Kampfschwimmer (KSM – Kommando Spezialkräfte der Marine), die 4. Staffel des Hubschraubergeschwaders 64 (4./HSG64), aber auch andere sehr spezialisierte Kräfte wie die Fernspäher, die EGB-Kräfte[40], die Kampfretter[41] der Luftwaffe und die Scharfschützen kleinreden möchte. Die Anforderungen und Auswahlverfahren sind ebenfalls so hoch komplex und fordernd, dass 90 % unserer Bevölkerung kläglich daran scheitern würde.

---

40 EGB ist die Abkürzung für ‚Erweiterte Grundbefähigung' und bedeutet, dass diese Fallschirmjäger eine weitere Spezialisierung erfahren haben und über besondere Taktiken, Techniken (Schießen, Sprengen) und Ausrüstung zur Auftragserfüllung verfügen. Sie schließen die Lücke zwischen den ‚normalem' Fallschirmjägern und den Spezialkräften und sind grob vergleichbar mit US Army Rangers.

41 Kampfretter sind die spezialisierten Kräfte der Luftwaffe, die für die bewaffnete Rückführung und Rettung von verunglückten Luftfahrzeugbesatzungen verantwortlich sind. Der Oberbegriff dafür wäre PR (Personnel Recovery – zu Deutsch Personenrückführung). Hauptsächlich werden sie jedoch in SAR (Search and Rescue) Missionen geschult. Die Kampfretter sind meines Wissenstandes nach am nächsten vergleichbar mit den amerikanischen Pararescue Jumpers. Diese jedoch haben ein breiteres Aufgabenspektrum, mehr Ressourcen zur Verfügung, deutlich mehr Praxiserfahrung und können somit auch CSAR (Combat Search and Rescue) Missionen durchführen.

Zeitstrahl Dienstzeit Kevin Bulicke

01.04.2010 Diensteintritt (in Pfullendorf)

07.09.2010 - 28.09.2010 Fallschirmsprunglehrgang Automatik (in Altenstadt)

25.11.2010 - 23.12.2010 Kraftfahrzeuglehrgang BC (in Veitshöchheim)

04.01.2011 - 25.02.2011 Fw Anwärterlehrgang AMT (in Pfullendorf)

04.04.2011 - 01.07.2011 Truppenpraktikum 1 (in Zweibrücken)

04.07.2011 - 23.09.2011 Fw Lehrg MFT TrDst Inf Teil A (in Hammelburg)

26.09.2011 - 18.11.2011 Fw Lehrg MFT TrDst Inf Teil B (in Altenstadt)

17.01.2012 - 19.06.2012 Fw Lehrg Englisch + AMT (in Delitzsch)

24.06.2012 - 29.06.2012 EFV Teil I (in Calw)

09.07.2012 - 14.09.2012 10 WoPro (in Meßstetten)

20.09.2012 - 26.09.2012 EFV Teil II (in Calw) nicht bestanden

10. Geschundenes Ego

Am Mittwoch besorgte ich mir eine Krankschreibung für den Rest der Woche in meiner Stammeinheit (Pfullendorf) und fuhr danach zu Elly, um mich etwas pflegen und aufpäppeln zu lassen. Auf die Kaserne und das „Eh, erzähl doch mal, wie es gelaufen ist!", konnte ich verzichten, außerdem war ich körperlich fast am Ende. Meine Freundin streichelte mein Ego mit Balsam und sprach mir gut zu. Das war sehr liebenswert von ihr, wie sie in der Zeit für mich da war und mich einfach unterstütze, genauso wie schon in den Monaten, fast Jahren zuvor in meiner Vorbereitung.

Um gleich zu Beginn in diesem Kapitel etwas gerade zu rücken: Was ich schon damals sehr gut konnte, ist mit mir selbst hart ins Gericht zu gehen. Als ich gescheitert bin, war ich zu 100 % selbst schuld. Ich habe leider mehrere Kameraden erlebt, die dann die Schuld bei den Ausbildern, dem Wetter, der Ausrüstung, quasi überall, nur nicht bei sich selbst gesucht haben. Natürlich ist es nicht cool, selbst nicht gut genug gewesen zu sein. Es ist immer leichter, die Fehler woanders zu suchen. Mir persönlich fällt es auch nicht leicht, aber ich weiß, dass es der richtige Weg ist und nur wer dauerhaft ehrlich zu sich selbst ist, wird aus den eigenen Rückschlägen lernen können. Ich möchte die Männer deswegen jedoch nicht schlechtreden. Wahrscheinlich konnten und wollten sie es sich nicht eingestehen. Im Vergleich zu ganz vielen anderen Soldaten, die immer nur davon erzählt und geschwärmt haben, dass sie es eines Tages machen würden, haben diese Männer irgendwann eine Entscheidung getroffen und es wirklich gemacht. Deswegen ziehe ich meinen Hut vor jedem, der in der Höllenwoche wirklich angetreten ist, um sich der größten Herausforderung seines Lebens zu stellen. Denn die Allermeisten bewerben sich gar nicht erst beziehungsweise schaffen es nicht mal bis zur EFV II. Also Hut ab Männer und seid stolz auf euch!

Spätestens jetzt muss man sachlich feststellen, dass niemand sagen kann, wer welche Prüfungen der Höllenwoche besteht und wer nicht. Wir Menschen werden immer wieder subjektiv von dem beeinflusst, was wir sehen oder hören. Wenn du einen Kerl vor dir hast, der wie ein Türsteher aussieht, oder einen Weiteren, der einem Men´s Health-Model Konkurrenz auf dem Cover machen könnte, dann kann man nicht pauschalisieren, dass diese Typen es mit einer höheren Wahrscheinlichkeit schaffen werden, als jemand der eher wie ein Büroangestellter aussieht mit Brille und kleinen Hüftringen, oder jemanden der eben „Rippchen" genannt wurde.

Zurück in Pfullendorf besuchte ich erst unseren Sanbereich (Sanitätsbereich) und später das BwKhr Ulm (Bundeswehrkrankenhaus). Natürlich kam nichts Nennenswertes dabei heraus, außer Klassiker wie der Status msg (marsch-, sport- und geländebefreit), freie Schuhwahl (aufgrund meiner Blasen am Hacken sowie an und unter den Füßen) und die vorläufige Abschiebung in den IV. Zug. Was in Pfullendorf hieß (jedenfalls solange ich dort war), dass du wirklich gar nichts tun musstest. Bevor die Blöcke nach und nach saniert wurden, hatten wir unsere Stuben in einem alten Block, der nachweislich mehrfache Probleme mit Asbest hatte. Zwischen Dauerkranken, Kdv´lern (Kriegsdienstverweigerer), Typen, die keinen Bock mehr hatten, Kameraden über deren Anträge noch nicht endgültig entschieden war oder Männern, die nur noch auf ihre Auskleidung warteten, bezogen wir vier ‚Gescheiterten' unsere Stuben. Das Einzige, was wir machen mussten, war früh kurz aus dem Bett zu springen, uns halbherzig vor unsere Tür zu stellen und dann die Vollzähligkeit über uns ergehen zu lassen. Den Rest des Tages wurde man in Ruhe gelassen, konnte seine Termine wahrnehmen und machen, was man wollte. Jedenfalls mehr oder weniger. Klingt wie ein feuchter Traum für Menschen ohne eigenen Antrieb, doch für mich war es schon nach einer Woche die Hölle. Ich humpelte zum Kraftraum und trainierte meinen Oberkörper an Geräten oder mit Freihanteln. Solange es nicht in die Beine ging und mein Hüftgelenk keinen Druck abbekam, war es soweit okay. Hauptsache ich kam aus unserer Stube raus und aus diesem Trott des Nichtstuns. Mit Benjamin und Tom besprach ich permanent, was wir hätten besser machen können und dass wir es später nochmal versuchen würden. Benjamin verstand immer noch nicht, wie er die Karte ziehen konnte und formulierte schon seinen Antrag für eine Ausnahmegenehmigung beim General des KSKs. Er war topfit und trainierte einen Tag nach dem Ausscheiden weiter, als wäre nichts gewesen. Solch eine Fitness sieht man sehr selten. Fritz war sich nicht so sicher wie ich, ob er es nochmal versuchen würde. Er wollte sich als Nächstes auf seine Laufbahn beim Militär konzentrieren und so schnell wie möglich BS (Berufssoldat) werden, da er auch nicht mehr der Jüngste war. So vergingen bestimmt drei Wochen in absoluter Langeweile und Nichtstun. Mittlerweile war es Oktober 2012, das Wetter wurde schlechter und deutlich kühler. Leider viel zu viel Zeit zum Grübeln und Nachdenken...

Um für dich noch etwas Mehrwert herausziehen zu können, kann ich dir ein paar Tipps ans Herz legen, die du meiner Meinung nach für die EFV II beachten solltest.

1. Feldjacke:
   Marschiere in der Feldjacke (auch salopp Parker genannt). Das hat zum einen den Vorteil, dass du deine Feldflasche in der linken Innentasche über dem Herzen tragen kannst und somit dein Wasser nur kühl ist (im besten Fall lauwarm), jedoch nicht mehr arschkalt. Des Weiteren rutscht der

Parker nicht so leicht hoch wie die Feldbluse, das erspart dir Wölbungen am Rücken und defacto dann auch Blasen beziehungsweise Abschürfungen. Für den/die klassische/n Soldaten*in, der/die seinen/ihren Rucksack nur bis zur Ausbildungswiese rausträgt und dann ablegt, kann so etwas egal sein, doch für ein Auswahlverfahren, bei dem man permanent den Rucksack aufhat, sind solche Details wichtig. Ich persönlich hatte auch die kleine Kordel auf Höhe der Taille herausgezogen, um keinen unnötigen Druckpunkt am Rücken zu haben.

2. Schuhwerk und Einlegesohlen:
   Ich marschierte immer mit demselben Paar Stiefeln, den Hanwag Tatra GTX. Ein fester solider Stiefel, der allerdings nicht zu hoch am Schaft ist. Ein Gebirgsstiefel schützt den Knöchel mehr, jedoch schränkt er auch die Bewegungsfreiheit ein, deswegen bevorzuge ich die Tatra. Manche schwören auf Volllederstiefel, doch die meisten wie auch ich bevorzugen stets die Gore-Tex Variante (atmungsaktive Membran). In der Vorbereitung hatte ich das gleiche Paar auch als Vollledervariante zum Testen genommen, doch wenn es hart auf hart kommt, würde ich mich immer wieder für die GTX Variante entscheiden. Meiner Erfahrung nach ist es das Beste, du gehst zu einem Schuhfachhandel mit kompetenten Mitarbeitern und lässt dich bezüglich der Einlegesohlen beraten. Eine feste Einlage, wie angegossen an deinem Fuß, verbessert deutlich deinen Stand im Stiefel. Bitte geh niemals mit bequemen Gummieinlagen marschieren, denn das ist eine ganz schlechte Idee. Ich könnte dir jetzt bestimmt noch seitenweise über Schnürung und das Einwachsen der Stiefel Auskunft geben, doch ich möchte es nicht

übertreiben. Jeder hat da am Ende seinen eigenen Maßstab, mit dem er zufrieden ist. Probiere es aus und mache deine eigenen Erfahrungen.

3. Der Marsch:
   Es wird ohne Hosengummis marschiert, Hosenbeine lang über dem Stiefel und bitte niemals die Schnürsenkel reinstecken (Druckpunkte vermeiden). Den Hosenstall hatte ich tagsüber immer offen, um so gut es geht eine Art ‚Lüftung' zu haben. Nachts oder wenn wir wieder auf freier Fläche im Wind standen, habe ich ihn wieder geschlossen. Private Unterwäsche in Form und Farbe angemessen, waren zugelassen. Als Unterhose / Radlerhose hatte ich die Nike Pro Combat (Schwarz): Leicht, bequem, rutscht nicht. Socken aus Merinowolle (Woolpower Socken 400er) waren erlaubt (Oliv oder Schwarz). Die 200er waren mir zu dünn und die 600er definitiv zu dick. Als Unterhemd beziehungsweise Funktionsshirt trug ich ein langärmliges graues Shirt aus dünner Merinowolle unter dem dienstlich gelieferten T-Shirt. Tagsüber hatte ich in der Höllenwoche das T-Shirt ausgezogen, da mir sonst zu warm wurde, jedoch bevor die Nacht anbrach, zog ich es wieder an. Mein Körper kühlte sonst zu schnell aus.

4. Der Rucksack:
   Zum Packen des Rucksacks muss jeder seinen eigenen Stil finden. Natürlich gibt es einen Verpackungsplan, doch wenn du die Möglichkeit bekommst etwas zu verändern, dann wäre es sinnvoll, diese Zeit auch zu nutzen. Verändern heißt nur umpacken, nicht wegwerfen oder verbotenerweise sein Marschgepäck reduzieren. Ganz

schlechte Idee, falls das bemerkt wird und das wird es ganz sicher!

5. Rücksprache halten:
   Meine Tipps sind ohne Gewähr und ohne Garantie. Deswegen halte immer Rücksprache mit den Ausbildern beziehungsweise mit den Verantwortlichen.

Soviel zu den Tipps.

Übrigens herrscht nicht nur beim KSK das Problem der Nachwuchsgewinnung vor, sondern auch bei so ziemlich jeder anderen spezialisierten Einheit. In Pfullendorf war die Fernspählehrkompanie 200 beheimatet, sowie verschiedene Ausbildungsabschnitte der EGB-Kräfte. Beide gaben im Zeitraum Oktober und November Lehrveranstaltungen zur Nachwuchsgewinnung. Wir entschieden, dort hinzugehen und uns die Sache mal anzuschauen. Ich muss gestehen, mein Geist war sprunghaft nach der Höllenwoche. Wir suchten allesamt nach einem neuen greifbaren Ziel und nach Motivation. Es war, denke ich, jedem von uns bewusst, umso länger wir in diesem ‚Auffangbecken', dem IV. Zug blieben, umso höher war die Chance, dass wir ernsthaft resigniert hätten. Ich wollte so schnell wie möglich meinen zweiten Versuch beim KSK haben, aber spielte auch mit dem Gedanken, erst in eine andere Einheit zu wechseln, um so schon von deren Wissen und Kompetenzen profitieren zu können. Die Ausbilder dort gaben sich alle Mühe, ihre jeweiligen Einheiten und Verwendungen gut anzupreisen. Es standen Optionen eines Praktikums im Raum, beziehungsweise direkt das Auswahlverfahren der spezialisierten Kräfte im folgenden Monat zu bestreiten. Mein Körper schrie innerlich auf. Noch eine Art Höllenwoche schon in weniger als vier Wochen zu bestreiten, würde mein Hüftgelenk nicht überleben. Mal von der Hüfte abgesehen, spürte ich in meinem Inneren kein Feuerwerk und wusste somit relativ schnell, dass ich dort nicht glücklich werden würde. Lange Rede kurzer Sinn: Die Fernspäher sind eine super toughe Truppe, hoch professionell ausgebildet und haben sich das Ranking „spezialisierte Kräfte“ mehr als verdient, jedoch war es nichts für mich. Genauso großen Respekt habe ich vor den Männern der EGB-Kräfte, doch auch das wurde nicht mein Weg.

Wie das Leben manchmal mit uns spielt, bekamen Tom und ich ein anderes Angebot. Wir wurden gefragt, ob wir in der II. Inspektion aushelfen möchten. Die II. Inspektion ist für die Survival Ausbildungen zuständig. Überlebenslehrgänge, verschiedene Techniken, Verhörszenarien, Kommunikation und vieles mehr. Das klang für mich besser, zumal wir so Einblicke in deren Ausbildung erhalten würden, jedoch leider, ohne selbst teilzunehmen. Mein Körper erholte sich zwar von Tag zu Tag und die Schmerzen in der Hüfte ließen langsam nach, jedoch nur weil ich absolut jede unnötige Belastung vermied. So fuhren wir nur Fahrzeuge von A nach B, sammelten Teilnehmer an verschiedenen Sammelpunkten auf, unterstützen die Ausbilder mit dem Material und bekamen dafür sehr interessante Einblicke. Teilweise warteten wir mit den Fahrzeugen an verschiedenen Ausbildungsstationen und kamen so passiv in den Genuss der gleichen Ausbildung. Zu Beginn lief noch ein Durchgang der EGB-Kräfte aus Zweibrücken. An den Auffanglinien im Gelände sammelten wir mit unserem TPz (Transportpanzer) kleine Trupps ein und setzten sie an anderer Stelle wieder ab. Ich kaufte vorher ein und hatte für jeden Mann, den wir einsammelten, einen Powerriegel und etwas Süßes zur Stärkung dabei. Da ich erst selbst vor kurzem erfahren hatte, wie wertvoll so eine kleine Geste sein kann, wenn man von einer Durchschlageübung kommt. Im Sinne der Kameradschaft gehört sich so etwas.

Derselbe Durchgang der EGB-Kräfte aus Zweibrücken musste dann noch eine simulierte Gefangenschaft über sich ergehen lassen (SERE[42]). Doch hierzu darf ich aus verständlichen Gründen nichts schreiben. Nur so viel, dass die Jungs über mehrere Stunden sehr unter Druck gesetzt wurden, sei es physischer oder psychischer Natur. Die Bundeswehr ist an Recht und Gesetz gebunden. Deswegen passiert dort nichts, das nicht mit den verfassungsgemäßen Grundrechten, hier vor allem der Menschenwürde, vereinbar ist. Doch auch in diesem Rahmen gibt es Mittel und Wege, Menschen gezielt an ihre Grenzen zu bringen, in dem man kontinuierlich das Stresslevel erhöht und dann konstant oben hält.

---

[42] SERE steht für ‚Survival, Evasion, Resistance and Escape / Extraction Training'. Auf Deutsch würde man es als Überlebens-, Ausweich-, Widerstands- und Fluchttraining / Rückführung' bezeichnen. Die SERE-Ausbildung gibt es in drei verschiedenen Stufen (A, B und C). Der SERE-A wird im Rahmen von Unterrichten vermittelt. Der SERE-B wird weitestgehend im Rahmen des Einzelkämpferlehrgangs Teil 1 in Hammelburg gelehrt. Der SERE-C Lehrgang und die Ausbildung dazu finden hauptsächlich in Pfullendorf, dem Ausbildungszentrum Spezielle Operationen statt.

Abbildung 25: EGB-Kräfte Abzeichen

Ich kann mir vorstellen, dass in anderen Armeen der Welt die Soldaten*innen durch stumpfe körperliche Gewalt gebrochen werden. Doch jemanden zu brechen ist relativ einfach. Denn jeder Mensch bricht nach einer gewissen Zeit, ausnahmslos. Es gilt heraufzufinden, wann dieser Punkt kommt und wie er zustande gekommen ist. Unser System finde ich deutlich nachhaltiger, indem ausgewählte Soldaten*innen, die sich freiwillig dazu gemeldet haben, Stück für Stück an ihre Grenzen gebracht werden. Dies festigt den Charakter und hinterlässt keine Narben, auch nicht im übertragenen Sinne. Ich freute mich richtig mit für die Jungs, als das Verhörszenario endete und ich die Erleichterung und den Stolz der Männer sah, die es geschafft hatten.

Für den nächsten Durchgang bei der II. Inspektion wurden die Männer und Frauen aus Calw angekündigt, die den letzten EFV II Durchgang bestanden hatten. Sprich genau die Jungs, mit denen ich die Höllenwoche bestritten hatte. Tom und ich wussten noch nicht, wie wir das einordnen sollten. Ist das etwas Positives die eigenen Leute wiederzusehen und ihnen jetzt unterstützend bei einem Lehrgang zu helfen, auf dem wir auch gewesen wären oder ist es eher eine Form von Selbstgeißelung? Trotz allem halfen Tom und ich in der Survival-Inspektion weiter aus. Es hatte schon etwas von Masochismus. Wir beide durften Chauffeure spielen, Material besorgen, transportieren und viele andere kleine Jobs erledigen. Dabei immer zu sehen, welche Ausbildung sie gerade genießen, die Blicke und Reaktionen der anderen Soldaten*innen zu erleben, welche die Höllenwoche bestanden hatten, war nicht gerade motivationsfördernd. Ich gebe es zu, ich war neidisch auf diese Männer und in dem Fall auch auf die Frauen. Denn mittlerweile gab es auch den ersten Frauenzug, der nach abgeschlossener Ausbildung auf die jeweiligen Kommando Kompanien aufgeteilt werden sollte. Diese ersten Kommandoanwärterinnen (über die korrekte Bezeichnung bin ich mir nicht sicher, also nagelt mich bitte darauf nicht fest), hatten ihre eigene Höllenwoche bestritten, die sich allerdings von unserer unterschied. Bisher habe ich keine offiziellen Informationen darüber gefunden, die ich mit dir als Leser teilen könnte, deswegen betrachte ich das Thema als ‚eingestuft' und kann dazu nichts berichten. Es waren lustige und absolut überdurchschnittlich fitte Frauen. Schade, dass es viel zu wenige von ihnen in der Bundeswehr gibt. Als die Calwer anreisten, halfen wir ihnen bei der Stubenzuteilung und ein paar organisatorischer Punkte. Die ersten beiden Frauen aus Calw, die ich begrüßte, fragten mich direkt, wo der Kraftraum sei und ob der Döner an der Ecke noch offen hat. Sympathisch.

Nachdem Tom und ich uns so ein paar Wochen selbst gegeißelt hatten, gingen wir zurück in den IV. Zug und ich wartete auf meine Kommandierung nach Zweibrücken, denn als nächstes sollte ich das 2. Truppenpraktikum absolvieren. Bis dahin hielten wir ein paar kleine Ausbildungen für die wenigen dienstfähigen Männer und unterstützen die Kompanien, wo immer sie uns brauchten. So verging der Rest des Jahres wie im Flug und ich stellte fest, dass ich jetzt schon zwei Jahre lang keinen richtigen Urlaub, mal von Weihnachten abgesehen, gehabt hatte. Meine Urlaubstage und vor allem die Überstunden türmten sich auf und so konnte ich auch diesen Dezember wieder befohlenen Urlaub nehmen. Ich packte meine Sachen und fuhr erst zu Elly, um ein paar schöne Tage mit ihr zu verbringen. Dann ging es zwei Wochen vor Weihnachten nach Hause zur Familie und meinen Freunden.

Anfang Januar meldete ich mich in Pfullendorf aus dem Weihnachtsurlaub zurück. Auch diesen Dezember hatte ich genutzt, um zu trainieren. Allerdings etwas weniger als im Jahr zuvor. Ich trainierte hauptsächlich Kraft und den Oberkörper, sowie lockere Laufeinheiten und Dehnübungen für den unteren Teil vom Körper. Wir klärten den Papierkram in der Kaserne ab, ließen uns vom Arzt absegnen, dass wir fit und einsatzbereit waren und erhielten somit die Kommandierung für das Truppenpraktikum 2 für die 2. Kompanie des Fallschirmjägerbataillon 263 in Zweibrücken (2./FschJgBtl 263).

Wie gewohnt verfrachtete ich meine gesamte Ausrüstung inklusive aller privaten Klamotten in meinen alten 3er BMW und fuhr nach Zweibrücken. Es war der 14.01.2013, das Thermometer zeigte deutliche Minusgrade und es lag Schnee. Ich meldete mich ordnungsgemäß beim Spieß (Der Spieß ist oft der erfahrenste

Unteroffizier mit Portepee[43] innerhalb der Kompanie. Er hat meistens alle Verwendungen für einen Feldwebel in einer Kompanie bereits durchlaufen und war auch als Ausbilder an einer Militärschule tätig. Liebevoll wird er deshalb auch als Mutter der Kompanie bezeichnet). Dieser teilte mich gleich einem Zug zu, der von einem recht jungen Oberleutnant geführt wurde. Der Oberleutnant hatte den Zug auch erst seit kurzem übernommen. Als ich mich mit zwei anderen Ausbildern bei ihm meldete, fragte er uns nur:

Oberleutnant: „Haben Sie Ihre Sportkleidung dabei?"
Wir: „Jawohl."
Oberleutnant: „Dann haben Sie zehn Minuten, bis der Zug losläuft. Ausführung!"
Wir: „So verstanden."

Ich rannte zu meinem Auto, griff nach der Sporttasche und zog mich auf dem Parkplatz bei Minusgraden um. Endlich mal ein Zugführer, der Sport konsequent umsetzt, dachte ich mir. So begann mein Truppenpraktikum mit einem knackigen Lauf bei Kälte. Er holte die beiden anderen Ausbilder abwechselnd zu sich nach vorne und verschwendete keine Zeit, indem er das Einführungsgespräch laufend durchführte. Als ich dran war, rissen die ersten Kameraden schon nach und nach ab. Das Tempo war schon zügig. Ich sollte kurz berichten, wie mein Werdegang bisher war und was ich von den kommenden knapp drei Monaten erwartete. So erzählte ich ihm, was bisher passiert war in Kurzform und verwies darauf, dass ich möglichst viel lernen möchte, besonders von den einsatzerfahrenen Kameraden. Er nickte und

---

43 Die Dienstgradgruppe der Unteroffiziere mit Portepee beginnt ab dem Dienstgrad Feldwebel und reicht bis zum Oberstabsfeldwebel. Alle Unteroffiziere, die im Dienstgrad niedriger sind als der Feldwebel, werden in der Dienstgradgruppe der Unteroffiziere ohne Portepee zusammengefasst. → siehe meine Dienstgradübersicht im Anhang

schickte mich dann nach hinten. Ich sollte den hinteren Teil vom Zug motivieren, damit sie ihr Tempo wieder erhöhten.

Mein erster Eindruck vom Oberleutnant war gut, was sich im weiteren Verlauf des Praktikums relativieren sollte. Er warf, leider wie viele andere Offiziere auch häufig, bestehende Konzepte über den Haufen und erfand das Rad neu. Wenn beispielsweise die erfahrenen Ausbilder aus unserem Zug mit ihren Soldaten im Einsatz bestimmte Verfahren im Angriff oder beim Ausweichen erprobt und für zweckmäßig befunden hatten, änderte er diese Vorgehensweise ab. Mir gab er etwas später den Auftrag eine Medic-Ausbildung zu halten, unter taktischen Gesichtspunkten. Vorbereitungszeit waren wenige Tage.

Die Vorbereitungszeit, die ich nutzen konnte, war selbstverständlich nach dem Dienst (Freizeit). So ging ich nach Dienst zu einem der Stabsgefreiten und ließ mich von ihm auf dem Dachboden des Kompaniegebäudes einweisen. Er hatte eine entsprechende Ausbildung zum CFR-B (combat first resbonder) genossen. Diese kann man in verschiedenen Lehrgangsstufen absolvieren. Diese Fähigkeit bildet eine Art Bindeglied zwischen den Sanitätern und uns Infanteristen, die fast nur den Erste-Hilfe-Kurs besucht hatten. Die Handlungsabläufe, die der Stabsgefreite auf seinem CFR-Lehrgang erlernt hatte und im Einsatz unter realen Umständen ausführen musste, unterschieden sich sehr von meinem Ersthelfer-A-Kurs (militärischer Erste-Hilfe-Kurs). Die Bundeswehr hat extra Lehrgänge in verschiedenen Stufen dafür geschaffen, in denen auch klar geregelt ist, wer mit welcher Stufe, welche Kompetenzen hat. Als angehender Feldwebel sollte ich das Wissen des Stabsgefreiten aufsaugen, es in ein methodisch-didaktisches Feuerwerk verwandeln und gepaart mit meiner nicht vorhandenen Einsatz- und Praxiserfahrung, dann an die jungen Männer im Zug weitergeben. Ich tat das, was ich innerhalb des

Zeitansatzes von drei Nachmittagen für richtig hielt und als zweckmäßig erachtete. Mit dem Stabsgefreiten und zwei Weiteren bereite ich eine Stationsausbildung vor, bei der die Soldaten des Zugs nach und nach ausgebildet werden sollten. Die drei Mannschaften wiesen mich in ihre jeweilige Tätigkeit so ein, dass ich mitreden konnte. Nach drei Tagen ist allerdings noch nie ein Meister vom Himmel gefallen. Ich schrieb die Handzettel (Ausbildungsabläufe) und kümmerte mich um Dinge, die für Offiziere wichtig waren, wie Stationsschilder und Taschenkarten. Als es an einem Donnerstag dann so weit war, hielt ich meine Ausbildung ab und spannte, wie vorher geschildert, die drei Stabsgefreiten als Hilfsausbilder mit ein. Wir lagen gut in der Zeit und die Kameraden berichteten viele praktische Tipps aus dem Einsatz, welche Abläufe unter den gegebenen Umständen zweckmäßig sind und das bei voller Ausrüstung. Der Zugführer schaute sich das genau an und kritisierte mich am Ende zutiefst dafür, dass ich nicht jede Station selbst durchgeführt hatte. Die Stabsgefreiten hätten nur danebenstehen sollen.

Das Einspannen der Soldaten mit dem entsprechenden militärischen Lehrgang und der nötigen Praxiserfahrung war für mich die einzige zweckmäßige und logische Lösung, vor allem unter dem gegebenen Zeitansatz. Doch so und so ähnlich ging das die nächsten Wochen und Monate weiter. Was ich ihm nach wie vor zugutehalte ist, dass er jeden Morgen nach der Vollzähligkeit zum Frühsport vorbeikam und mitgemacht hat. Fit war er, das muss ich ihm lassen. Den eigenen, vorgelebten Anspruch auch von den Männern einzufordern, finde ich auch super, jedoch war Fitness das einzige Thema, bei dem wir auf einen gemeinsamen Nenner kamen.

Nach dem Dienst, wenn nicht gerade etwas Außergewöhnliches geplant war und wir halbwegs pünktlich Schluss hatten, griff ich meine fertig gepackte Sporttasche und fuhr nach Neuenkirchen zum nächsten MC Fit. So traurig das klingen mag, doch der sogenannte Kraftraum für mehrere hundert Soldaten*innen der Niederauerbach-Kaserne, die sich durch überdurchschnittliche körperliche Fitness auszeichnen sollten, war schlichtweg ein Scherz. Auf der Fahrt hin aß ich meistens eine Banane und trank dabei einen Shake. Mit zwei befreundeten Kameraden fuhren wir jeden möglichen Tag die knapp 25 Kilometer, 20 - 30 Minuten hin und wieder zurück je nach Verkehrslage. Bei einigen anderen Ausbildern aus unserer Kompanie sorgte das für Unbehagen. Diese tranken sofort nach dem Dienstschluss ihr ‚Dienstabschlussbierchen' und verbrachten den restlichen Nachmittag im Uffz-Keller (ein Raum für Unteroffiziere / das Ausbildungspersonal der Kompanie) vor der PlayStation oder beim Billard. Sich selbst dort rauszunehmen und für die eigene Zielsetzung zu trainieren, kam dort irgendwie nicht so gut an. Wir wurden häufig belächelt, wenn wir wieder trainieren fuhren. Keiner von den Kameraden hatte je ein Auswahlverfahren versucht, trotzdem kannte jeder mindestens einen Kommandosoldaten ‚persönlich und hatte schon mehrfach mit ihnen zu tun gehabt'.

Immer wieder fiel mir ein Phänomen auf: In den Pausen, bei lockeren Gesprächen oder an Grillabenden nach zwei Bier wussten viele Soldaten mehr über das KSK als die Kommandosoldaten selbst. Das war nicht nur in Zweibrücken so, sondern bundesweit, einheiten- und dienstgradunabhängig. Häufig musste ich darüber schmunzeln, manchmal merkte man den puren Neid.

Gegen Ende des Truppenpraktikums 2 bekam ich meine Lehrgangsbeurteilung und konnte abreisen. Sie war wie zu erwarten, nicht überragend gewesen. Der eine oder andere

Pfullendorfer aus meinem Lehrgang bekam deutlich bessere Schriftstücke.

Vielleicht waren es bessere Ausbilder als ich, das mag möglich sein. Eventuell hatten sie aber auch einfach bei jeder Zigarette und jedem Bier bewiesen, dass ihre sozialen Fähigkeiten deutlich besser waren als die meinen.

Zeitstrahl Dienstzeit Kevin Bulicke

01.04.2010 Diensteintritt (in Pfullendorf)

07.09.2010 - 28.09.2010 Fallschirmsprunglehrgang Automatik (in Altenstadt)

25.11.2010 - 23.12.2010 Kraftfahrzeuglehrgang BC (in Veitshöchheim)

04.01.2011 - 25.02.2011 Fw Anwärterlehrgang AMT (in Pfullendorf)

04.04.2011 - 01.07.2011 Truppenpraktikum 1 (in Zweibrücken)

04.07.2011 - 23.09.2011 Fw Lehrg MFT TrDst Inf Teil A (in Hammelburg)

26.09.2011 - 18.11.2011 Fw Lehrg MFT TrDst Inf Teil B (in Altenstadt)

17.01.2012 - 19.06.2012 Fw Lehrg Englisch + AMT (in Delitzsch)

24.06.2012 - 29.06.2012 EFV Teil I (in Calw)

09.07.2012 - 14.09.2012 10 WoPro (in Meßstetten)

20.09.2012 - 26.09.2012 EFV Teil II (in Calw) nicht bestanden

14.01.2013 - 28.03.2013 Truppenpraktikum 2 (in Zweibrücken)

11. Berge, Flachland und wieder Berge

Am 02.04.2013 war ich wieder zurück in Pfullendorf angekommen und im VI. Zug begann für mich der letzte Lehrgang und somit der Abschluss unserer Ausbildung als Feldwebelanwärter. Der Lehrgang ‚Infanterist spezielle Operationen' war im Schwerpunkt geprägt durch komplexe Wiederholungen von allem Gelernten der letzten Jahre, sowie Schießübungen und taktischem Vorgehen. Wie schon so häufig in der Vergangenheit ging es auch um den Führungsanspruch, die eigene Gruppe führen zu wollen. Deswegen nannte man den Lehrgang auch ‚Feldwebel spezielle Operationen'.

Wir hatten hier doppelt Glück. Zum einen wurde dieser Lehrgang von unserem alten Hauptfeldwebel und Zugführer durchgeführt, den ich in meiner Grundausbildung und in der DPA (Dienstpostenausbildung) hatte. Zum anderen bestand der Lehrgang, von ein paar Quereinsteigern und Wiederholern (die sich mal verletzt hatten) abgesehen, aus vielen Jungs, mit denen ich begonnen hatte. Alles in allem kannte ich jeden der Jungs gut und wir waren über die Jahre zu einer soliden Truppe herangewachsen. Es freute uns, den Abschlusslehrgang mit dem Zugführer beenden zu können, mit dem auch alles begonnen hatte.

Nicht nur wir hatten uns verändert und waren gereift, sondern auch unser Zugführer. In der Zeit, in der wir die Lehrgänge nach und nach besucht hatten, war er in Afghanistan gewesen, Teil eines multinationalen Zuges. Er war so unglaublich ruhig nach seinem Einsatz geworden. Diese beiden Monate des Abschlusslehrgangs vergingen wie im Flug. Wir hatten viele Freiheiten, an die ich vor wenigen Monaten oder Jahren nicht einmal gedacht hätte. Unser Zugführer ließ uns einiges durchgehen, was er vor zwei Jahren noch knallhart geahndet hätte. Auf der Schießbahn erzählte er ein wenig von seinem Einsatz. Die Männer dort drüben und er hatten anscheinend einiges abbekommen. So teilte er uns auch mit, dass er seinen BS-Status (Berufssoldat) abgeben und in absehbarer Zeit kündigen würde. Er schien nicht mehr erfüllt zu sein mit dem, was er tat. Für mich ein krasser, jedoch konsequenter und nachvollziehbarer Schritt.

Wenn du innerlich nicht mehr brennst, ist es Zeit für etwas Neues.

Doch ich brannte noch! Und wie! Laut unserem Ausbildungsablauf hätte ich noch den EK Teil 1 (Einzelkämpferlehrgang = Überlebenslehrgang) besuchen müssen, bevor man mich dann in die Truppe und somit zu meiner neuen Stammeinheit kommandiert hätte. Eine Herausforderung brachte die nächste mit sich. Die EK-Lehrgänge sind reihenweise dafür bekannt, dass sich dort regelmäßig Soldaten*innen verletzten und dann wieder abgelöst wurden. Doch eine Verletzung konnte ich genau jetzt nicht gebrauchen. Anfang Juli 2013 war es meine Absicht gewesen, das 10-Wochenprogramm erneut zu bestreiten, um so wieder eine ideale Vorbereitung für meinen zweiten Versuch in der Höllenwoche zu haben. Den EK (Überlebenslehrgang) und unmittelbar danach das 10-Wochenprogramm mit anschließender Höllenwoche zu bestreiten, fand ich persönlich etwas zu ambitioniert für meinen Körper. Das eben angesprochene Verletzungsrisiko war einfach viel zu hoch.

Lange Rede kurzer Sinn: Auch wenn ich nicht stolz darauf war, doch ich meldete mich am Anreisetag krank und umging somit das unnötig erhöhte Verletzungsrisiko. Als Fallschirmjäger lebt man permanent in einer höheren Risikogruppe, was Verletzungen angeht, doch man sollte sein Glück nicht zu sehr herausfordern und schon gar nicht im falschen Moment.

Diese Nummer zog jedoch einen gewaltigen Einlauf (Anschiss) durch meinen Hauptmann nach sich. Das brauche ich dir hier sicherlich nicht in aller Ausführlichkeit schildern. Doch nachdem er sich abreagiert hatte, beruhigte er sich auch wieder sichtlich und drückte mir als Kamerad die Daumen für meinen zweiten Versuch. Da er selbst auch schon einmal in Calw angetreten war, wusste er, dass ich es nicht aus Unlust tat, sondern als Schutzmaßnahme meinem Körper gegenüber.

Doch als Kompaniechef konnte er mir mein Verhalten nicht ohne weiteres durchgehen lassen. Ich musste einige Botengänge für ihn und den Spieß erledigen. Als die nächsten Zivilisten für den Schnupperkurs kamen (den ich damals auch hatte), setze man mich als Kindermädchen ein. Ich führte die jungen Teilnehmer von A nach B und passte auf, dass niemand verloren ging beziehungsweise sich nicht selbst verletzte. In den Pausen stellten mir die Jungs Fragen über Fragen, so wie ich es den Ausbildern gegenüber auch damals tat. Im Vergleich zu meinen Erfahrungen belog ich die Jungs nicht und erzählte ihnen genau, was sie erwartete und welche Form von Motivation sie an den Tag legen sollten, um dieses Programm zu absolvieren. Ich schönte nichts und zählte ausführlich die Nachteile auf. Bei einigen konnte ich deutlich eine Entmutigung sehen, andere brannten innerlich wie ich damals und kümmerten sich nicht um schlechte Behausungen oder allgegenwärtige Herausforderungen. Am Ende meldete ich Vollzug beim Spieß und Chef, dann war die Sache auch wieder abgehakt. In Pfullendorf teilte man mir mit, meine Kommandierung für das 10-Wochenprogramm würde ich später in meiner Stammeinheit in Seedorf erhalten.

So nutze ich die letzten zwei Wochen vor meiner Versetzung von Pfullendorf nach Seedorf, um meine Angelegenheiten zu klären, den Papierkram zu erledigen und noch letzte Arztdokumente für Calw zu sammeln. Selbstverständlich auch für Sport, doch in meinem Sinne. Das ein oder andere Mal halfen wir auch aus, wenn es irgendwo brannte und junge Ausbilder gebraucht wurden.

Zum 01.07.2013 wurde ich offiziell nach Seedorf versetzt und reiste pünktlich an. In meiner neuen Einheit der 3. Kompanie des Fallschirmjägerbataillon 313 (3./FschJgBtl 313) wurden wir freundlich vom Spieß empfangen und er teilte uns auf die Züge auf. Ich war für den Alpha-Zug vorgesehen.

In Seedorf angekommen, begann der Kulturschock für mich. Die Infanterieschulen der Bundeswehr sind eine Sache, die Kompanien in der Truppe eine ganz andere. Ich hatte das Gefühl, dass man mir militär-taktisch und von den Abläufen her kaum etwas beigebracht hatte. Grundlagenwissen aus den Schulen und einsatzerprobte Realitätsabläufe sind häufig zwei Paar verschiedene Schuhe. Zwar konnte ich mit Gepäck und Ausrüstung weiter rennen, als jeder normale Bürger es je könnte, jedoch fehlten mir sämtliche einsatzbezogenen Fähigkeiten. Beim A-Zug waren die Jungs wirklich klasse und ich lebte mich recht schnell ein. Mein Dienstgrad als frischer Feldwebel war in der Truppe am Anfang wenig wert. Die Männer bemessen dich danach, wie schnell du die Skills (Fähigkeiten) lernst, welche die Einheit vorgibt, wie du mit ihnen umgehst, wie fit du bist, und vor allem, wieviel militärisches Verständnis du mitbringst. Eine Vorschrift lang und breit aus dem Kopf zitieren zu können, ist zwar total toll und macht dich nicht dümmer, jedoch ist das Anwenden unter Stressbedingungen der entscheidende Faktor. Die Männer wollen geführt werden! Zeigt man keinen Führungsanspruch, verlieren sie schnell den Respekt vor dir. Die ersten Tage vergingen wie im Flug, die Ausbilder waren genauso gut drauf wie die Mannschaften und so lernte ich sehr viel.

Gerade in Standorten wie Seedorf und Zweibrücken ist die Dichte von Soldaten*innen mit Einsatzerfahrung (zum Teil auch sehr schlimmen Einsatzerfahrungen) sehr hoch. Auch hier kamen wir immer wieder auf Anschläge und Hinterhalte zu sprechen. Das allseits bekanntgewordene Karfreitagsgefecht dient als symbolische Spitze des Eisbergs. Wir haben in diesen Kasernen Kameraden*innen, die mehrere Einsatzzeiten, teils auch unmittelbar hintereinander, absolviert haben. Wie ich es schon einmal geschrieben habe, bis heute werde ich immer wieder innerlich aufgewühlt, wenn ich höre, was sie dort erlebt haben und unter welchen Umständen sie ihrem Auftrag nachgehen mussten. Als Mahnmal stehen in Seedorf bis heute die Türen des angesprengten Dingos des Karfreitagsgefechts neben dem Gedenkstein für die drei gefallenen Kameraden. Die Risiken unseres Berufes sind somit allgegenwärtig – bei Gesprächen, in der Ausbildung und durch Mahnmale.

Doch gedanklich war ich schon wieder in meiner Vorbereitungsphase für das Auswahlverfahren. Von Anfang an machte ich reinen Tisch bei den Ausbildern und Vorgesetzten und teilte jedem mit, der es wissen musste, dass ich meinen zweiten Versuch im Spätsommer 2013 wahrnehmen würde. Ich wollte mich nicht zu sehr einleben und womöglich in der Truppe bequem werden. Dementsprechend bekam ich eine vorübergehende Stube und wurde aus der sonstigen Planung für Lehrgänge und Weiterem außen vor gelassen. Zu meinem Glück verlief das unproblematisch und man legte mir keine Steine in den Weg.

Als Fallschirmjäger hatte ich viele der Grundfähigkeiten verinnerlicht, einzelne Ausbildungen, die man für das Kommandodasein benötigt, hatte ich schon durchlaufen beziehungsweise kennengelernt. Mir war bewusst, dass das Level, welches dort abverlangt wird, deutlich höher ist als im Rest der Bundeswehr. Die Konsequenz und die Beständigkeit, mit der dort trainiert wird, sowie das Level, welches gefordert ist, grenzt nahezu an Perfektion. Doch genau so wollte ich arbeiten, auf diesem allerhöchsten Niveau, mit Kameraden*innen, unter gleichgesinnten Brüdern und Schwestern, die sich selbst motivieren und denen ich keine Arbeit hinterhertragen muss, geschweige denn sie die ganze Zeit zu kontrollieren habe. Das ist ein weiterer Punkt, weshalb ich es unbedingt schaffen wollte. Wenn du es bei den Spezialkräften nicht schaffst, dauerhaft deine Ausrüstung in Schuss zu halten beziehungsweise das mitzunehmen, was festgelegt wurde, wird man dich nach einer gewissen Kulanzzeit einfach rausschmeißen, da du nicht mehr vertrauenswürdig bist. Das Vertrauen untereinander ist einer der wichtigsten Punkte, wenn nicht sogar der wichtigste überhaupt.

Das Einzige, was nicht funktionierte, war die erneute Kommandierung für das 10-Wochenprogramm. Quasi die schriftliche Aufforderung den Lehrgang zu besuchen. Das ist vor allem wichtig für die Abrechnung der Überstunden, der Reisekosten und natürlich für den Versicherungsschutz. Wie du hier schon mehrfach gelesen hast, dass Bürokratie alles ist und ohne dreifache, schriftliche, gestempelte Ausfertigung gar nichts geht. In diesen Tagen telefonierte ich wie wild und niemand konnte oder wollte mir helfen. In meinem neuen Standort kannte ich noch keinen und für ‚Unbekannte' macht man ungern mehr als nötig. Aus Pfullendorf war ich offiziell raus und von daher war auch nichts mehr zu erwarten. Nach einigen Gesprächen mit meinem neuen Spieß und dem sehr freundlichen Oberleutnant D.S., der gleichzeitig mein Zugführer war, kam ich dann zu dem Entschluss, meine eigene Variante auszuprobieren. Ich klärte ab, wie viele Urlaubstage ich noch hatte, sowie die Anzahl meiner Überstunden. Meinen Zugführer und Spieß fragte ich, ob es ein Problem für sie wäre, wenn ich eine Weile ‚Urlaub' machen würde. Sie hatten nichts dagegen. Danach wendete ich mich an die Calwer und fragte, ob ich meinen Sommerurlaub bei ihnen verbringen könnte. Man erinnerte sich an ‚Rippchen' noch sehr genau und beantwortete meine Anfrage positiv. Es gab allerdings eine entscheidende Bedingung: Keine Extrawünsche! Keine Argumentation, dieses oder jenes nicht mitmachen zu wollen, da ich offiziell nur im ‚Urlaub' wäre. Keine Sonderbehandlung, sonst würde ich sofort nach Hause geschickt werden. Wie damals beim Einplaner gab ich mein begeistertes „Okay!" ab, was mit einem skeptischen „Okay?!" quittiert wurde.

Da ein Teil meiner Urlaubstage schon aufgebraucht war und ich mir in Pfullendorf noch einen erheblichen Teil meiner Überstunden hatte auszahlen lassen, kam ich jetzt auf 8 ½ Wochen Urlaub, den ich beantragte. Das 10-Wochenprogramm beinhaltet die Anzahl der Ausbildungswochen in seinem Namen, so reiste ich also nach Absprache verspätet an.

Elly war mittlerweile nach Balingen umgezogen, was einen Katzensprung (22 km) von Meßstetten entfernt war. Jedenfalls wenn man die Distanzen meiner sonstigen Standorte vergleicht. Doch ich meldete mich direkt beim Oberstabsfeldwebel, dem Leiter des 10-Wochenprogramms. Weder Benjamin, Fritz noch Tom waren dabei. Dieses Mal kannte ich bis auf einen weiteren Wiederholer keinen. Die Männer waren gerade bei einem Unterricht, als ich dazu stieß. So hatte ich genügend Zeit, meine Stube zu beziehen und den Rucksack gemäß des Verpackungsplans zu packen. Im Großen und Ganzen war er genauso wie im Jahr davor, also konnte ich das routiniert hinter mich bringen. Zum Abend hin gab es ein paar warme Worte der Ausbilder, doch vorher sollte ich mich kurz vorstellen.

„Feldwebel Kevin Bulicke, 23 Jahre alter Berliner, ich komme aus dem Pfullendorf-Programm und bin erst frisch nach Seedorf in die 3./313 versetzt worden. Letztes Jahr im Herbst war ich schon einmal hier und wurde in der dritten Nacht aufgrund von Führsorgegründen herausgenommen. Dieses Jahr wird es hoffentlich besser laufen. Aus Gründen, die ich nicht erklären kann, hat man mir keine Kommandierung gegeben, deswegen verbringe ich jetzt meinen Jahresurlaub mit euch."

Als ich den Grund meiner verspäteten Anreise berichtete, erntete ich hauptsächlich nur stutzige Gesichter. Die Ausbilder schmunzelten. Der Oberstabsfeldwebel betonte nochmal kurz seine Bedingung, die es dafür gab, nämlich keine Extrawünsche und dann konnte ich mich auch schon wieder setzen. Zum Glück, denn Rampenlicht ist nicht meine Welt. Er fuhr mit dem eigentlichen Unterricht fort.

Von anderen Wiederholern erfuhr ich später, dass alle ausnahmslos ihre Kommandierungen erhalten hatten und dass es keine Probleme gegeben hatte. Was konnte ich machen, nun war ich da und Bürokratie hatte keinen Schwerpunkt mehr. Ich wollte meinen Traum weiterverfolgen, wenn das hieß auf 30 Tage Jahresurlaub (zum Teil noch aus dem Vorjahr) und dutzende an Überstunden zu verzichten (um 8½ Wochen abzudecken), sowie das Geld, das ich hier für die geleisteten Überstunden eigentlich bekommen hätte, plus den Reisekosten et cetera, dann tat ich das gerne. Scheiß auf die paar tausend Euro!

Wahrscheinlich war ich der einzige Typ, der das jemals so gemacht hat, doch es zeigte wieder einmal, wozu ich bereit war, um meinen Traum wahr werden zu lassen – Taten statt Worte!

Das 10-Wochenprogramm verlief mehr oder weniger genauso wie im Jahr davor. Es fing gut an und wurde dann immer sportlicher. Doch das Wetter war im Jahr 2013 bedeutend heißer als im Jahr 2012 gewesen. Sprich auf den Freiflächen stand die Hitze, in den Wäldern ging es einigermaßen. Mir fiel auf, dass die Ausbilder uns zu mehr Selbstständigkeit drängten, indem sie unsere Gruppen nicht mehr direkt begleiteten, nur zu Beginn, doch dann immer seltener. Jeder musste mal führen und orientieren, egal ob Oberleutnant, Hauptfeldwebel oder Stabsunteroffizier. In der Höllenwoche kommt auch jeder einzelne Bewerber mehrfach ran. Die eigentliche Führungsleistung war nicht der Schwerpunkt in der EFV II. Besonders bei den jungen Stabsunteroffizieren und Feldwebeln ohne besondere Führungserfahrung drückte man ein Auge zu. Zum Teil waren auch Soldaten aus verschiedensten Teileinheiten dabei, die es nicht gewohnt waren, anderen Soldaten*innen Befehle zu erteilen, da sie weitestgehend alleine arbeiteten. Bei den Hauptfeldwebeln und Offizieren achteten die Ausbilder, und später in der Höllenwoche die OCs, ganz besonders auf die gezeigten Führungsleistungen. Diese Kameraden waren im Schnitt deutlich erfahrener und ihre Dienstgradstellung, wie zum Beispiel bei den Offizieren, ließ es überhaupt nicht zu, kein oder nur ein schlechtes Führungsverhalten an den Tag zu legen. Das mag für den Stab weniger von Bedeutung sein, wenn man nur für ein paar Büroräume und deren Ablauf verantwortlich ist, doch hier nicht.

Ich fühlte mich deutlich reifer und gestärkter im Inneren, auch wenn es gerade einmal mein viertes Jahr in der Bundeswehr war und mein zweiter Versuch in Calw. Harte Zeiten formen uns Menschen schneller und prägen den Charakter nachhaltiger, als es zehn langweilige Jahre je könnten.

Zu den Kameraden im 10-Wochenprgramm konnte ich schneller denn je eine zwischenmenschliche Verbindung aufbauen. Normalerweise fällt mir so etwas schwerer. Besonders in diesem Durchgang fühlte ich mich wohl. Die Männer waren klasse Typen. Ich achtete darauf, mit jedem Einzelnen ausführliche Gespräche zu führen. Sei es im Kraftraum, in der Sauna, im Bus, bei den Märschen oder in den Pausen beim Essen. In den folgenden Wochen wurden wir kleine Teams und verschmolzen dann zu einer Einheit. Da der überwiegende Teil der Ausbilder mich schon kannte, fiel es mir hier auch nicht mehr so schwer, das direkte Gespräch zu suchen. Gegen Abend und nach Dienstschluss nutze ich mehrfach die Chance bei einem Hefeweizen Fragen zu stellen und zuzuhören, was sie berichteten. All diese Gespräche waren für mich die schönsten Momente in der Vorbereitung.

Rückblickend trainierte ich dieses Mal im 10-Wochenprogramm weniger im Vergleich zum Vorjahr. Am Wochenende verbrachte ich die Zeit mit Elly und dem Hund oder ging mit den Jungs abends einen trinken. Im Jahr zuvor war ich teilweise nach Dienst noch im Fitnessstudio gewesen und marschierte auch am Wochenende mit zwei Gehwegplatten in meinem Daypack (auch Munro genannt, kleiner Rucksack für 24 h). Das war ein klassischer Fall von Übertraining. Man möchte zu viel und schadet damit eher dem Körper. Er braucht Ruhe zur Regeneration und gutes Essen. Die zehn Wochen an sich sind anstrengend genug. Man sollte es nicht aus Ehrgeiz übertreiben.

Ironischer Weise fing ich auch mit dem Rauchen wieder an, etwa bei der Hälfte der Vorbereitung. Ich kann dir nicht einmal einen Grund dafür nennen. Einige hörten sogar für die Vorbereitung bewusst auf. Ich fühlte mich pudelwohl, den Ablauf der Tage und Wochen kannte ich bestens, mit den Männern kam ich super klar, das harte Training machte trotzdem Spaß, auch bei knapp 40°C. So ließ ich mich etwas gehen. Doch nicht, dass du mich falsch verstehst, meine Vorbereitung lief seit Jahren auf einem intensiven Niveau. Ich wollte nicht noch einmal den Konsequenzen von einem Übertraining unterliegen. Manchmal ist weniger mehr, jedoch nur ganz selten. Man munkelt, dass ich in dieser Zeit einfach lebte (eventuell das einzige Mal).

Auch mit Elly lief es richtig gut. Wenn man regelmäßig da ist und auch unter der Woche die Möglichkeit bekommt, sich abends zu sehen, ist das deutlich beziehungsfreundlicher als nur jedes zweite, bis dritte Wochenende. Wir sprachen viel über die Zukunft und wie es mit uns weitergehen könnte. Mir war fast alles recht, solange ich mein Ziel erreichen würde. Die teils schwierigen Jahre zuvor und meine häufige Abwesenheit auf den Lehrgängen, Wachdienst an den Wochenenden, Zeit für meine Familie und Freunde in Berlin, waren auch für sie nicht einfach gewesen. Doch dieses Problem kennen viele Soldaten*innen weltweit.

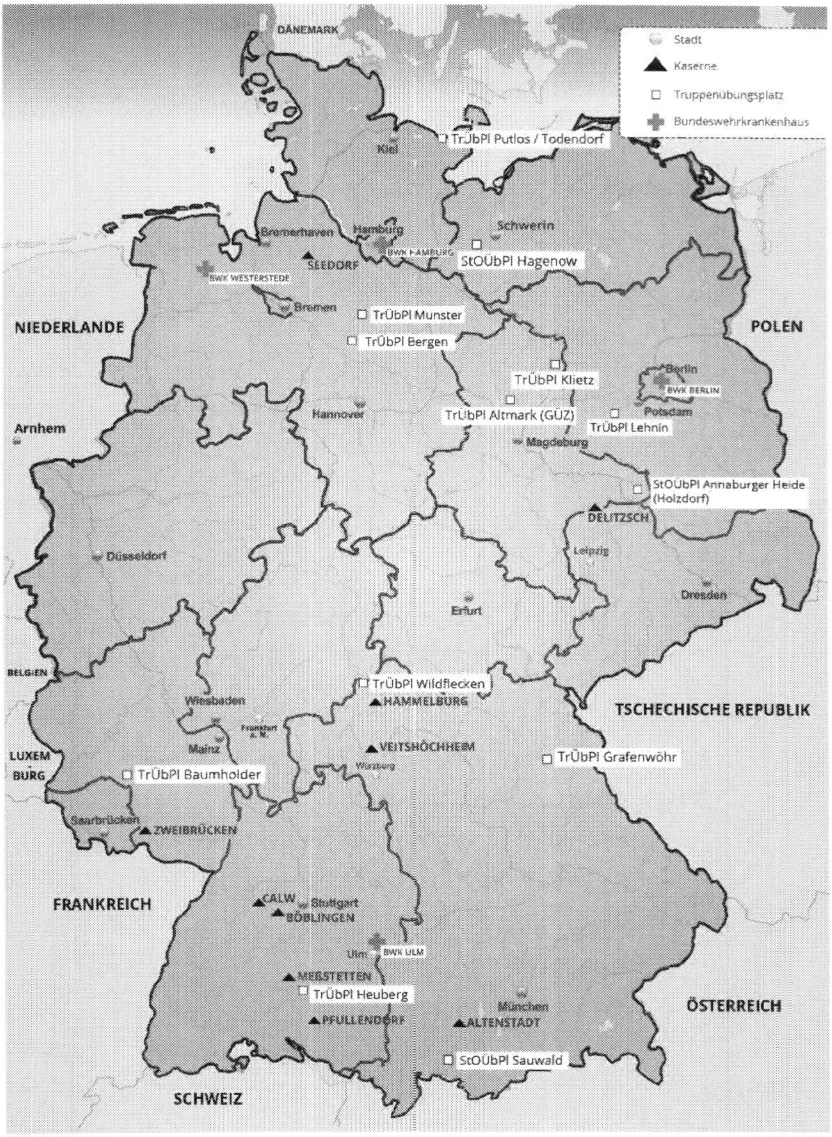

Abbildung 26: Übersichtskarte

Wie du der Übersicht entnehmen kannst, war meine dreijährige Ausbildung und die entsprechenden Trainingseinheiten / Lehrgänge über die gesamte Bundesrepublik verteilt. Pro Jahr legte ich rund 30.000 km zurück. Ergo leidet automatisch das Privatleben darunter.

Aus den Gesprächen mit den Ausbildern konnte ich entnehmen, wie entschlossen sie in ihrem Charakter sind und wie sie versuchten, diese knapp drei Jahrzehnte militärischer Erfahrung an uns weiterzugeben. Sie pochten darauf, dass wir immer kleine Siege feiern, doch das große Ganze niemals aus den Augen verlieren sollten. Wenn wir uns dazu entscheiden, etwas anzufangen, dann sollen wir es auch durchziehen - ‚sollen', nicht ‚sollten'. Einen Konjunktiv gibt es nicht mehr nach einer Entscheidung. Ein großes Ziel untergliedert man in mehrere kleine Etappen, um diese dann Schritt für Schritt zu erledigen. Du erfüllst den Auftrag ohne Ausreden oder Abweichungen.

Nehmen wir den 65 km Marsch aus der Vorbereitung als Beispiel, den man in 13 bis 14 Stunden absolviert (bei vollem Gepäck von 25 kg versteht sich). Alle knapp 5 km gab es eine kurze Marschpause von 5 min. Die Ausbilder pochten immer wieder darauf, wer sowohl diesen wie auch alle anderen Märsche antritt, soll ihn auch durchziehen. Auf halber Strecke aufgeben zu müssen, aus welchen Gründen auch immer, ist kein schönes Gefühl. Es schwächt die Gruppe und kratzt tief am eigenen Ego. Deswegen viele kleine Siege feiern, jedoch möglichst keine Niederlage, deshalb der ständige Appell an uns. Aus meiner eigenen Erfahrung der Höllenwoche im Jahr zuvor wusste ich, was es heißt einen schwachen Moment zu haben.

Doch zurück zu unserem Beispiel, dem 65 km Marsch. Er ist Teil eines größeren Abschlussmarsches gewesen mit einem Ausbildungstag in der Mitte. Insgesamt erstreckte sich die

Prozedur über drei Tage. Einen Tag hin, einen Tag Ausbildung im Hochseilgarten mit Ausrüstung (quasi eine Pause) und dann nochmal einen knappen Tag (etwa 35 km) zurück. Du kannst dich selbst nur motivieren, wenn du dich von Pause zu Pause nach vorne arbeitest, von Hügel zu Hügel oder in schwierigen Momenten von Kurve zu Kurve.

Die ersten 30 km waren kein Problem mehr für uns. Du spulst die Kilometer einfach runter. Ab etwa der Marathonlänge von 42 km wurde es wirklich hart. Vor allem der Rucksack sorgte regelmäßig dafür, dass einem die Arme einschliefen. Der permanente Druck auf der Schulter wurde brutal. Die letzten zehn Kilometer schaffst du nur noch durch ‚Kopf ausschalten' und funktionieren. Doch als wir fast alle ankamen, waren wir überglücklich. In einem Waldstück bauten wir unsere Schrägdächer auf, zogen die Stiefel aus und genossen ein saftiges Stück Steak vom Grill. Zur Belohnung gab es auch das ein oder andere Bierchen. Grundsätzlich wurde die zwei Dosenregel strikt eingehalten. Nach so einem Tag braucht man auch nicht mehr davon. Als es schon dunkel geworden war und wir alle am Lagerfeuer beieinandersaßen, berichteten einige Männer von ihren Einsätzen, sowie einige der Ausbilder auch.

Ich lernte an diesem Abend einiges. Wenn du jemals nachts über einen staubtrockenen Acker gehst, sagen wir in einem Land wie Afghanistan, deine Einheit aufgeklärt (entdeckt) wurde und du von drei Mörserstellungen aus beschossen wirst, dann spring in das nächste Mörserloch (kleiner Krater) in deiner Umgebung, welches durch den Beschuss entstanden ist. Nimm deinen Klappspaten zur Hand und schanze (grabe) weiter, denn die Chance, dass es zweimal ein und dasselbe Loch trifft, ist deutlich geringer. Anschließend kann es nur drei mögliche Befehle geben: Angreifen, Position halten oder ausweichen (taktisch geordneter Rückzug, um neu anzusetzen). Sie griffen an, sprangen von einem Mörserloch in das nächste und untergingen so das feindliche Steilfeuer. Die Taliban wähnte sich sicher in ihren höhergelegenen Positionen. Doch durch das Verkürzen der Distanz konnten sie nicht mehr mit ihren Mörsern wirken und wurden schlussendlich vernichtet. Mein persönliches Fazit war:

Meistens ist es besser, entschlossen der Angst entgegenzutreten, um sie zu eliminieren!

Nach dem Tag Ausbildung im Hochseilgarten und anderen Abschnitten merkte ich, dass mein Körper angeknackst war und dass mein Hacken Probleme machte. Wie zuvor beschrieben, konnte ich mich dazu entscheiden, den Rückmarsch am Tag danach anzutreten oder nicht. Wenn ich antreten würde, wusste ich, wie stur ich sein konnte. Die Chance, dass ich mich beim Rückmarsch komplett aufreiben würde, wäre sehr hoch, dementsprechend wäre dann die eigentliche Höllenwoche in Gefahr. Die momentan noch normalgroßen Blasen würden nach den ersten Kilometern deutlich größer werden, platzen und dann wäre es hässlich. Ich schloss den Tag mit einer Entscheidung ab, noch bevor ich in meinen Schlafsack kroch. Weniger ist mehr für dieses Jahr, diesmal reibe ich mich nicht vorher auf. So konnte ich verhältnismäßig ruhig eindösen.

Bis zum nächsten Morgen war kein Wunder passiert, meine Füße sahen immer noch mies aus und ich ließ mich mit einigen anderen reinfahren. Auch wenn mir dieser Moment nicht leichtfiel, vor dem Marsch schon das Handtuch zu werfen und die Jungs gefühlt alleine zu lassen. Doch es war die richtige Entscheidung. Im letzten Viertel der Vorbereitung übertreibt man es nicht mehr. Ich dachte an die Worte der Ausbilder: „Wer einen Marsch antritt beendet ihn auch." Man feiert während der gesamten Strecke kleine Erfolge und stärkt so über Wochen und Monate seinen Geist. Wer aus falschem Ego heraus antritt und dann abbricht, wird damit nicht lange bestehen können. Wenn es um alles gehen würde und dies die Höllenwoche wäre, ohne Frage. Doch wir befanden uns nach wie vor in der Vorbereitung. Die beste Vorbereitung bringt nichts, wenn du dann nicht einsatzbereit bist. Mit Jodsalzspritzen öffneten die Sanitäter die Blasen (eine fette direkt unter der Ferse und eine weitere am Hacken), ließen die Flüssigkeit ab und wuschen sie einmal aus. Danach erhältst du einen Verband.

Es war die richtige Entscheidung, danach erholte ich mich rasch von der Belastung und meine Füße heilten. In den letzten beiden Wochen gab es keine absoluten Spitzenbelastungen mehr, die Trainingseinheiten waren nach wie vor hart, doch die Momente, in denen wir sämtliche Kraftreserven aufbrauchten, waren vorbei. Ich war zuversichtlich wie noch nie zuvor. So hatte ich eine reelle Chance.

Unter der Hand und aus Gesprächen erfuhren wir, dass die Ausbilder eine Liste hatten – mit ihren Favoriten. Diese Liste wurde allerdings nur den Leuten verlesen, die die Höllenwoche durchlaufen haben. So erfuhren sie im Nachhinein, wer an sie geglaubt hatte. Für diejenigen von uns, die damit auch vorher leben wollten, konnte man in einem persönlichen Gespräch herausfinden, wie man selbst eingeschätzt wurde. Ich entschied mich hinzugehen. Wenn ich etwas Positives hören würde, wäre es motivierend und man möchte natürlich den Erwartungen gerecht werden. Für den Fall einer negativen Nachricht schwor ich mir, alle vom Gegenteil zu überzeugen. Ich ging hin und erfuhr, dass ‚Rippchen' beide Jahre 2012 und 2013 auf den Zetteln der Ausbilder stand. Das war motivierend und schockierend zu gleich. 2012 hätte ich wirklich nicht damit gerechnet, da ich damals meine Leistungen nur als okay empfand. Doch dieses Jahr hatte auch ich ein gutes Gefühl. So soll es sein!

Zeitstrahl Dienstzeit Kevin Bulicke

01.04.2010 Diensteintritt (in Pfullendorf)

07.09.2010 - 28.09.2010 Fallschirmsprunglehrgang Automatik (in Altenstadt)

25.11.2010 - 23.12.2010 Kraftfahrzeuglehrgang BC (in Veitshöchheim)

04.01.2011 - 25.02.2011 Fw Anwärterlehrgang AMT (in Pfullendorf)

04.04.2011 - 01.07.2011 Truppenpraktikum 1 (in Zweibrücken)

04.07.2011 - 23.09.2011 Fw Lehrg MFT TrDst Inf Teil A (in Hammelburg)

26.09.2011 - 18.11.2011 Fw Lehrg MFT TrDst Inf Teil B (in Altenstadt)

17.01.2012 - 19.06.2012 Fw Lehrg Englisch + AMT (in Delitzsch)

24.06.2012 - 29.06.2012 EFV Teil I (in Calw)

09.07.2012 - 14.09.2012 10 WoPro (in Meßstetten)

20.09.2012 - 26.09.2012 EFV Teil II (in Calw) nicht bestanden

14.01.2013 - 28.03.2013 Truppenpraktikum 2 (in Zweibrücken)

02.04.2013 - 24.05.2013 Lehrg Infanterist Spezielle Operationen (in Pfullendorf)

ab 01.07.2013 Versetzung nach Seedorf

12. Grenzerfahrung KSK – „whatever it takes“

Dann war es auch wieder so weit. Bevor ich mich versah, lief ich erneut den bekannten 7 km Marsch mit Gepäck am Freitag, verbrachte den Samstag mit Elly und war Sonntag pünktlich beim Mittagessen, um ein letztes Mal den Magen zu füllen. Nach der üblichen minuziösen Vollzähligkeit der Ausrüstung fuhren wir direkt mit dem Bus in den Schwarzwald und wurden zu Geistern.

Ich betone noch einmal, dass der Ablauf der Prüfungen und Ereignisse völlig willkürlich gewählt ist. Beschriebenes kann tagsüber oder auch nachts stattgefunden haben. Meine Emotionen und Gedanken äußere ich nur zu den schon einschlägig bekannten Abschnitten.

Jeder Tag beziehungsweise jede Nacht in der Höllenwoche steht unter einem besonderen Mantra. Sagen wir es mal so, dass gleich zu Beginn ein hohes Pensum an Kilometern herrscht, die abgerissen werden müssen. Man versucht bewusst das Tempo hochzuhalten da A) die Teilnehmer noch fit sind und B) man Menschen viel besser unter Belastungen testen kann, weil sich dann ihr wahrer Charakter zeigt. Demnach kann die Aussage getroffen werden, dass in den ersten 24 Stunden die Spreu vom Weizen getrennt wird.

In den folgenden 24 Stunden wurde ich das Gefühl nicht los, mit Prüfungen (auch liebevoll als Spiele bezeichnet) überschüttet zu werden. Lass mich dir einen Vergleich zum Vorjahr ziehen. Wer hätte es gedacht, wieder kam der Punkt, an dem ich mir den 25 kg Baumstamm in den Nacken hievte und am Fuße des Berges stand. Der gleiche Berg wie ein Jahr zuvor. Doch dieses Mal wusste ich, was mich erwarten würde. Das kann Vor- und Nachteile haben. Ein Vorteil meiner Meinung nach ist definitiv, dass wenn ich es schon einmal geschafft hatte, dann würde ich es auch wieder schaffen. Der Nachteil liegt klar auf der Hand, ich hatte nicht vergessen, wieviel Schmerzen und Qualen man bereit sein muss zu ertragen, um oben anzukommen. Da mein ‚Kampfgewicht' 2013 mit 66 kg stolze 3 kg mehr betrug als im Jahr zuvor, sind das bei der Prüfung (25 kg Ausrüstung + 25 kg Baumstamm) immer noch etwas über 75 % meines Körpergewichtes, welches ich nach oben transportieren musste. Die Vorbelastungen überstand ich dieses Mal sehr gut. Ohne große Überlegungen anzustellen, schnappte ich mir diesen Klotz und legte ihn mir auf den oberen Teil meiner Rucksackriemen ab. So klemmte er zwischen Rucksack und meinem Nacken. Wenn man aufrecht geht und gerade läuft, gibt es eigentlich keinen Grund, warum der Baumstamm wieder herunterfallen sollte. Zusätzlich hatte ich aus Teilen meiner Ausrüstung provisorische Schlaufen gebastelt, die ich mit zwei Karabinern, jeweils rechts und links am Ende des Baumstammes einhaken konnte. Eine der wenigen kurzen Pausen nutze ich für diese kleine Vorbereitung. Leider wurden die Schlaufen kürzer als gedacht. So musste ich meine Arme höher halten als ursprünglich geplant. Die Folge war, dass sie mir permanent einschliefen und ich abwechselnd mal einen Arm fallen ließ, bis das Taubheitsgefühl verschwunden war. Solche Dinge passieren, wenn man improvisieren muss. Doch im Großen und Ganzen war es okay und mein Plan, etwas mehr Gleichgewicht zu bekommen, ging auf. Durch die Kontrolle mit den Armen konnte ich den Stamm in einer möglichen Schieflage gegen ein seitliches Herausrutschen absichern. So etwas kann schnell passieren, wenn der Weg uneben ist, man sich vertritt oder einen Krampf bekommt. ‚Safety First' nicht nur beim Sex, sondern auch in der Höllenwoche.

So ging ich zum zweiten Mal den Weg bergauf. Wieder überholten mich zu Beginn viele Männer, deren physische Präsenz deutlich stärker war als meine. Wieder war der Weg mit etlichen umgeknickten, ohnmächtigen, gescheiterten und traurigen Kameraden gespickt. Ich schaltete in den Tunnelblick und ließ mich nicht ablenken. Alles in allem kam ich zügiger nach oben als im Jahr zuvor. Soweit ich weiß, war ich auch nicht der Letzte gewesen, aber gehörte zum letzten Drittel. Auch wenn es dieses Jahr deutlich besser lief, war ich immer noch keine Maschine geworden. Die Ausfallquote war enorm. Durch zahlreiche Wiederholer wie mich, andere Kameraden, die sich in Eigenregie vorbereitet hatten und die Männer aus dem aktuellen 10-Wochenprogramm kamen wir auf eine sehr hohe Teilnehmerzahl von 72 Soldaten, die die Höllenwoche antraten. Allein die Einzeldisziplin ‚Der Baumstamm' radierte über 50 % der Bewerber aus. Ich betone das bewusst, um dir zu verdeutlichen, welchen Stellenwert diese Hürde hat. Die physische, doch vor allem psychische Kraft, die es benötigt, um hier zu bestehen, lässt sich kaum in Worten beschreiben. Erinnere dich an meine Beschreibung aus dem Jahr zuvor. Aufgeben ist nicht mein Ding, deswegen ging ich kontinuierlich diesen Berg nach oben. Ab der Hälfte etwa wusste ich, dass ich es wieder schaffen würde, auch wenn ich mit Verlaub im letzten Drittel erneut die Arschbacken zusammenkneifen musste. Kontinuität zahlt sich aus, mein Tempo war nicht das Schnellste, doch ich kam wieder an und lag noch in der Zeit.

Oben angekommen suchte ich meine Gruppe. Die schockierende Wahrheit war, dass sich meine ursprüngliche Gruppe von zwölf auf vier Mann reduziert hatte. Sie waren nicht mehr da. Mit den Ausfällen von davor eingerechnet, wurden aus 72 Teilnehmern jetzt 31. Aus sechs vollen Gruppen à zwölf Mann, wurden drei Gruppen mit zehn, nochmal zehn und elf Mann. Nach einer kurzen Pause begann direkt das nächste Spiel. Die Pause nutze ich, um die verbleibenden Kameraden meiner neuen Gruppe etwas aufzumuntern. So sagte ich ihnen, wann wir unsere Verpflegung bekommen würden. Dass es nicht viel war, erwähnte ich nicht, denn das konnte sich jeder selbst ausmalen.

Bevor wir die Pause später richtig genießen konnten, drängte ein OC zum schnellen Aufbruch – zum Eilmarsch. Am Fuße eines Berges stand ein OC mit der Aufgabenkarte und las diese vor. Danach lief ein weiterer OC voraus, sowie einer der den Schlussmann darstellte. Die Aufgabe klang simpel, halte dich zwischen den beiden OCs auf und laufe innerhalb der Zeit die vorgegebene Strecke. Letztes Jahr kam ich aufgrund meiner muskulären Probleme mit Ach und Krach als Letzter rein. Wenig motivierend – doch dieses Jahr schwor ich mir, erheblich besser abzuschneiden. Gleich zu Beginn wählte ich ein zügigeres Tempo und zog es kontinuierlich durch. Nach wenigen hundert Metern arbeitete ich mich so Mann um Mann nach vorne und lief letztendlich an der Spitze auf der Höhe knapp hinter dem vordersten OC. Neben mir lief ein junger Hauptmann von den Fernspähern, mit dem ich mich gut in der Vorbereitung verstanden hatte. Wir grinsten uns gegenseitig an und konnten so, motiviert an der Spitze laufend, den Eilmarsch als die Besten abschließen. Abgerechnet wird immer zum Schluss, mit einer Top Disziplin bekommt man keinen Blumenstrauß, doch es ist Balsam für die Seele. Mein Gehapparat lief wie geschmiert, meine Hüfte machte keine Probleme und ich war froh, auch mal wieder ganz vorne dabei zu sein. Denke an die kleinen Siege, die wir feiern sollten. Denke in Etappen, von Kurve zu Kurve, von Berg zu Berg und letztendlich von Spiel zu Spiel. Nur so hat man eine reelle Chance.

Im weiteren Verlauf bestritten wir etliche solcher Disziplinen. Zum Teil als Einzelprüfung, zum Teil auch in der Gruppe. Nachdem ich die zweite Nacht wieder überlebt hatte, stand der dritte Tag ein Mittwoch bevor. Sowohl beim Militär wie auch in der zivilen Arbeitswelt als Bergfest bekannt. Diesen Mittwoch, dieses spezielle

‚Bergfest' werde ich so schnell nicht mehr vergessen, denn man könnte die folgenden 24 h auch mit ‚Achtung, Höhenmeteralarm' umschreiben. Im letzten Jahr hatte ich hier meinen schwachen Moment und die Schmerzen waren brutal. Doch dieses Jahr ging es so weit. Bis zu diesem Zeitpunkt hatte ich schon einige miese und furchtbar anstrengende Tage und Nächte gehabt, doch die kommende Nacht toppte alle bisherigen. Es war Herbst, nicht einmal Winter und doch klapperte mein Körper wie Espenlaub, sobald ich nicht in Bewegung war. Ein deutliches Anzeichen von Energieverlust. Bei einem anderen ‚Spiel' ging es vor allem um die Koordination. Ein sehr schwerer, hier nicht näher benannter Gegenstand musste, wer hätte es gedacht, bergauf transportiert werden. Ein Offizier in unserer Gruppe wurde dafür eingeteilt. Mir war die Aufgabe bereits bekannt und ich versuchte den Offizier direkt zu Beginn, als er die Aufgaben verteilte, freundlich drauf hinzuweisen, dass wir alle viel Energie und Zeit sparen könnten, wenn er auf mich hören würde. Er tat es nicht und unser erster Anlauf scheiterte kläglich. Als der Rest der Gruppe ihn ebenfalls dazu aufforderte mir Gehör zu schenken, tat er es. Wir bestanden dann diese Prüfung in Rekordzeit.

In dieser einen Woche, in diesen fünf Nächten, macht man so ziemlich alles, um dich unter Belastung an deine Grenzen zu bringen. Doch im Schwerpunkt marschiert man mit Gepäck. Du schleppst einen Baumstamm, du marschierst, du läufst einen Eilmarsch, du marschierst, du überquerst Gewässer, du marschierst, du schwimmst durch Seen, du marschierst, du seilst dich ab, du marschierst, du orientierst, du marschierst, du führst die Gruppe, du marschierst, du löst Rätsel, du marschierst. Egal was du machst, du marschierst oder wirst beschäftigt. Wie du schon weißt, marschierst du in diesen fünf Tagen etwa 200 km mit permanenten 25 kg plus Zusatzgepäck.

Eine Disziplin mit dem wahrscheinlich ernsthaftesten Hintergrund, ist der ‚Verwundetentransport'. Soldaten*innen lassen niemanden zurück! Für den Fall, dass es mal jemanden von uns erwischen sollte, nehmen wir ihn oder sie mit. Im schlimmsten aller Fälle, das was noch übrig ist. In der Höllenwoche wird diese Prüfung auch oder vor allem deswegen sehr ernst genommen. Denn Kommandosoldaten operieren regelmäßig hinter feindlichen Linien und müssen aus eigener Kraft die Exfiltration (unbemerkte Ausschleusung) meistern. In einigen Dokumentationen konnte man kurze Ausschnitte davon erhaschen. Zu einem bestimmten Zeitpunkt im Schwarzwald kam dann diese Aufgabe. Selbstverständlich am Fuße eines Berges, dort lag eine Trage, auf der ein sehr langer und schwerer Sandsack befestigt wurde. Die Einweisung war kurz, da jedem von uns die Lage klar war. Zum Gewicht kann ich keine konkrete Aussage treffen. Grundsätzlich wird man sich an dem Gewicht eines Soldaten mit Ausrüstung orientiert haben. Definitiv haben sie sich nicht Rippchen zum Vorbild genommen, sondern wahrscheinlich eher das Doppelte. Unsere Gruppe war durch vorhergehende Ereignisse auf acht Mann geschrumpft. Der Gruppenführer musste führen und durfte nicht mit anfassen. Vier Mann permanent an der Trage, zwei trugen weiter die Kiste und der letzte durfte sich dauerhaft mit dem Funkgerät anfreunden, welches zuvor immer von zwei Mann getragen wurde. Viel mehr Optionen blieben auch nicht übrig. Die Männer an der Trage wechselten regelmäßig die Seiten, um kurz den Unterarm zu entlasten und umso länger durchhalten zu können. Der Gruppenführer selbst durfte nichts Zusätzliches tragen, deshalb befahl er etwas später, das Funkgerät auch noch den Männern an der Kiste zu geben, umso einen ‚Springer' an der Trage zu haben. Diese Entscheidung machte Sinn, da der Schwerpunkt eindeutig bei der Trage lag und wir zügig innerhalb der Zeit den Berg hochmarschieren mussten. Es war einer der steilsten Anstiege, an die ich mich erinnern kann. Unter extremer Belastung ist es schwieriger zu schätzen, doch ich kann mich noch erinnern, dass die Hüfte des Mannes am vorderen Ende der Trage auf meiner Kopfhöhe war. Die Strecke, wie lang auch immer sie gewesen sein mag, kam mir brutal vor. Ich sehnte mich nach jedem Handwechsel und war froh, dass ich nach der Hälfte etwa für die Kiste eingeteilt wurde. Das war zwar auch kein Geschenk, doch unter den Umständen gab es kein Risiko, dass durch die Erschöpfung der Unterarme meine Hand aufging. Bildlich gesprochen musst du dir zwei Soldaten vorstellen, die nebeneinander marschieren und wie Packesel beladen sind. Zusätzlich zum Rucksack und der eigenen Ausrüstung kamen jetzt die Kiste und das Funkgerät hinzu, welche jeweils mithilfe eines Astes von uns getragen wurden. Wäre die Trage fallengelassen worden, kann sich jeder denken, was passiert wäre. Doch wir bestanden auch diese Prüfung als Team.

Eine der letzten Disziplinen, auf die ich näher eingehen möchte, ist ‚der Tonner' (Lkw der Bundeswehr). Auch diese Gruppenaufgabe ist bereits in Dokumentationen und durch Videos bekannt geworden. Deshalb kann ich hier ruhig ein paar Emotionen dazu beschreiben, ohne weitere Details zu verraten. Nach etlichen an Kilometern der Vorbelastung steht man wieder an einem Punkt. Achtung Überraschung, am Fuße eines Berges, sieht man den Tonner und weiß genau, was kommen wird. Über einen längeren, nicht genau bestimmten Zeitraum fährt der Tonner bergauf. Ein freundlicher OC, der auf der Laderampe steht, wirft permanent Gegenstände aus dem Fahrzeug. Die Aufgabe klingt simpel genau wie viele andere zuvor auch: „Sammeln Sie als Gruppe alle Gegenstände auf und halten Sie als geschlossene Gruppe das Tempo unmittelbar hinter dem Tonner, bis man Ihnen etwas anderes befiehlt!" Für den Fall, dass die Gruppe zu langsam sein sollte, nicht alle Gegenstände (wie zum Beispiel Reifen, Seile oder

Stühle) aufgenommen werden, einzelne Männer abreißen oder in irgendeiner anderen Form nicht zur vollsten Zufriedenheit der OCs gehandelt wird, beginnt diese Aufgabe wieder von vorne. Das mit jedem Versagen die Kräfte schwinden, brauche ich dir hier nicht noch einmal vor Augen zu führen. Generell ist es eine nachhaltigere Vorgehensweise jede Aufgabe mit 120 % zu absolvieren, denn wenn man Spiele zwei- oder dreimal bestreiten muss, verliert man am Ende nicht nur wertvolle Zeit (die man eventuell in längeren Pausen sinnvoller nutzen könnte), sondern man verliert vor allem Kraft und Energie, die dem Körper und somit auch unmittelbar dem Willen verloren gehen. Glaub mir, ich musste das in beiden Jahren mit den Gruppen auf die harte Tour lernen. Deswegen immer Vollgas!

Für mich verlief die Höllenwoche weiterhin den Umständen entsprechend gut. Meine Hüfte machte mit, das harte Training zahlte sich aus. Meine Vorsicht nicht ins Übertraining zu geraten, wie im Jahr zuvor, wurde belohnt. Trotzdem war mein Körper völlig ausgelaugt. In jeder Pause zitterte ich, sobald der kühle Wind blies. ‚Rippchen' beinhaltet das ‚Keine-Reserven-Prinzip' im Namen. Doch mein Wille war ungebrochen. Ich wusste, ich könnte es packen! Diesmal hatte ich eine reale Chance.

Ein Oberleutnant zur See (Offizier der Marine) wurde von den OCs als Gruppenführer eingeteilt. Wie ich es dir schon beschrieben hatte, teilten die Ausbilder gerade bei heiklen Aufgaben, bei denen wirklich Führungsleistung gefordert ist, gerne Offiziere oder erfahrene Unteroffiziere ein. Der Oberleutnant zur See trug das Zeichen der Kampfschwimmer an seiner Brust. Er war mindestens zwei Meter groß, topfit und hatte meiner bescheidenen Meinung nach immer ein sehr gutes Führungsbild abgegeben. Hier eine emotionale Beschreibung, wie die Tonner-Aufgabe für mich verlief. Als es begann, führte der Oberleutnant zur See von vorne und sammelte Gegenstände auf, während er sich umdrehte und unsere Gruppe anfeuerte. Die ersten hunderte von Metern waren okay. Ich nahm einen Stuhl und teilte mir ein dickes Tau-Seil mit einem anderen Kameraden. Meine Beine wurden schwerer im weiteren Verlauf. Wir liefen und gaben alles, das Tempo des Tonners zu halten. Immer mehr Gegenstände wurden aus dem Fahrzeug geworfen. Ich trug links und rechts etwas, das Seil hatte ich mittlerweile um den Hals und irgendwie über den Rucksack geworfen. Meine Beine brannten, ich schwitzte wie in einer finnischen Trockenholzsauna und begann zu hecheln. Der Oberleutnant zur See trieb uns an und half hinten wie vorne aus. Jemand, der die Gruppe umkreiste wie ein Hütehund, dabei beladen war, wie ein Packesel und noch die Kraft besaß, bergauf unter diesen Bedingungen seinen Führungsauftrag wahrzunehmen – Respekt! Ich denke bei der Hälfte in etwa schwand meine Erinnerung etwas. Ich stöhnte vor Erschöpfung, doch ich war nicht bereit aufzugeben. Ein Kamerad nahm mir einen Stuhl ab und zog mich am Ärmel näher an den Tonner. Etwas später nahm mir ein anderer Kamerad den Reifen aus der anderen Hand. Meine Schritte wurden kürzer, ich tippelte wie wild, um die verlorene Schrittlänge zu kompensieren. Der Punkt der Ohnmacht war nah. Mein Körper befand sich jetzt permanent im roten Bereich. Stur wie ich war, wartete ich einfach darauf, dass es zu Ende ging. Entweder würde endlich die Lampe bei mir ausgehen oder wir würden irgendwann das Ziel erreichen. Auf den letzten Metern, nachdem alles aufgesammelt und endlos lange dem Tonner hinterhergetragen wurde, waren wir kurz davor es zu schaffen. Doch meine Beine wollten nicht mehr so recht. Das Tau-Seil, welches ich mir so um den Körper und den Hals gewickelt hatte, dass man es nicht einfach abnehmen oder übergeben konnte, bremste mich. Die Kraft, die ich noch hatte, reichte nicht mehr aus, so wurde ich langsamer. Ein weiterer Kamerad fiel auch etwas zurück. Der Oberleutnant zur See war anscheinend ein noch sturerer Bock als wir alle zusammen. Er brüllte den Rest an, auf der Höhe des Tonners zu bleiben, während er mich einsammelte und bergauf schob. Ein weiterer Kamerad ließ sich auch ein paar Meter nach hinten fallen und sammelte den anderen Mann neben mir ein. Sie halfen uns beide, um wieder zur Gruppe aufschließen zu können. Ich sah nur noch verschwommen und hörte meinen Puls im Ohr pochen. Wieder bei der Gruppe angekommen, arbeiteten wir uns nach vorne bis zur Heckrampe des fahrenden Tonners. Die Gruppe war vollzählig, hatte vollständig alle Gegenstände aufgenommen und trug alles geschlossen direkt hinter dem Tonner her. Die Aufgabe war vollbracht. Wir konnten die Gegenstände auf der Laderampe ablegen und erreichten laufend die Spitze des Berges, wo der Tonner anhielt. Ich schaffte es nicht einmal mehr das Tau-Seil über meinen Kopf zu heben. Mir war schwindelig und ich drohte zu kippen. Inmitten der Gruppe stehend, nahm ich mein G3 (das ist das Gewehr, welches wir die ganze Zeit dabeihatten) und rammte es verbotenerweise in den Boden neben meinem Fuß, um eine Stütze zu haben. So konnte ich sehr wacklig stehen und verlor nicht das Bewusstsein. Meine Augen spielten Pingpong, mein Zeitgefühl ging verloren.

Da bei dieser Aufgabe, wie auch beim Baumstamm und einigen anderen Disziplinen ein voller Andrang der leitenden Ausbilder, Ärzte, Psychologen und OCs war, wusste ich, welche Relevanz dieser Abschnitt hatte. Noch bevor ich wieder richtig sprechen konnte, hob ich mein G3 wieder hoch (ich denke die Stabilisierungseinlage hatte zum Glück keiner gesehen, da ich in der Mitte der Gruppe stand) und quälte mich durch zum Oberleutnant zur See. Ich reichte ihm die Faust und sagte: „Danke Bruder, saustarke Leistung man!“ Als nächstes rief ein hohes Tier (Offizier aus dem Stabsgebäude) meine Nummer. Ich kannte den Mann nicht. Es war keiner der OCs und auch nicht der General. Er war ein Oberstleutnant oder Oberst. Da ich noch verschwommen sah und meine Augen noch nicht im Stande waren einen Punkt zu fixieren, meldete ich mich wie befohlen bei ihm und hörte mir an, was er zu sagen hatte. Sinngemäß teilte er mir mit, dass das nicht gerade meine beste Leistung war. Der Fakt, dass man mir helfen musste, brachte mir eine Verwarnung ein. Ich nickte und durfte wieder gehen. Meine Gruppe hatte schon Angst gehabt, wieder einen Mann zu verlieren. Mit einem gequälten Lächeln berichtete ich den Männern: „Zum Glück nur eine Verwarnung, dank euch!"

Der Fakt, dass ich diese Prüfung bestand, war bewiesene Kameradschaft. Das heißt, sich in den härtesten Zeiten beizustehen, wenn du selbst am Limit bist, aber siehst, dass der Mann neben dir gleich abklappt und du ihn entlastet. Das ist gelebte Kameradschaft.

Der Tonner war für mich doppelt so schlimm wie der Baumstamm. Die Strecke kann ich nicht mehr einschätzen, da ich komplett am Ende war. Der Fakt, dass mir jemand beim Laufen mit Gepäck helfen musste, spricht für sich. Doch schön zu wissen, dass wenn man über Jahre immer andere unterstützt hat, auch einem selbst geholfen wird – gelebte Kameradschaft. Die Belastung in Kilogramm mag geringer gewesen sein, jedoch konnte man sich kaum Gegenstände in den Nacken legen. So ist das schwer zu vergleichen. Auch weil beide Aufgaben zu einem unterschiedlichen Zeitpunkt mit unterschiedlicher Vorbelastung stattfanden. Doch wenn du eine wage persönliche Schätzung haben möchtest, Tonner Intensität = Baumstamm^2.

Spulen wir etwas vor direkt in die dritte Nacht hinein. Meiner persönlichen Meinung nach ist diese Nacht die zermürbendste von allen. Kontinuierlich wirst du an deine physische und vor allem an deine psychische Grenze gebracht. Kannst du dich an den von mir angesprochenen schiefen Stern aus der Vorbereitung erinnern? Bei dem wir einfach von einem Hügel ins Tal und dann zur Spitze des nächsten Hügels marschiert sind. So in etwa ging es den ganzen Tag schon und zog sich auch durch die komplette Nacht. Nur dass es keine Hügel mehr waren, sondern Berge. Die Entscheidung, dass dein Geist deinen Körper besiegt, triffst du NICHT in dieser Nacht. Dein Entschluss stand schon vor Wochen, wenn nicht sogar schon vor Monaten fest. Es ist keine spontane Entscheidung wie in der Autobahnraststätte, nach dem Tanken noch schnell eine Bockwurst mit Senf im Brötchen mitzunehmen, weil du gerade in Eile bist. Es ist eine Entscheidung über eine Art und Weise zu leben, die du lange zuvor getroffen hast. All das Training, die Hingabe, der vorher gestärkte Wille bringen dich zu einem Moment wie diesem.

Die eigentliche Leistung besteht darin, an seinem Entschluss festzuhalten, koste es was es wolle und nicht mehr davon abzuweichen.

Wenn du vorher schon felsenfest entschlossen warst, kann jetzt dein Geist über dich hinauswachsen. So und nur so bist du im Stande, diese physischen und vor allem psychischen Schmerzen zu ertragen. Der Punkt, dass man mal eine Blase hat, die mit der Zeit im Stiefel platzt und dann wehtut, ist längst überschritten. Der Abschnitt, dass du müde und hungrig bist, liegt ebenfalls hinter dir. Du bist absolut fokussiert in deinem Handeln und achtest, wie eine Mutter auf ihr Neugeborenes, auf den Mann neben dir. Den nächsten Abschnitt sauber mit Karte und Kompass zu orientieren, die nächste Aufgabe zu meistern, das ist alles was zählt. Auf den Hochplateaus der Berge und in den Schneisen, die durch Forstarbeiten entstanden, zog es wie Hechtsuppe. Wir schleppten uns, unsere Ausrüstung und die Kiste durch die Nacht. Die OCs zeigten kein Erbarmen und prüften uns Aufgabe um Aufgabe. Nur unter Rotlicht stolperten wir die schmalen Wege entlang der

Höhenzüge. Bei den absolvierten Spielen holten wir das Letzte aus unseren Körpern heraus.

Nachdem wir den letzten Bergkamm überschritten hatten, wurde es sichtlich heller. Auch die Bäume rangen der Nacht ihre Konturen wieder ab. Wir hatten nicht nur die Dunkelheit, jede einzelne Aufgabe und die Berge bezwungen, sondern vor allem uns selbst. Beim Abstieg mit flüchtigen Blicken ins Tal gewann die Morgensonne an Energie. Am Morgen des vierten Tages, nach den drei härtesten Nächten meines Lebens, gab es nichts Schöneres und zugleich Surreales wie die Durchquerung des Tales. Die Sonne schien und wärmte uns endlich auf. Wahrscheinlich mehr symbolisch als durch die gemessene Temperatur. Ein älteres Ehepaar machte uns netterweise etwas Platz bei ihrem Morgenspaziergang. Zuerst sahen sie die freundlich grüßenden OCs, danach nur noch Geister. Auf dem Weg zur nächsten Station sprach einer der OCs kurz zu uns. Ich werde ihn jetzt nicht zitieren, jedoch war es eine Form von Motivation und Anerkennung. In diesem Moment waren wir keine Nummern mehr, denn er kannte unsere Namen.

Doch so schön und einprägsam dieser Moment auch für mich war, die Höllenwoche war noch lange nicht vorbei. Es lagen noch fast zwei volle Tage vor uns. Wir absolvierten die nächste Aufgabe an einem Bachlauf. Wieder einmal hatten sich Ausbilder, Ärzte, Psychologen, OCs und hohe Tiere eingefunden, um uns genau zu beobachten. Kein Handgriff blieb unbemerkt. Wieder führte jemand, von dem sie es erwarteten, dass er es können musste. Der Hauptfeldwebel bestand seinen Test, wir arbeiteten ihm zu, nachdem er uns eingeteilt und eingewiesen hatte. Nur in der Gruppe sind wir stark und nur in der Gruppe würden wir den letzten Tag und die letzten Stunden überstehen. Wir funktionierten. Danach marschierten wir weiter und verschwanden wieder im Wald. Die Zeit verging, doch wie die Tage zuvor auch, konnten wir uns endlich Essen verdienen. Man musste es sich immer durch Aufgaben verdienen. Sehr beliebt ist es auch, einem Wolf (Bezeichnung für militärischen Geländewagen) hinterherzulaufen. Wenn die Gruppe es schafft, geschlossen das Tempo des Jeeps bergauf zu halten, bekommt sie irgendwann eine schwere unhandliche Tonne, die dann abtransportiert werden muss. Die karge Ration, die wir im Anschluss erhielten, überraschte auch keinen mehr. Hauptsache ein paar Kalorien mehr, Hauptsache eine kurze Pause irgendwann.

Mittlerweile war es Spätnachmittag geworden und wir bauten unsere Schrägdächer wieder ab. Die Pause tat gut und war dringend nötig gewesen. Viele der Männer liefen auf dem Zahnfleisch, ihre Füße sahen zum Teil furchtbar aus (Blasen, Blut, Nässebrand, rohes Fleisch). Auch meine Füße lösten sich langsam auf. Zwar wechselte ich regelmäßig meine Merinowolle-Socken, doch blieb auch mein Hacken nicht unverschont. Jedes Paar Socken war durch das getrocknete Blut am Hacken hart geworden, ich zog einfach das nächste Paar an. In den ‚längeren' Pausen spülte ich den harten Teil der Socken mit Wasser aus und steckte sie mir dann in die Brusttasche oder dahin, wo eben Platz war, um möglichst schnell durch die vom Körper produzierte Wärme etwas trocknen zu können. Wenn alles nichts half, wechselte ich auch einfach die Socken von rechts nach links. So bereiteten wir uns auf die vierte Nacht und den letzten langen Tag vor. Wenn ich diese Nacht überstehen würde, wäre es fast vorbei.

Was genau im Detail hier passiert ist, darf ich dir aus Sicherheitsgründen nicht berichten. Wie immer lag der Schwerpunkt beim Marschieren. Es wurde nochmal ein enormes Pensum an Kilometern gefordert. Es gab Aufgaben, auf die man so nicht vorbereitet war. Körperlich war jeder am Ende. Der bloße

Wille bestehen zu wollen, sowie die Sturheit nicht aufgeben zu können, waren die Hauptantriebskräfte. Wir hatten alle ein Ziel vor Augen und waren bereit, alles dafür zu tun. Die 4. Nacht war wahrscheinlich die längste und einsamste Nacht, die ich je erlebt hatte. Generell sprach niemand auch nur einen Satz oder ein Wort mehr, als das was wirklich absolut notwendig gewesen war. Es war eine sehr stumme Woche. Der Antrieb kam von innen, nicht durch externe Faktoren.

Trotz all dem war ich zuversichtlich und musste lächeln, denn es wurde langsam wieder etwas heller im Schwarzwald. Der Donnerstagmorgen brach an. Schritt für Schritt. Kilometer für Kilometer. Seit Sonntagnachmittag waren wir nun auf den Beinen, nahezu ein Non-Stopp Programm mit geschätzter 200 km Strecke. Wir sollen immer nur bis zur nächsten Kurve denken, hatten sie uns gesagt. Ich tat es und wusste, dass ich es bald hinter mir haben würde. Mein rechter Hacken schmerzte mal wieder. Gefühlt tat mir jede halbe Stunde etwas anderes weh. Mal die Schultern, der Rücken, die Beine und natürlich die Füße. In der Nacht zuvor, hatte ich sie einem der Medics (Umgangssprache für militärische Sanitäter) gezeigt. Sie gingen zu jedem von uns und wechselten ein paar Worte, etwas Trockenpuder für die Füße hier, ein Spruch zur Aufheiterung da. Das war es dann aber auch schon wieder. Im zivilen Leben hätten spießige Bürger solch klasse Jungs wegen unterlassener Hilfeleistung angezeigt, doch für uns war es Balsam für die Seele und natürlich endlich mal eine kurze Pause mit Sitzen. Meine Schrittlänge hatte sich auf ein paar lächerliche Zentimeter reduziert. Bildlich gesprochen, mein Hacken kam nicht mehr als 10 cm vor der anderen Fußspitze auf. Seit Stunden quälte ich mich schon so. Nach einem Gewirr aus Wegen und Kreuzungen kam die letzte leichte Steigung und dann war es so weit. Ich sah endlich wieder die Anderen und noch viel besser, ich sah die Ausbilder und Fahrzeuge. Ein letzter Schub an Motivation und meine Schrittlänge verdoppelte sich auf enorme 20 cm vor dem anderen Fuß. Ein paar Jungs lagen in der Wiese in ihren Schlafsäcken. Perfekt dachte ich mir, das kann nur das Ende sein, jedenfalls von diesem Abschnitt des Auswahlverfahrens.

In den letzten 20 Stunden bist du nicht mehr du selbst. Du gleichst eher einem Roboter mit Geisterfunktion. Deine Hülle ist präsent, mehr aber auch nicht. Wenn du bis zum Horizont laufen sollst, um abzuklatschen und wieder zurückzukommen, machst du es. Wenn du ein Loch, von den Ausmaßen eines Swimmingpools ausheben sollst, würdest du es machen. Ob nun Benzinkanister, Baumstämme oder was auch immer, du trägst, was man dir aufträgt und du schleppst es bergauf – Aufgabe um Aufgabe. Das Privileg in die Ausbildung aufgenommen zu werden, um später dazuzugehören, muss man sich verdienen. Für eine Handvoll Auserwählte gibt es keine Minderheitenquote, die erfüllt werden muss oder noch schlimmer, die man einklagen kann.

Es geht nicht um den stumpfen Befehl und Gehorsam, sondern um das Zeigen von Einsatzbereitschaft und der inneren Haltung mehr leisten zu wollen als andere.

Wie beschreibt man dieses Gefühl, wenn man denkt, man ist gerade dabei sich seinen Lebenstraum zu erfüllen. Nach Jahren der Vorbereitung, trotz widrigster Umstände, wie permanenter Übermüdung, frieren, frieren und nochmals frieren, ständigem Hunger und totaler Erschöpfung. Mittlerweile war es Herbst 2013 mein zweiter und letzter Versuch. Meine absolut letzte offizielle Chance in die Ausbildung des Kommando Spezialkräfte aufgenommen zu werden. Rein physisch gesehen war ich komplett am Ende, schon lange bevor die letzten Stunden des Auswahlverfahrens begonnen hatten. Wie schon erwähnt, verlieren die meisten Männer 6 – 8 kg in dieser besagten Höllenwoche. Man muss keine besonders gute Fantasie besitzen, um zu verstehen, was das bei 1,76 m Größe und 66 kg Körpergewicht bedeutet. Der Name ‚Rippchen' ist Programm.

Ich war näher dran denn je. Als ich wieder den OC erblickte, zeigte ich ihm meine Nummer. Zum Schmunzeln war vor Erschöpfung keine Zeit, doch ich hatte ein gutes Gefühl. Er prüfte die Liste und blickte dann auf seine Uhr. Er sah mich kurz an und prüfte erneut die Daten. Als er mich wieder ansah, sagte er: „Nummer 104 setzen Sie sich zu dem anderen Kameraden an den Baum, nicht zum Rest der Gruppe", so trocken und sachlich, wie ich es gewohnt war, angesprochen zu werden. Meine Augen wurden groß, dann schaute ich zu dem einzelnen Soldaten an den Baum. Ein Blick zurück zur Gruppe und dann wieder dem OC in die Augen. Er konnte mir wahrscheinlich beim Sterben im Stehen zusehen. In diesem Moment realisierte ich – das war es. Wer vom Rest der Gruppe separiert wird, hat es nicht geschafft. Seine Miene hatte sich nicht verzogen, ich starrte ihn an, dann schweifte mein Blick an ihm vorbei ins Leere. Ich brauchte etwas Zeit, bis diese Sätze in meinem Kopf verarbeitet wurden. Aus und vorbei, erneut gescheitert, verkackt – Fassungslosigkeit.

Wortlos humpelte ich in Richtung Baum. Sämtliche Kraftreserven verließen meinen Körper auf diesen 50 m. Um nicht auszukühlen, setzt man sich üblicherweise Rücken an Rücken und auf die Rucksäcke. Der junge Oberleutnant schaute mich nur kurz an, um zu sehen, wer jetzt sein Schicksal mit ihm teilte. Er war wahrscheinlich nur ein paar Minuten vor mir angekommen. Seine Tränen waren noch nicht getrocknet. Ich sagte nichts, setzte mich dazu und wollte mich anlehnen, aber ich konnte es nicht. Mein Körper zitterte und krampfte sich nach vorne. Der Schmerz wurde immer größer. Er überwältigte mich völlig, als ob mein Herz implodieren würde. Ich wollte schreien, konnte es jedoch auch nicht. Also weinte ich einfach bitterlich vor mich hin. Alles in mir starb in diesem Moment. „Zeiten setzen, Zeiten halten!“, heißt es beim Militär. Es war mehr als bitter für mich, denn in meiner gesamten Dienstzeit kam ich genau zweimal selbstverschuldet zu spät und erhielt dafür prompt die Quittung. Dieser kühle Tag im Herbst war einer davon.

Das war er, mein letzter Versuch und wieder versagt. Wir saßen eine Weile da und litten. Alles hat in diesen Momenten keinen Wert, ich war vollkommen leer. Ein paar Minuten später kam von der Seite einer der OCs zu uns rüber. Ich glaube, er fühlte mit uns und sagte so etwas wie: „Jungs so weit wie ihr, sind die Wenigsten gekommen. Ihr könnt stolz auf euch sein, auch wenn es nicht sein sollte.“ Er fragte, ob das unser erster oder zweiter Versuch war. Wir schüttelten beide den Kopf. Er wusste, dass er nichts machen oder sagen konnte, was uns helfen würde. Also wies er uns darauf hin, dass wir nicht auskühlen sollten und gleich eines der Fahrzeuge kommen würde, um uns mitzunehmen. Wir rafften uns langsam auf und wechselten die durchgeschwitzte Kleidung. Zuerst ein neues T-Shirt und dann das Long Shirt mit dem Rollkragen drüber, die Kälteschutzjacke und noch die Nässeschutzjacke. Trotzdem wurde mir recht schnell wieder kalt. Kein Wunder, denn ich hatte in den letzten fünf Tagen mehr Kalorien verbrannt als jemals zu vor in einer knappen Woche. Als ich meine Stiefel öffnete, um auch die Socken zu wechseln, merkte ich, dass es kein Spaß werden würde. Mein rechter Socken klebte komplett an dem getrockneten Blut des Hackens. Mit Mühe und natürlich unter ‚ganz dezenten‘ Schmerzen zog ich ihn ab und sah, dass der Hacken komplett offen war. Keine einfache Blase des Marschierens, sondern rohes Fleisch etwa Zwei-Daumen dick. Wenn man noch mitten beim Marschieren ist, mit diesem Ziel vor Augen das Auswahlverfahren bestehen zu können, kann man so etwas getrost ignorieren, aber jetzt nicht mehr. Ich kippte einen Schluck kaltes Wasser aus meiner Feldflasche darüber und zupfte ein paar Fäden der Woolpower Socken heraus. Es hat jetzt keinen Zweck, dachte ich mir und zog einfach ein paar ‚neue' Socken darüber. Neu heißt in dem Fall das Paar, das mir am wenigsten verbraucht vorkam und an dem sich noch kein harter Blutklumpen am Hacken gebildet hatte. Ich werde mich in der Kaserne darum kümmern, dachte ich mir. So nahm ich noch einen Schluck Wasser aus meiner Flasche und kramte in meiner Tasche nach den letzten Kekskrümeln. Permanent dieses kalte neutrale Wasser zu trinken, hatte mich schon in der Vorbereitung genervt. Was soll ich sagen, ich mag halt Eistee, den Zucker und den Geschmack. Die Suche nach Essbarem blieb erfolglos, auch der Oberleutnant hatte nichts mehr. Nachdem wir umgezogen und weiter hungrig waren, mussten wir einfach warten und dann kam es wieder, dieses Gefühl der Leere. Ich weiß nicht, wie ich es anders beschreiben kann. Nachdem der OC gegangen war, verfiel ich kurz in die antrainierte Routine, doch als ich fertig war, überkam es mich wieder. Traurigkeit und einfach nur diese endlose Leere…

Reales Scheitern impliziert, dass man angefangen und es um jeden Preis versucht hat – eine emotionale Verpflichtung. Aufgeben heißt, es nicht einmal versucht zu haben oder nur halbherzig. Unser gesellschaftliches Problem ist nicht das Scheitern, es ist diese Mentalität des Aufgebens.

Zeitstrahl Dienstzeit Kevin Bulicke

01.04.2010 Diensteintritt (in Pfullendorf)

07.09.2010 - 28.09.2010 Fallschirmsprunglehrgang Automatik (in Altenstadt)

25.11.2010 - 23.12.2010 Kraftfahrzeuglehrgang BC (in Veitshöchheim)

04.01.2011 - 25.02.2011 Fw Anwärterlehrgang AMT (in Pfullendorf)

04.04.2011 - 01.07.2011 Truppenpraktikum 1 (in Zweibrücken)

04.07.2011 - 23.09.2011 Fw Lehrg MFT TrDst Inf Teil A (in Hammelburg)

26.09.2011 - 18.11.2011 Fw Lehrg MFT TrDst Inf Teil B (in Altenstadt)

17.01.2012 - 19.06.2012 Fw Lehrg Englisch + AMT (in Delitzsch)

24.06.2012 - 29.06.2012 EFV Teil I (in Calw)

09.07.2012 - 14.09.2012 10 WoPro (in Meßstetten)

20.09.2012 - 26.09.2012 EFV Teil II (in Calw) nicht bestanden

14.01.2013 - 28.03.2013 Truppenpraktikum 2 (in Zweibrücken)

02.04.2013 - 24.05.2013 Lehrg Infanterist Spezielle Operationen (in Pfullendorf)

ab 01.07.2013 Versetzung nach Seedorf

19.09.2013 - 27.09.2013 – EFV II (in Calw) nicht bestanden

13. Leere und Unsicherheit

Nachdem ich also erneut gescheitert war, fühlte ich nichts außer Leere in mir. Es ist schwer dieses Gefühl mit Worten zu beschreiben. Ich war weder wütend noch wirklich enttäuscht in diesen ersten Stunden nach dem Ausscheiden. Es glich eher einem geerdeten Gefühl, weil ich wusste, dass ich wirklich alles gegeben hatte, was mein Geist und Körper im Stande waren zu leisten. Mein Körper schmerzte überall, mein Hacken pochte im Stiefel immer mehr und vom Hunger brauchen wir gar nicht erst reden. Mein Magen hatte wahrscheinlich die Größe eines Golfballs.

Eine ganze Weile später kam ein Fahrzeug und es trudelten nach und nach noch ein paar weitere gute Männer ein, die ihr Bestes gegeben hatten und aus welchen Gründen auch immer nicht mehr weiter machen konnten oder durften. Durch die Standheizung des Fahrzeugs wurde der Innenraum recht zügig warm, was deutlich angenehmer war, als auf dem Rucksack sitzend zu frieren. Wir unterhielten uns, welchen Abschnitt wir am schlimmsten fanden und wie wir die eine oder andere Situation erlebt hatten. Es dauerte auch nicht lange, da konnten wir schon wieder gequält grinsen. Jeder berichtete seine Sichtweisen. Jetzt im Nachhinein betrachtet passierte in dieser Zeit, in der wir im Fahrzeug warten mussten, etwas sehr Spannendes. Es war ein geschützter Raum, zum einen im wahrsten Sinne des Wortes, da es sich um ein ‚Hägglunds', ein gepanzertes Fahrzeug handelte. Doch zum anderen auf emotionaler und Vertrauensebene, weil wir als eine Handvoll Menschen in den letzten zwölf Wochen alle das gleiche Schicksal geteilt hatten. Wir hatten zusammen trainiert, gegessen, gelitten, gekämpft und waren füreinander da. So waren wir mehr oder weniger auch alle an derselben Herausforderung in den letzten Stunden des Auswahlverfahrens gescheitert. Deswegen konnte jeder das berichten und sagen, wie er es auch wirklich erlebt hatte, ohne die Befürchtung haben zu müssen, dass einer der Kameraden ihn als unmännlich oder Weichei wahrnimmt. Keiner der Männer versuchte sich in Ausreden zu flüchten oder gab Dritten die Schuld – quasi der wahrgewordene Traum eines jeden Psychologen. Eine Gruppe taffer Soldaten, die sich gequält lachend die Wahrheit erzählten, ohne dass einer übertrieben hat. All das ganz ohne Alkohol und freiwillig. Niemand versuchte sich zu profilieren.

Wir verlegten zurück zur Kaserne. Nach unserer anfänglichen Auswertung wurde es stiller. Es war alles gesagt und durch die Wärme der Standheizung brach die kollektive Müdigkeit aus. Wir sackten zusammen wie nasse Säcke.

In Calw angekommen, schleifte ich meinen Rucksack die letzten fünf Meter vom Fahrzeug bis zum Zelt und ließ mir vom ersten Kameraden, den ich erblickte, eine Zigarette geben. Es war ein ehemaliger Gruppenführer aus meiner Grundausbildung. Er reichte mir Feuer und zeigte auf die Süßigkeiten in seinem Rucksack, die er eben gekauft hatte. Ich wollte nur rauchen. Er war einen Tag vor uns gescheitert und befand sich schon im Prozess der Ausschleusung. Nach der Zigarette aß ich einen Powerriegel und trank endlich wieder Eistee. Sagen wir ‚gestärkt', konnte ich endlich duschen gehen. Wahnsinn, wie glücklich Menschen über heißes Wasser sein können. Die nächsten 20 Minuten ließ ich es einfach über meinen Kopf laufen. Der Schaum vom Duschgel brannte zwar an den wunden Stellen meines Körpers, doch die Euphorie durch das warme Wasser war in diesem Moment größer. Eigentlich hätten wir alle zuerst zur Krankenstation gemusst, doch wir gingen geschlossen in das Mannschaftsheim und lechzten nach Nahrung.

Mein Handy war voll von Nachrichten. Einige hatten mich schon beglückwünscht, da sie so lange nichts mehr von mir gehört hatten. Elly schrieb ich kurz, dass ich es nicht geschafft hatte und sie später anrufen würde. Spätestens Freitagabend würde ich wieder bei ihr sein.

Den Rest der Nachrichten ignorierte ich vorläufig. Beim Essen stellte ich mich dieses Jahr cleverer an und bestellte mir nur etwas Kleines und einen schönen Cappuccino. Mein Masterplan sah vor, danach zur Krankenstation zu humpeln, um dann ein weiteres Mal Essen zu gehen, nachdem der Magen sich weiten konnte. Wieder setzen sich Kameraden, Ausbilder und OCs, die uns die letzten zwölf Wochen begleitet hatten, zu uns an den Tisch. Ein paar aufbauende Worte, sowie viel Schulterklopfen bekamen wir von jedem. Die Kernbotschaft war immer die Gleiche. Wer soweit kommt, braucht sich nicht zu schämen. Wir sollen erhobenen Hauptes gehen und wenn möglich wiederkommen. Ich traf auch einige Kameraden aus meinem Jahr zuvor, die es geschafft hatten und sich jetzt schon in der Ausbildung befanden. Trotz der Nummer auf meinem Arm, sprachen sie mich direkt mit meinem Vornamen an. Spätestens da fiel es mir sehr schwer die Fassung zu wahren. Jeder, der nicht jemals solche Strapazen auf sich genommen hat, in Form einer ganz besonderen Gemeinschaft, wird es nicht nachvollziehen können.

Wenig später auf der Krankenstation bekamen wir erst einmal eine Infusion und die netten Schwestern kümmerten sich um unsere Füße. Kein Geschenk für sie, doch als sie die Blasen aufschnitten, mit Jodsalz ausspülten, sowie Dreck und Blutklumpen mit der Pinzette entfernten, spätestens dann war es auch kein Spaß mehr für uns. Mein Hacken hatte sich schon entzündet und ich sollte drauf achten, dass die Entzündung nicht bis zum Knochen vordringt. Das wäre sonst der ‚worst case' gewesen. Doch mit genügend Tabletten ausgerüstet und jeweils einem dicken Verband am Fuß, durften wir die Krankenstation wieder zügig verlassen. Die Ärztin riet uns, während der nächsten 48 Stunden überdurchschnittlich viel zu trinken, um den Wasserhaushalt wieder in den Griff zu bekommen – worauf sie sich verlassen konnte. Die üblichen Gespräche und Stationen des Ausschleusungsprozesses folgten wie im Jahr zuvor. Danach telefonierte ich kurz mit Elly und meiner Familie.

Zum Abend hin, nachdem alle Formalitäten geklärt waren, kamen wir der Anweisung der Ärztin nach. „Für jeden ein großes Hefeweizen bitte". Ich bin sicher, dass sie das mit viel Flüssigkeit gemeint hatte. In der Raucherecke traf ich meinen Ausbilder vom 10-Wochenprogramm, welcher mich Rippchen getauft und mich beide Jahre immer wieder motiviert hatte. Er lud mich ein, mit an den Ausbildertisch zu kommen. Eine nette Geste der Anerkennung, die ich nicht ablehnen konnte, auch wenn ich mich dort fehl am Platz fühlte. Der Leiter vom 10-Wochenprogramm (der Mann, bei dem ich beide Jahre auf dem Zettel stand) schob mir ein frisch gezapftes Bier rüber und sagte auch ein paar nette Worte. Die Anonymität und der Abstand zu den Ausbildern wichen an diesem letzten Abend etwas. Der damalige Schießlehrer der Spezialkräfte, sowie ein weiterer Ausbilder aus dem Vorbereitungsprogramm (Stabsfeldwebel, schied erst mit 44 Jahren aus dem aktiven Dienst aus, einer der ältesten Truppführer jemals) saßen auch noch dort. Bis auf den Schießlehrer kannte ich die drei Ausbilder gut und hatte einen riesigen Respekt vor ihnen und ihren Leistungen (Das bisschen, was ich wusste, reichte schon dafür aus!) Wir sprachen über die letzten Stunden der Höllenwoche und wer von den anderen Jungs noch dabei war. Die Höllenwoche endet meistens Donnerstag zu Freitagnacht, je nachdem wie schnell die Gruppe ist. Die OCs berichteten mir lustige, aber auch atemraubende Szenen, die sie gesehen hatten. Etwas über das man nur im Nachhinein lachen oder staunen kann, wenn man es selbst mal erlebt hat.

Danach wechselten sie das Thema und fragten, wie es nun bei mir weitergehen würde. Ich sagte ihnen offen, dass ich gerne in einer besonderen Einheit dienen möchte. Eine Bruderschaft, in der ich mich endlich beweisen könnte und so schnell wie möglich in den Einsatz möchte. Denn die Lage für die klassischen Fallschirmjägerszenarien löste sich nach und nach auf. Meine Kompanie in Seedorf, in die ich unmittelbar vor meiner Vorbereitung versetzt wurde, befand sich in Teilen gerade im Einsatz. Es herrscht ein Rotationsprinzip zwischen den Kompanien und auch zwischen den Standorten Seedorf und Zweibrücken. Um es kurz zu machen für dich, meine Chancen innerhalb der nächsten zwei Jahre in den Einsatz zu gehen, tendierten gegen null. Ein Ausbilder (mein Namensgeber) drängte mich dazu, Kampfschwimmer zu werden. Er war selbst Kampfschwimmer gewesen, bevor er zum Kommando ging, damals allerdings noch in der NVA. Doch als ich allen ins Gedächtnis rief, wie schlecht ich im Wasser war (ein klassischer Fall von Treibholzklasse), lachten wir alle herzlich. Zu präsent waren noch die Bilder, wie ich vom fünf Meter Brett keinen Rückwärtssalto schaffte, sondern waagerecht mit meinem Rücken das Wasser verdrängte. Mal davon abgesehen, dass ich mich auch wirklich nicht wohl fühle, ewig Höchstleistungen im Wasser zu verrichten. Fernspäher sind zwar topfitte Kerle, werden jedoch nicht offiziell als Spezialeinheit in Deutschland geführt (eigentlich eine Schande). Die EGB-Kräfte wären eine gute Zwischenlösung, doch ich wollte nicht erneut ein Auswahlverfahren absolvieren, um drei Jahre wieder ausgebildet zu werden und dann doch nicht in den Einsatz zu gehen. Für den

Fsch-Spez-Zg[44] (Fallschirm-Spezial-Zug), sowie für die Scharfschützen und Kampfretter galt in etwa das Gleiche. Keine halben Sachen mehr, entweder ich bekomme meine Ausnahmegenehmigung vom General für den dritten Versuch oder ich würde meine Dienstzeitverkürzung einreichen. Beim KSK hätte ich jedenfalls die Gewissheit, definitiv dauerhaft in Einsätze gehen zu können. Das war genau das, was ich immer wollte.

Der damalige General, General Baehr, war der erste Kommandogeneral aus den eigenen Reihen (die Namen der Kommandeure werden durch die Bundeswehr veröffentlicht). Da das KSK erst 1996 gegründet wurde, dauerte es einige Jahre bis die ersten Offiziere die Stehzeit, sowie alle Lehrgänge und Beförderungen durchlaufen hatten. Er galt als sehr strikt, was das Regelwerk anbelangt. Ich konnte nur hoffen, dass der Bürokrat in ihm meinem erneuten Antrag weichen würde. Das KSK kämpft schon seit der Aufstellung mit Personalproblemen, besonders in den letzten Jahren kommen immer weniger Bewerber, welche die sehr hohen Anforderungen bestehen. Ich meine mehr Motivation, Einsatzbereitschaft und Willen kann man nicht zeigen, als sich freiwillig zum dritten Mal für die Höllenwoche zu bewerben. In den Vorschriften steht irgendwo geschrieben, dass jede/r Soldat*in zwei Versuche hat. Theoretisch gab es damals auch eine Altersbegrenzung und ich weiß, dass diese dennoch flexibel gehandhabt wurde. Warum also nicht auch bei der Anzahl der Versuche, speziell für Bewerber, die so weit gekommen sind?

Wie dem auch sei. Dem ‚Rat' der Ärztin folgend, viel zu trinken, hörte ich den Gesprächen der Ausbilder zu. Zwischendurch

---

[44] Die Fallschirm-Spezial-Züge gehören zu den Vorauskräften der Fallschirmjäger-Regimente. Diese erkunden, sichern und betreiben die Absetzzone(n) für die regulären Fallschirmjäger-Kräfte. Pro Regiment gibt es einen Fallschirm-Spezial-Zug, für welches ein gesondertes Auswahlverfahren absolviert werden muss.

drifteten meine Gedanken immer wieder ab. Ich dachte an alles Mögliche. Eine dritte Chance, morgen Elly wieder zu sehen, die ersten Telefonate und wie wird es dann in meiner Einheit weitergehen. Grübeln war schon immer eine Stärke von mir, jedoch leider keine, um die man beneidet wird. Kurz bevor ich ins Bett humpelte, merkte ich erst, wie angetrunken ich eigentlich war. Die Höllenwoche in den Knochen, die Tabletten, die überschaubare Nahrungsaufnahme und dann ein paar Bier. Naja, dann schläft es sich wenigstens besser auf der harten Pritsche. Vor meinem Zelt rauchte ich die letzte Zigarette und schrieb ein paar Kameraden die Nachricht: „Sorry, bin kurz vor Schluss raus." Bevor ich einschlief, überkam mich noch einmal die Traurigkeit – ein weiteres Mal der zerplatze Lebenstraum. Im Schlafsack kann man super aus sich herauskommen, keiner sieht einen und keiner hört einen. Außerdem half der Alkohol, meinen Gefühlen freien Lauf zu lassen (trotzdem nichts, was ich nachhaltig empfehlen würde).

Als ich am nächsten Morgen aufwachte, knackte und knirschte einfach alles in meinem Körper. „So muss man sich mit 85 Jahren fühlen", dachte ich mir. Die ersten Bewegungen gingen nur in Zeitlupe vonstatten. Nach dem Frühstück traf ich auf die Männer, die es geschafft hatten. Von 72 Männern, die angetreten waren, liefen 18 die Höllenwoche durch. 18 Männer ist eine verdammt hohe Zahl und wahrscheinlich einer der stärksten Durchgänge jemals. Ich beglückwünschte jeden einzelnen von ihnen und freute mich aufrichtig für sie. Jeder, der diese Woche durchläuft, hat es auch verdient. Anschließend packte ich meine Ausrüstung zusammen und belud mein Auto. Bei der Abmeldung dankte ich nochmal meinen Ausbildern vom 10-Wochenprogramm und verließ dann endgültig den Standort Calw. Mit einem zwiespältigen Gefühl in mir fuhr ich zu Elly.

Das Wochenende verbrachte ich zum großen Teil, rauchend, telefonierend und essend bei ihr. Sie war super fürsorglich, während meine Laune sich auf einem Minimumlevel konstant hielt. Am Montag fuhr ich nach Immendingen zur Kaserne der Pioniere und ließ mich dort für ein paar Tage krankschreiben. Den Rest der Woche verbrachte ich ausschließlich mit Elly und gab mir Mühe kein Arschloch zu sein. Sie hatte all die Zeit so viel Verständnis gezeigt, dass ich ihr etwas Gutes zurückgeben wollte. So führte ich sie jeden Tag zum Essen aus. Die üblichen ewigen Gassi-Runden mit dem Hund mussten aufgrund meiner Lage etwas gekürzt werden. Als ich an einem der Abende auf dem Balkon saß, kam mir noch einmal das Gespräch mit den Ausbildern in den Sinn. Wir sprachen über verschiedene Ausbildungsabschnitte anderer Spezialkräfte weltweit. Ich fragte, ob man die Auswahlverfahren per se miteinander überhaupt vergleichen könnte. Ist das Auswahlverfahren der Navy Seals pauschal härter als das Unsere? Ein Oberstabsfeldwebel antworte mir mit: „Man kann es nicht wirklich vergleichen, da die Seal Anwärter mehr gebrochen werden, als dass man sie durch Eigenantrieb an ihre Grenzen führt. Wer durchkommt, kommt durch und man arbeitet mit dem, was übrigbleibt. Aber wenn man Männer bricht, um sie dann ‚neu' aufzubauen, hinterlässt das Narben, die sich später zu Problemen entwickeln können."

Deswegen wird man in der Höllenwoche durch das KSK bewusst und systematisch an seine Belastungsgrenzen geführt, was die militärische Führung für eine zweckmäßigere Variante hält. Ohne das Auswahlverfahren der Navy Seals mitgemacht zu haben, sagt mir mein gesunder Menschenverstand, dass unsere Variante mir auch logischer erscheint, was nicht heißt, dass es weniger anstrengend ist. Einen weiteren Unterschied, der meines Erachtens nach am wichtigsten ist, stellt die eigene ungebrochene Motivation dar. Schaut euch ein Video von anderen Spezialkräfte-Anwärtern an und eines aus der Höllenwoche. Ihr werdet im Vergleich zu den Amerikanern oder anderen Nationen niemanden schreien hören, niemand bespritzt dich mit Wasser und beleidigt dich. Die Höllenwoche war die ruhigste und wortkargste Woche in meinem Leben und weißt du was, ich habe es geliebt. Die Erklärung ist genauso simpel, wie du es dir schon denken kannst. Im Einsatz als Spezialkräfte-Mann wirst du auch keinen Ausbilder haben, der dich motiviert, entweder schaffst du es oder du schaffst es nicht.

Zurück in Seedorf gliederte ich mich wieder in den Alpha-Zug ein. Als stellvertretender Gruppenführer lernte ich das Fallschirmjäger-Handwerk jetzt auch in der Praxis und außerhalb der Infanterieschulen. Dienstgrade spielen hier zwar auch eine Rolle, doch man verlässt sich mehr auf die Fähigkeiten der Soldaten*innen, vorausgesetzt dass sie ihr Handwerk beherrschen. Zum Teil waren einige Mannschaften mit Einsatzerfahrung präsent. Von ihnen konnte ich immer besonders viel lernen. Wenn jemand beispielsweise die Funkgeräte besser beherrschte als ich, oder die Handhabung der speziellen militärischen Fahrzeuge, dann fragte ich ihn direkt. Ich hatte nie ein Problem damit, einen Stabsgefreiten oder Oberstabsgefreiten um Hilfe zu bitten. Die grundlegenden Tätigkeiten beherrschte ich, doch sind in der Truppe immer wieder einzelne Handlungsabläufe unterschiedlich, die dann neu verinnerlicht werden müssen. Nicht nur jede Kompanie hat eigene Vorgehensweisen, sondern auch die Züge innerhalb einer Kompanie. Das kann wie immer Vor- und Nachteile haben.

Auch wenn ich mich im A-Zug pudelwohl fühlte, war ich in Gedanken schon wieder in der nächsten Höllenwoche. Doch zuvor musste ich den Brief auf Ausnahmegenehmigung an den General schreiben.

14. Ständiges Auf und Ab

Antrag auf Ausnahmegenehmigung (vom 05.12.2013)

Sehr geehrter Herr General,

hiermit beantrage ich eine Ausnahmegenehmigung zur erneuten Teilnahme an dem EFV II im März 2014. Ich habe im September 2012 und im September 2013 bereits an dem EFV II teilgenommen. Im Jahr 2012 wurde ich von einem Ausbilder aus Führsorgegründen in der Nacht vom Dienstag auf Mittwoch der Auswahlwoche herausgenommen. Daraufhin bereitete ich mich ein Jahr lang intensiv vor und versuchte es im September 2013 erneut. Dieses Mal hatte ich kaum Schwierigkeiten mit den körperlichen Anforderungen, jedoch hielt ich bei xxx xxxxxxxxxxxxxxxxxx[45] die Zeitvorgabe nicht.

Seit der Vorstellung des Kommando Spezialkräfte durch den Personalwerbetrupp 2011 in Pfullendorf war es mein fester Wunsch, dort aufgenommen zu werden. Dieses Ziel verfestigte sich durch die Einblicke während des 10-Wochenprogramms noch mehr. Ich bin überzeugt, mit der Bewerbung beim Kommando Spezialkräfte die richtige Wahl getroffen zu haben. Aus diesen Gründen bitte ich Sie, mich erneut im Eignungsfeststellungsverfahren zu betrachten und mir die Möglichkeit zu geben, dieses nun erfolgreich zu beenden.

Mit kameradschaftlichen Grüßen
Bulicke
Feldwebel

---

45 Die Aufgabe gilt als eingestuft.

Die Antwort lies gar nicht lange auf sich warten (vom 17.01.2014)

Sehr geehrter Herr Feldwebel Bulicke,

Für Ihr Schreiben vom 05.12.2013 sowie das darin deutlich zum Ausdruck gebrachte Interesse bezüglich der erneuten Teilnahme am Eignungsfeststellungsverfahren (EFV) danke ich Ihnen.

Nach sorgfältiger Prüfung Ihres Antrages habe ich entschieden, Sie für eine Wiederholung des Eignungsfeststellungsverfahrens nicht zuzulassen.

Ich bedauere, Ihnen keine für Sie günstigere Antwort geben zu können und bitte um Ihr Verständnis.

Mit kameradschaftlichem Gruße

Baehr
Brigadegeneral

Du kannst dir denken, was passiert ist. Die nächsten drei Wochen war ich absolut angepisst und verstand die Welt nicht mehr. Immer und überall, wenn das Militär oder die Bürokratie möchten, finden sie Ausnahmeregelungen. Sei es das Alter der Bewerber beim Kommando, Anzahl der Wiederholungsversuche, selbst die goldene Regel: ‚Wer die Karte zieht, ist für immer raus!', wurde vor unseren Augen gebrochen, doch für jemanden, der sich freiwillig zum dritten Mal dieser Prozedur unterziehen möchte, gab es anscheinend keine weiteren Möglichkeiten. Ich sprang gedanklich im Kreis und war zum ersten und einzigen Mal enttäuscht von dieser Entscheidung aus Calw.

Zurück zu den Anträgen bei der Bundeswehr, denn meine Konsequenz war nun absehbar.

Stellungnahme zum Antrag auf Dienstzeitverkürzung (vom 06.02.2014)

Aus folgenden Gründen bin ich Soldat geworden: um mich in einem Auslandseinsatz der Bundeswehr als Fallschirmjäger beweisen zu können und in das Kommando Spezialkräfte aufgenommen zu werden. Beides ist mir mittlerweile verwehrt. In der „Regulären" FschJgTrp musste ich feststellen, dass meine Vorstellungen vom Soldat sein nicht erfüllt werden. Dies begründet sich vor allem durch die massiven Einsparmaßnahmen der Bundeswehr, die einen geregelten infanteristischen Dienstbetrieb und vor allem das Erreichen eines professionellen Ausbildungstands fast unmöglich machen.

Aus diesen Gründen und allen Problemen, die dies mit sich bringt, sehe ich meine persönliche Zukunft nicht mehr in der Armee, sondern in einem zivilen Studium.

Bulicke
Fw

Nachdem ich den Antrag einen Tag zuvor eingereicht hatte, bestellte mich mein Chef in sein Büro. Er unterschrieb meinen Antrag vor meinen Augen mit den Worten: „Leider kann ich Ihren Argumenten nicht widersprechen, trotzdem wünsche ich Ihnen alles Gute für Ihre Zukunft. Für den Fall, dass Sie sich umentscheiden, haben Sie immer einen Platz hier!" Ich nickte, salutierte und verließ wortlos das Büro.

*Würden wir in einer modernen Welt mit einer Berufsarmee leben, hätte ich sofort meinen Dienst quittiert und selbstverständlich auf alle Ansprüche gegenüber dem Dienstherrn verzichtet. Doch so etwas gibt es (noch) nicht. Ich würde mir einen Vertrag nur für das Auswahlverfahren beim KSK wünschen. So könnten auch Quereinsteiger von der Polizei (zum Beispiel dem SEK[46]), Feuerwehr oder anderen Behörden mit topfitten Bewerbern eine Chance haben, ohne gleich ihre eigene Laufbahn in ihrer Dienststelle aufgeben zu müssen. Selbstverständlich unter der Voraussetzung, dass die vorher zu erbringenden Leistungen genauestens kontrolliert wurden. Generell sollte man darüber nachdenken, ob die Begrenzung auf formal zwei Teilnahmen sinnvoll ist. Wer will, kann sich doch jedes Jahr dem Verfahren stellen. Ab der dritten Teilnahme wären nur die eigentlichen Auswahlwochen (EFV I + Höllenwoche) und nicht die offizielle Vorbereitungsphase (10-Wochenprogramm) erlaubt. Ohne Kommandierung müsste man sich selbst in seiner Freizeit vorbereiten und hätte so keinen finanziellen Anreiz. Für Bewerber, die in die Ausbildung zum Kommandosoldaten aufgenommen werden würden, müsste ein unbürokratischer Behördenwechsel stattfinden. So könnte man dem aufkommenden Personalmangel beim KSK entgegenwirken und ehemaligen Soldaten*innen, sowie auch Reservisten*innen eine erneute Chance geben. Unter diesen Voraussetzungen wäre ich jederzeit bereit, zum dritten Mal das Auswahlverfahren zu bestreiten, auch aus heutiger Sicht (mit über 30 Jahren) und einem Jahr Zeit zur Vorbereitung. Wenn ich es nicht schaffen würde, müsste ich sofort wieder Zivilist sein / die Reserveübung wäre vorbei.*

Innerhalb der nächsten fünf Wochen waren die Zugführer und Ausbilder schlagartig spürbar netter und menschlicher zu mir. Ich

---

46 SEK (Sonder- oder Spezialeinsatzkommando der Polizei der jeweiligen Bundesländer. Je nach Bundesland steht das S für ‚Sonder' oder ‚Spezial')

wurde sogar von verschiedenen Zugführern zu Kaffee und Plätzchen für Vieraugengespräche in deren Büros eingeladen. In diesen fünf Wochen sprach ich mit dem Kompaniechef, dem stellvertretenden Kompaniechef, dem Zugführer der Scharfschützen, allen Infanterie-Zugführern meiner Kompanie, dem Spez-Zug, dem Hunde-Zug, den EGB-Kräften und einigen weiteren Ausbildern auch weit außerhalb der Kompanie. Man fragte mich, was ich möchte und ob ich es mir vorstellen könnte, in deren jeweiliger Verwendung tätig zu sein, da ich offenbar bisher ganz passable Leistungen abgeliefert hatte. Die Zeit damals war geprägt, dass sich reihenweise Ausbilder versetzen ließen, Laufbahnwechsel vornahmen oder wie ich einen Antrag auf Dienstzeitverkürzung einreichten. Viele wollten nur noch weg aus Seedorf. Die Einsatzzeiten waren vorbei und wie in meiner Begründung für den Chef schon erwähnt, lief der Ausbildungsprozess mehr als schleppend. Flugzeug- und Helikopterübungen wurden permanent abgesagt, Fallschirmspringen reduzierte sich auf ein Minimum. Die Übungen beliefen sich weitestgehend auf den Übungsplatz vor der Kaserne und waren an Stumpfheit nicht mehr zu übertreffen. Man könnte sagen das Maximum an Negativität innerhalb des Standortes Seedorf war für alle spürbar und definitiv erreicht.

(Kurze persönliche Anmerkung: Die neuen Stiefel, Ausrüstungsgegenstände, Helme, Westen, Waffen unter anderem kamen erst in den letzten Jahren dazu. Damals sprach niemand über so etwas und hätte es auch nicht zu träumen gewagt.)

Meine Gedanken dazu kann ich folgendermaßen beschreiben:

Die Zugführer und Teileinheitsführer taten selbstverständlich was sie mussten, um Männer und Frauen zu halten, beziehungsweise noch schwieriger, neue Leute ‚anzuwerben'. Ich stelle ihnen das nicht negativ in Rechnung. An ihrer Stelle hätte ich auch so gehandelt. Meine persönliche Bedingung für einen Wechsel zu den Scharfschützen beziehungsweise zu den EGB-Kräften oder dem Fallschirm-Spezialzug war, dass ich nicht erneut deren Auswahlverfahren absolvieren musste. Da jeder in unserer Branche weiß, wenn du es in Calw bis in die letzten Stunden des letzten Tages der Höllenwoche geschafft hast, ist das für eine Bewerbung bei anderen Einheiten selbstredend, was die körperliche Leistungsfähigkeit angeht. Ich wäre nur noch einmal bereit gewesen, mich ein und demselben Auswahlverfahren zu stellen – der EFV II. Ein weiterer Grund war, dass es bei allen anderen Einheiten keine Garantie gab, nach der erneuten Ausbildungsphase in den Einsatz zu verlegen. Wenn es diese Form von ‚Garantie' für einen normalen Infanteristen überhaupt gab, dann war es das KSK. Nochmal anderthalb bis knapp drei Jahre ausgebildet zu werden, um dann mehr als die Hälfte meiner eigentlich geplanten, aktiven Dienstjahre (insgesamt mehr als sechs von zehn Jahren) ‚nur' ausgebildet worden zu sein, entsprach nicht meinen Vorstellungen. Auch wenn viele Ausbildungen auf das solide Fallschirmjäger-Grundgerüst aufgebaut hätten, das ich schon verinnerlicht hatte. Schießen bleibt schießen, angreifen bleibt angreifen und viele weitere klassische Vorgehensweisen würden sich nur wenig verändern. Natürlich üben die jeweiligen spezialisierten Kräfte und Spezialkräfte immer mit einer höheren Intensität und unter komplexeren Bedingungen, doch für die Grundlagen gibt es wohl kaum eine bessere Ausgangsposition als ein Fallschirmjägerfeldwebel zu sein. Von meiner Motivation und meiner persönlichen Anspruchshaltung ganz zu schweigen.

In den Zügen lief sonst alles seinen gewohnten Gang. Wir bildeten aus, nahmen selbst an Aus- und Weiterbildungen teil und verbrachten ein gefühltes halbes Jahr draußen und auf Übungsplätzen. Mittlerweile wurde bekannt, dass es im nächsten Jahr zu einer Umstrukturierung kommen würde. Die beiden

Fallschirmjäger-Bataillone 313 und 373 sollten zu einem Regiment[47] verschmelzen, dem Fallschirmjäger-Regiment 31. Auch innerhalb unserer Kompanie sollte es demnächst zu Veränderungen kommen. So blieb ich noch eine Weile im A-Zug und wechselte dann zum B-Zug.

47 Regiment: ca. 1.000 – 3.000 Soldaten, siehe dazu meine Übersicht: Größe der Truppenteile im Anhang

Abbildung 27: Sprungdienst

Abbildung 28: Im Sprunggeschirr auf dem Weg zur Maschine

Mit einem laufenden Antrag auf Dienstzeitverkürzung war die neue Einteilung vom Kompaniechef absehbar. Der B-Zug war ein klassischer Auslaufzug für Wechsler, Dauerverletzte, Soldaten kurz vor dem BFD (Berufsförderungsdienst) oder Soldaten vor dem Dienstzeitende. Die wenigen aktiven und einsatzfähigen Soldaten wurden von mir und einer Handvoll anderer Ausbilder ausgebildet und eingesetzt. Wir füllten regelmäßig die anderen Züge auf und so kam ich auch mit dem C-Zug näher in Kontakt.

Ich sah, wie sie arbeiteten, wie sie vorgingen und dass dort etwas mehr möglich war als bei den anderen Zügen. Dies zeigte sich insbesondere durch den Einfluss des damaligen Zugführers Hauptfeldwebel R.K., eine Legende in Seedorf. Die Personallage bei Bravo (B-Zug) war recht dürftig, besonders auf die Ausbilder bezogen. Am Anfang war ich mehr oder weniger allein, denn der Oberleutnant, welcher kommen sollte, befand sich noch im Einsatz in Afghanistan. Mit einem Hauptfeldwebel, der dann solange als Zugführer eingesetzt wurde und zwei weiteren Feldwebeln begannen wir mit der SGA (Spezial-Grundausbildung) für die Rekruten, die gerade ihre Grundausbildung absolviert hatten. Hier spannten wir die erfahrenen OSGs (Oberstabsgereiften) mit ein.

Die Jungs, die ich bei Bravo ausgebildet hatte, traf ich dann zum Teil bei Charlie (C-Zug) wieder.

Im Nachhinein kann ich dir den Grund für meinen nächsten Antrag gar nicht mehr genau erklären. Meine Gedanken waren sprunghaft. Von Dienstzeitverkürzung, über Teileinheitswechsel bis hin zum Kampfschwimmer-Auswahlverfahren ratterte alles von morgens bis abends durch meinen Kopf. Jeden Tag spricht man in der Truppe über Einsätze, Spezialkräfte, spezialisierte Kräfte, Sport – Training, Frauen, Autos, Waffen und Ausrüstung. Jeder gab immer seinen Senf dazu und ich war es leid geworden, doch wollte ich so nicht abtreten. Als wahrscheinlich letzten Impuls machte der bevorstehende MEO-Status die Runde, doch dazu gleich mehr.

Ich wusste nicht mehr, was ich wirklich wollte, geschweige denn, wie es konkret weitergehen würde. Was die EFV I, die beiden 10-

Wochenprogramme und schon gar nicht die beiden Höllenwochen geschafft hatten, schafften jetzt ein paar Zeilen. Ich hatte keine Kraft mehr, weiterzukämpfen oder konsequent zu gehen.

So schrieb ich am 17.03.2014 einen formlosen Antrag an meinen Kompaniechef und beantragte die Einstellung meines Antrages auf Dienstzeitverkürzung vom 06.02.2014.

Der traurige Witz an der Sache war, dass viele von meinen Kameraden und Ausbilderfreunden, die ebenfalls eine Dienstzeitverkürzung, Versetzung oder einen Laufbahnwechsel eingereicht hatten, innerhalb der nächsten drei Monate eine Bestätigung bekamen und damit raus beziehungsweise weg aus Seedorf waren.

Anscheinend gab es Probleme mit der Software bei den Personalverantwortlichen der Bundeswehr, die davon ausgingen, dass Seedorf einen massiven Überschuss an Ausbildern hätte. Somit hatten die Bürokraten das gemacht, was sie am besten konnten → wild jeden Antrag genehmigt und abgesegnet ohne eine eingehende, tiefere Prüfung. Es war ein goldenes, einmaliges Zeitfenster, welches ich mir selbst verbaut hatte, dadurch dass ich nicht standhaft geblieben war. Drei Monate sind eine unglaublich schnelle Zeit für die Bürokraten aus dem Personalamt in Köln. Von der Eingangsbestätigung, über die Bearbeitung und inklusive der schriftlichen Antwort – eine Wahnsinnsleistung für solche erheblichen Personalentscheidungen.

Später schwor ich mir selbst, nie wieder einzuknicken. Koste es, was es wolle, aber nochmal gebe ich dem System gegenüber nicht nach. Merk dir das für den weiteren Verlauf meines Buches! Meine persönliche „Tragödie“, die kommen sollte, wäre locker vermeidbar gewesen. Doch man lernt nie aus und dafür mache ich mich im Nachhinein jetzt nicht mehr fertig. Wenn du weiterliest, wirst du erfahren, was ich meine.

Doch vorab kam ich noch in den Genuss mit einigen Auserwählten nach Böblingen zu verlegen, um uns das amerikanische Springerabzeichen zu verdienen. Dort befindet sich das „Special Operations Command Europe“[48]. Es ist ein Headquarter und zugleich Anlaufstelle für viele amerikanische Spezialkräfte und spezialisierte Kräfte, die dann in weitere Einsätze verlegen. Allein die Einweisung war schon witzig.

„Da drüben ist der Block der Navy Seals, da solltet ihr lieber nicht reingehen.“

„Daneben befindet sich der Block der Delta Force, ebenfalls tabu.“

„Dort sind die Army Rangers stationiert und da die Para-Rescue – nope .“

„Bleibt einfach in eurem Block hier und dann ist alles gut.“

Ich empfand es als eine Ehre dafür ausgewählt worden zu sein, um mir mein amerikanisches Fallschirmsprung-Abzeichen unter diesen Bedingungen zu verdienen. Leider regnete es von Montag bis Mittwochabend, sodass wir nur am Donnerstag zu unseren Sprüngen kamen. Trotzdem hatten wir so die Zeit, während der täglichen Sprungeinweisung und nach dem Sicherheitstraining mit den Männern und Frauen aus den verschiedensten Spezialkräften in Kontakt zu kommen. Wir durften mit ihnen in die Fitnessstudios, trafen uns zum Grillen abends und tranken eventuell das eine oder andere Bier zusammen. Am Sprungtag selbst war ich deutlich überrascht, wie locker alles vonstattenging. Kein riesiger Hangar, in dem wir auf dem kalten Boden ewig warten mussten, wie das leider häufiger bei uns vorkam. Alles funktionierte reibungslos, trotz der lockeren Atmosphäre. Wir rauchten und scherzten direkt

48 Vgl. [Q14] & [Q15]

am Beginn der Startbahn und warteten in der Sonne auf unsere Maschine.

Es gab auch keine strikte Einteilung, wer wann springen würde und in welcher Sprungreihe. Da ich anscheinend einer der wenigen deutschen Soldaten vor Ort war, der Englisch sprach, genoss ich jeden Moment mit den amerikanischen Soldaten. Wir machten Gruppenfotos und gingen rauchend mit dem Helm unter dem Arm auf die Heckrampe der laufenden Herkules-Maschine zu. Mit einer hohen Wahrscheinlichkeit war das ein SOF (Special Operations Forces) -Bonus, den man den Männern und Frauen gewährte. In den regulären springenden Einheiten dürfte es genauso ablaufen, wie bei uns in Deutschland.

Laut dröhnten die Motoren um uns herum. Man konnte sogar die Vibrationen spüren. Es war heiß und stickig. Ich unterhielt mich mit meinem Sitznachbarn, beziehungsweise wir schrien uns an, damit wir uns besser verstehen konnten. Jeder hat sein eigenes kleines Ritual vor dem Sprung, um sich die Zeit zu vertreiben. Denn es dauerte einige Minuten, bis die Maschine die Sprunghöhe und vor allem den Absetzplatz erreicht hatte. So konnte jeder nochmal in sich gehen. Normalerweise döste ich gerne vor mich hin, schloss die Augen und schwieg einfach nur. Aber dieses Mal saß dieser Amerikaner neben mir, ein Gruppenführer einer Delta-Force-Einheit. Wir unterhielten uns über seinen letzten Einsatz, warum er in Deutschland war und warum er, wie seine Kameraden auch, einen Vollbart tragen durfte. Normalerweise sind die Amerikaner sehr strikt, was die Rasur angeht. Jeden Tag wird sich aufs Neue glattrasiert. Ein Bartwuchs ist für die allermeisten Soldaten ausgeschlossen. Doch wenn ich 15 Männer mit Vollbart um mich herum sah, musste das einen Grund haben. Dann stockte ihm kurz der Atem und mir auch, aber nicht wegen seiner Erklärung, sondern der Turbulenz wegen, die das Flugzeug mitgenommen hatte. Es ist nichts Schlimmes dabei, nur unangenehm. Viele Menschen kennen dieses plötzliche Absacken von zivilen Flügen oder aus Vergnügungsparks. Die amerikanische C130 Hercules flog aber sonst gut. Der Absetzer ließ uns nun durch Handbewegungen und lautes Gebrüll aufstehen. Da die Heckklappe schon offen war, konnte ich ihn kaum verstehen. Es war auch nicht so wichtig, denn ich wusste, wie es läuft. Aufstehen, einhaken und die Aufziehleine in der richtigen Hand halten, warten bis es losgeht und dann über die Heckrampe der Freiheit entgegenlaufen.

Special Operations Command Europe

To all who shall see these presents greetings be it known that,

Feldwebel Kevin Bulicke

Qualified for the

UNITED STATES ARMY AIRBORNE WINGS

on

25 June 2013

IN ACCORDANCE WITH US ARMY AIRBORNE STANDARDS IN TESTIMONY WHEREOF, AND BY AUTHORITY VESTED IN US, WE DO CONFER UPON THE INDIVIDUAL THIS

Certificate

PRIMARY JUMPMASTER

HEADQUARTERS COMMANDANT

Abbildung 29: Vom 28.07.2014 – 01.08 2014 Böblingen US-Springen (Das Datum auf der Urkunde ist einem Druckfehler geschuldet, falls dir das aufgefallen ist. Zu der Zeit, die offiziell angegeben ist, befand ich mich damals noch in Pfullendorf.)

Knappe zwei Monate später sollte ich schon wieder in den Genuss von einem internationalen Fallschirmsprungdienst kommen. Zwei aufeinanderfolgende, positive Ereignisse – so etwas kann doch gar nicht sein. Jedem Fallschirmjäger ist die ‚Operation Market Garden' bekannt, die in den Niederlanden stattfand. Sie war die größte Luftlandeoperation im Zweiten Weltkrieg. Und auch wenn sie nicht die nötigen Ziele erbrachte wie geplant, setze sie ein deutliches Zeichen. Aus diesem Zweck gedenkt jedes Jahr die Region um Arnhem (siehe dazu die Übersichtskarte im Anhang) den tapferen Männern und Frauen, die an dieser Operation beteiligt waren. Wie schon zuvor bei den Amerikanern empfand ich es nicht als selbstverständlich, dafür ausgewählt worden zu sein und freute mich darauf, ein weiteres ausländisches Fallschirmsprung-Abzeichen erwerben zu dürfen. Nach der Einteilung vor Ort fand ich mich in der britischen Box wieder. Jackpot dachte ich, da man nur selten mit den Streitkräften des Vereinigten Königreichs springen geht. Die britischen Flügel trägt man am Arm und nicht auf der rechten Brust, wie das deutsche oder amerikanische Abzeichen. So durchlief ich erneut alle Einweisungen, lernte die neue britische Kappe (Schirm) kennen und freute mich einfach nur auf den Sprungtag. Der neue britische Fallschirm war keine Rundkappe mehr, sondern ein Quadrat. Man sollte ihn deutlich besser steuern können als unsere alten Rundkappen, die sich seit dem Zweiten Weltkrieg nicht wirklich verändert haben. Doch wie schon zuvor auch bei den Amerikanern in Böblingen spielte das Wetter überhaupt nicht mit. Nebel, Platzregen, Wind, alles das, was man nicht gebrauchen kann für einen Sprungtag. So verbrachten wir die Woche mit Sicherheitstrainings, Einweisungen und dem internationalen Austausch. Das militärische Museum dort vor Ort fand ich ganz faszinierend. Am Donnerstag und letztem möglichen Sprungtag der Woche lockerte der Bodennebel dann langsam auf. Doch in den höheren Lagen waren dicke Wolken immer noch vorhanden. Als wir in unseren Sprungboxen saßen kam ein britischer Soldat vorbei, rief unsere Namen auf und händigte jedem von uns das britische Fallschirmsprungabzeichen aus. Ich war genauso verwirrt wie der Rest der Männer, da wir noch keinerlei Leistung dafür erbracht hatten. Wir steckten es in die Hosentaschen, um dem britischen Offizier gegenüber nicht respektlos zu sein und setzen uns wieder hin. Mein Sprungnachbar sagte nur: „Karma is a bitch!" Wie recht er haben sollte. Die deutschen und britischen Maschinen waren die einzigen, die an diesem Tag nicht abhoben, da sie keinerlei elektronische Abstandsmessgeräte an Bord hatten, um auch bei sehr eingeschränkter Sicht im Verbund mit den anderen Maschinen fliegen zu können. Nur die amerikanischen und holländischen Maschinen flogen. Und er hatte recht.

Wieder zurück in Seedorf angekommen, sollte ich mich jetzt auf meinen Einzelkämpferlehrgang (EK 1) vorbereiten. Das heißt, zusätzlich zum alltäglichen Dienst (SGA für angehende Fallschirmjäger) bestritt ich einige Orientierungsmärsche bei Nacht, absolvierte mehrfach Trainingseinheiten an der Hindernisbahn und bereitete mich intensiv auf den Überlebenslehrgang vor. Zu diesem Zeitpunkt war meine Motivation an einem neuen Tiefpunkt, vor allem, weil ich mich diesen Strapazen nicht freiwillig aussetzte. Üblicherweise sollte sich jeder Fallschirmjägerfeldwebel dieses Abzeichen verdient haben. Jahre zuvor, als Obergefreiter, hatte ich dafür gebrannt, diesen Lehrgang besuchen zu dürfen, doch nicht mehr zu diesem Zeitpunkt. Das einzig Positive an diesem Lehrgang war das Gesicht des Hörsaalleiters Hauptmann D.N., mit dem ich beide Jahre zuvor das Auswahlverfahren beim KSK bestritten hatte. Es kam, wie es kommen musste. Kaum im November (04.11 - 10.11.2014) in Hammelburg angereist, verletzte ich mich beim

Nachtorientierungsmarsch. Dort stürzte ich einen Abhang hinunter und ein Baumstumpf bremste meinen Fall.

Nachdem ich Ende November wieder fit war, entschied ich mich nach Rücksprache mit dem Kompaniechef, dessen Stellvertreter und einigen Zugführern, dann doch zu Charlie zu gehen. Man ließ mir die freie Wahl. Da die erfahrensten und einsatzerprobtesten Ausbilder bei Charlie vereint waren und auch viele Mannschaften Einsatzerfahrung hatten, wechselte ich dorthin. Das taktische Niveau beim militärischen Operieren war sehr hoch. Für den Fall, dass Teile unserer Kompanie in den nächsten Einsatz gehen würden, wäre der C-Zug die erste Wahl des Kompaniechefs gewesen. Trotzdem wusste ich, dass der Schlag Mensch bei Charlie ein ganz eigener war. Sagen wir mal so, dadurch dass alle geschlossen im Einsatz in Afghanistan waren, herrschte ein ganz besonderer Zusammenhalt unter den Kameraden. Sehr schwierig für außenstehende junge Ausbilder wie mich, ohne Einsatzerfahrung, dort Fuß zu fassen. Doch ich wollte die Herausforderung und die Chance auf zukünftige Einsätze mehr, als dass mich der sehr raue militärische Umgangston störte und ich wollte definitiv einsatzerprobte militärische Ausbildungen genießen, sowie von deren Erfahrungen profitieren. Den Spruch: „Lehrjahre sind keine Herrenjahre“ musste ich mir noch bis zum Ende meiner Dienstzeit anhören. So fing ich als gestandener Feldwebel nochmals als Funker und MG2-Schütze an, mich erneut hochzuarbeiten. Wieder musste ich mich beweisen, um mir den Respekt der Männer und vor allem der Ausbilder zu verdienen, bevor ich meine eigentlichen Tätigkeiten als Stellvertretender Gruppenführer und später als Gruppenführer wahrnehmen durfte. Doch die Lernkurve war steil und ich hatte nie Probleme damit gehabt, auch die scheiß Jobs zu erledigen.

Aber jeden Tag stets zu hören, was man alles falsch gemacht hat, entmutigt selbst den glühendsten Soldaten irgendwann. Wer tagein tagaus auf Übungsplätzen verbringt, weiß wovon ich rede. Ich habe mich zeitweise in meiner Kompanie und ganz ehrlich gesagt, auch immer mal wieder während meiner Ausbildungsphase, nicht wertgeschätzt gefühlt. Ich brauche wirklich niemanden, der mir den ganzen Tag mein Ego streichelt. Doch von Zeit zu Zeit mal zu hören, dass man gar nicht so schlecht war, wäre schon angebracht gewesen.

Das Thema Ausrüstung nervte auch über die Jahre sehr, denn bis auf die Waffen, die Munition und die Funkgeräte, trug kaum noch jemand in meinem Zug etwas dienstlich Geliefertes im Gefechtsdienst. Es war und ist gang und gebe, dass wir Soldaten uns für mehrere tausend Euro private Ausrüstung beschaffen, da diese einfach zweckmäßiger ist bei der Erfüllung unserer Aufträge. So kauften wir nur bei den Top-Firmen ein, denn wer bei militärischer Ausrüstung billig kauft oder vermeintlich sparen will, wird dies früher oder später bereuen. Die Themen Ausrüstung, Fahrzeuge und das (Nicht-) Vorhandensein von Luftfahrzeugen sind eine eigene Welt. Ich habe diese mehrfach angeschnitten, doch möchte hier jetzt nicht weiter darauf eingehen.

All die Herausforderungen waren auch immer ein Grund, warum mich der Gedanke reizte, bei den Spezialkräften nach der höchsten Stufe der Professionalität zu streben. Dort weiß man, dass man gut ist, doch gleichzeitig ist jeder selbst sein energischster Kritiker. Probleme gibt es dort auch, jedoch auf einem anderen Niveau. Die Auswahlverfahren und die anschließende Ausbildung zu bestehen, gelten als Gütesiegel für erstklassige Professionalität und einen geformten Charakter. Etwas, das nur die allerwenigsten erreichen.

Abbildung 30: Auf der Schießbahn mit mir als MG2 (Auch als offiziell fertig ausgebildeter Oberfeldwebel musste ich mich immer wieder beweisen.)

Übrigens das zu Beginn des Buches angesprochene ISAF-Mandat für Afghanistan endete am 31. Dezember 2014, bei dem bis zu 5.350 deutsche Soldaten*innen gleichzeitig vor Ort beteiligt waren. Seitdem gab es nur noch ein Mandat für die Ausbildungsmission ‚Resolute Support'. Die afghanischen Sicherheitskräfte sollen nun selbst die Verantwortung für die Sicherheit und Stabilität ihres eigenen Landes übernehmen. Die Bundeswehr gab bekannt, dass sie bis zum Ende des Jahres 2021 vollständig abgezogen sein möchte. Am 30.06.2021 kehrten die letzten stationierten Soldaten*innen aus Afghanistan zurück und landeten in Wunstorf bei Hannover. Damit ist der Afghanistan-Einsatz endgültig beendet.

*Typisch für Deutschland und Spiegelbild für den Umgang mit den Soldaten*innen gab es keinen offiziellen Empfang durch Politiker. Nicht einmal die Verteidigungsministerin war anwesend. Alle diejenigen, die über 20 Jahre stets für die Mandate stimmten und nie Gelegenheiten ausließen sich medial zu zeigen, um ‚Zeichen' zu setzen, scherten sich jetzt (wie offensichtlich auch zuvor) einen feuchten Käse um diesen historischen Moment. Niemand hat eine Parade erwartet, doch vielleicht auf einen Hauch von Anerkennung gehofft.*

In diesen 20 Jahren wandelte sich die Bundeswehr von einer Verteidigungsarmee zu einer Einsatzarmee. Allein in Afghanistan verloren 55 Bundeswehrsoldaten ihr Leben und hunderte wurden körperlich und seelisch verwundet. Die Dunkelziffer dürfte in die Tausende gehen.

Zum Jahreswechsel 2015 hin wurden, wie vorhin erwähnt, nun unsere beiden Bataillone (313 und 373) zu einem Regiment (31) verschmolzen. Diese Maßnahmen brachten auch neue Aufträge mit sich. So wurde unsere Kompanie, die 4./31, für den MEO-Status ausgewählt. Man kann sich die Aufträge nicht aussuchen, denn ähnlich wie bei den Einsatzkompanien gibt es das Rotationsprinzip. Man wird eingeteilt und hat entweder Glück oder Pech. MEO steht für militärische Evakuierungsoperationen im Ausland. In etwa bedeutet das, solange jemand noch nicht in Gefangenschaft geraten ist, sondern sich ‚nur' in einem fragilen Umfeld befindet, aus dem er evakuiert werden muss, ist dies Aufgabe der MEO-Kräfte. Alles was darüber hinaus geht, wäre das Aufgabengebiet des KSKs und gegebenenfalls von anderen spezialisierten Kräften. Der MEO-Status hat Vor- und Nachteile. Man bekommt zwar höhere Prioritäten für das in Übung halten der Soldaten und ein paar zusätzliche Ausbildungsabschnitte, jedoch ist es ein Szenario, dass nicht alle Tage stattfindet. Solange man den

Status innehat, ist man kurzfristig abrufbereit weltweit und nimmt ausdrücklich nicht an anderen Einsätzen teil. Man sitzt mehr oder weniger auf gepackten Koffern, wenn man nicht gerade auf Übung ist. Trotzdem waren wir durchgängig auf Übungen. Gerade der Einsatz deutscher MEO-Kräfte ist ein selten vorkommendes Ereignis. Die Chance abgerufen zu werden, um die eigenen Bürger aus einem fragilen Umfeld zu evakuieren, glich einem Nullsummenspiel. Doch wenn es einmal losgehen würde, wäre es ein höchst anspruchsvoller und ernstzunehmender Auftrag. Viele Ungewissheiten eingehen zu müssen unter dem Einsatz persönlicher Risiken, das war es, wofür wir ausgebildet wurden.

Das ist einer der Gründe, warum ich die spezialisierten Kräfte und Spezialkräfte auch als wahre Spartiaten unter den Soldaten bezeichne. Um das Recht und die Freiheit unserer demokratischen Grundordnung für unsere Bürger durchzusetzen, suchen sie bewusst das Risiko und wenn der Auftrag es erfordert, kämpfen sie mit dem höchsten Einsatz – ihrem Leben.

Zusätzlich bereiteten wir uns durch intensive Übungen auf derartige Szenarien vor. So wurden neue Ausbildungsabschnitte trainiert, wie zum Beispiel das Einrichten und Betreiben von mobilen Anlaufstellen, an denen Personen kontrolliert und registriert werden, um sie evakuieren zu können.

Im ersten Quartal 2015 spitzte sich die politische Lage im Jemen zu. So erhielten wir tatsächlich eine Alarmierung für eine bevorstehende Mission. Aufständische, die aus einem Militärputsch hervorgingen, rückten auf die Hauptstadt Sanaa vor. Wer konnte, rettete sich in die Botschaften oder auf die Industriegelände international agierender Konzerne. Als wir diese Nachricht erhielten, waren wir gerade beim Schießtraining auf den Truppenübungsplätzen Putlos und Todendorf an der Küste in

Schleswig-Holstein. Wir als Ausbilder wurden von unserem Zugführer zuerst informiert, nahmen dies nüchtern auf und nickten uns positiv zu, bevor wir es unseren Männern mitteilten. Unter den noch nicht einsatzerfahrenen Männern nahmen zwei diese Meldung nicht so gut auf, was sich in kreidebleichen Gesichtern widerspiegelte. Wir stellten unverzüglich das Schießtraining ein und verlegten zurück zum Standort Seedorf. In den darauffolgenden Tagen fanden alle vorbereitenden Maßnahmen für eine schnelle Verlegung in die Region Jemen statt. Das heißt, zu den entsprechenden Flughäfen Leipzig und Köln wurden Ausrüstung, Fahrzeuge, Waffen und Munition transportiert, sowie ein Vorauskommando in ein dort nahe gelegenes Land entsendet. Dieses sollte unser Eintreffen organisieren und koordinieren, denn häufig ist es bei der MEO der Fall, dass die Einsatzkräfte sich in einem Nachbarland organisieren und von dort aus ansetzen. In den betroffenen, fragilen Ländern ist es nicht immer gewährleistet, dass man Zugriff auf die dortigen Flughäfen hat oder auf entsprechende Infrastrukturpunkte zurückgreifen kann. Ein ganzes Wochenende saßen wir auf unseren gepackten Rucksäcken und warteten auf unseren Marschbefehl. Wir wurden angehalten, unser Testament zu schreiben und unsere persönlichen Angelegenheiten zu klären. Es herrschte ein striktes Kommunikationsverbot zur Außenwelt.

Nach Tagen intensivster Vorbereitung wurde letzten Endes der gesamte Einsatz ohne Begründung abgesagt. Wenige Wochen später erfuhren wir durch den Buschfunk, dass es scheinbar eine Einigung gegeben hatte, durch welche alle westlichen Staatsbürger den Jemen sicher verlassen durften. Was selbstverständlich positiv aufgenommen wurde. Ich spare mir jetzt sämtliche Kommentare, wie ‚verrückt' die beteiligten Soldaten*innen vorher durch die Aussagen und Anweisungen der übergeordneten Führung inklusive der politischen Ebene gemacht wurden…

Durch die Absage des Einsatzes wurde mir auch diese Chance genommen, meine Fähigkeiten in einem realen Einsatzszenario unter Beweis zu stellen. Somit war für mich ein neuer absoluter Tiefpunkt erreicht. Als „Belohnungs- und Motivationsmaßnahme" schickte mich mein neuer Zugführer von Charlie nochmals auf den Einzelkämpferlehrgang (EK 1 im Mai 2015), mit dem Hinweis, dass ich nur mit Abzeichen wiederkommen sollte. Einziger Lichtblick am Ende des ersten Quartals war, dass ich mein silbernes Springerabzeichen, sowie meine Beförderung zum Oberfeldwebel am selben Tag erhielt.

Anreisetag für den EK 1 war der 26.05.2015. Dort angekommen traf ich wieder meinen Freund, den Hörsaalleiter Hauptmann D.N., worüber ich mich sehr freute. Bevor der Lehrgang richtig startete, nutzten wir die Gelegenheit, um etwas zu plaudern. Er erkundigte sich unter anderem nach meiner Hüfte, da es kein Geheimnis mehr war, dass mein Hüftgelenk unter dem stetigen Verschleiß litt. Ich berichtete ihm offen, dass ich häufiger mal ein oder zwei Tage Pause benötigte, um das hohe Pensum der Fallschirmjäger weiter aufrecht zu halten. Viele Infanteristen leiden unter Rücken- und Knieproblemen, doch trauen sie sich meistens nicht, diese nachhaltig behandeln zu lassen. So etwas hätte logischerweise einen Ausschluss aus dem aktiven Dienstbetrieb zur Folge. Also taten wir alle das Gleiche, spielten unsere Probleme vor den Ärzten herunter und ließen uns maximal tageweise krankschreiben. Denn niemand möchte offiziell als nicht-mehr-einsatzfähig gelten.

So begann auch dieser Überlebenslehrgang nicht unter idealen Voraussetzungen für mich. Wieder bestritt ich beide Orientierungsmärsche und stürzte erneut. Nachdem ich den ersten O-Marsch als Erster durchgejoggt war, erwischte es mich beim zweiten O-Marsch an einem Hang. Das Gelände in Hammelburg ist wahrlich kein Geschenk. Steile Hänge, dichtes Unterholz und kaum

Freiflächen oder gute Aussichtspunkte zum Orientieren. Ich humpelte zur nächsten Kreuzung im Wald, da ich wusste, dass dort von Zeit zu Zeit ein Geländewagen der Ausbilder vorbeifuhr. Zu diesem Zeitpunkt war mir bewusst, dass mein rechtes Hüftgelenk nun endgültig Schaden genommen hatte. Der vorbeifahrende Ausbilder war ein Oberfeldwebel Ende 20. Wir hatten denselben Dienstgrad, dennoch war er in der Ausbilderfunktion und mir somit vorgesetzt. Ich bat ihn darum, mich ins Krankenhaus zu bringen, was er jedoch recht unhöflich ablehnte. Mit der Aufforderung den O-Marsch zu beenden und mich danach zu einem Arzt zu bringen, wenn dies dann noch mein Wunsch wäre, fuhr er weiter. Für die letzten zwei verbleibenden Punkte benötigte ich weitere drei Stunden, da ich nun nur noch humpeln konnte. Als ich dann endlich den Sammelpunkt erreichte, erwarteten mich bereits alle anderen. Ich humpelte und schlürfte mit meinen Kartenausschnitten zornig wie selten bisher direkt auf den Oberfeldwebel zu, drückte ihm diese in die Hand und forderte ihn genauso unhöflich auf, wie er mich zuvor, mich unverzüglich ins Krankenhaus zu bringen.

Abbildung 31: Die neuen EK1 und EK2 Abzeichen

Mit den im Krankenhaus erstellten Röntgenaufnahmen fuhren wir wieder zurück zum Truppenarzt im Standort Hammelburg. Ironischerweise erkannte mich der behandelnde Truppenarzt wieder, da mein letzter Besuch bei ihm nur sechs Monate zurück lag. Er legte mir nahe, mich unverzüglich in meiner Heimatstadt Berlin im dortigen Bundeswehrkrankenhaus von einem Facharzt untersuchen zu lassen. Er untersagte mir an meinen alten Standort zurückzukehren, da er wusste, dass ich dort maximal eine Woche Pause bekommen würde, bevor der Druck der Kameraden so groß werden und ich schließlich einfach weiter machen würde. Die Ärzte kennen das Spiel auch schon seit langem. Grund dafür war, dass er mir denselben Ratschlag ein halbes Jahr zuvor schon einmal gegeben hatte. Doch dieses Mal wollte ich auf ihn hören und reiste somit nach einer Woche vom EK1 endgültig ab und fuhr nach Berlin.

Die nächsten Wochen und Monate waren davon geprägt, mich mit den verschiedenen Ärzten, sowie Fachärzten herumzuärgern und bei ihnen vorstellig zu werden. Diese verschrieben mir nur Schmerzcreme, -tabletten und Physiotherapie. Doch das alles half nichts. Leider muss man sehr hartnäckig bleiben, ehe es ihnen in den Sinn kommt, das Spektrum der Ursachenforschung zu erweitern. Diese Arzttermine überspannten meinen Geduldsfaden, bis ich darauf bestand, einen zivilen Hüftspezialisten aufsuchen zu dürfen. Wie auch die anderen Ärzte zuvor führte er CTs, MRTs und manuelle Untersuchungen durch. In die auszufüllenden Formulare schrieb ich bei der Berufsbezeichnung nur Soldat rein. Nach dem Vorgespräch und den Untersuchungen wertete er bei einem weiteren Termin alle Fakten aus. Als er auf dem Bildschirm meine Hüftgelenke betrachtete, fragte er verdutzt:

Doc: „Was genau machen Sie nochmal beruflich?"

Ich: „Ich springe häufiger aus Flugzeugen und schleppe täglich viel Ausrüstung von A nach B, aber hauptsächlich werde ich für das Koordinieren und das Umsetzen von Befehlen bezahlt. Was ist los Doc, woher kommen meine Schmerzen?"
Doc: „Wie alt sind Sie?"
Ich: „Ich bin 25 Jahre alt Doc. Wo liegt das Problem? Wann kann ich wieder Fallschirmspringen gehen?"
Doc: „Herr Bulicke, ich glaube Ihnen ist der Ernst Ihrer Situation nicht bewusst. Lassen Sie es mich so erklären. Ich sehe hier eine Vorstufe von Arthrose beziehungsweise um es verständlicher auszudrücken – einen krassen Fall von Verschleiß. Das normale Gelenk hat eine Art natürliches Schmiermittel zwischen den Knochen und dem Knorpel, damit alles reibungslos funktioniert. Bei Ihnen hat sich diese Flüssigkeit zurückgebildet, dass ist der Grund dafür, weshalb Sie bei Belastungen dieses Knirschen wahrnehmen und starke Schmerzen haben. Normalerweise liegt eine dünne Filmschicht um Ihren Knochen herum, die als Schutzschicht dient. Doch bei extremen Belastungen wird diese, wie ein Schwamm zusammengequetscht, so dass Knochen auf Knochen reibt. Wahrscheinlich durch Ihre schwere Ausrüstung, den langen Märschen und Stauch-Belastungen beim Fallschirmspringen hervorgerufen. Doch auch chronischer Stress, ungesunde Ernährung und häufiger Schlafmangel können eine Rolle spielen. Mir ist das nicht unbekannt, da ich jeden Tag solche Hüftgelenke sehe und sie operiere. Doch meine Patienten mit Arthrose oder wie in Ihrem Fall mit einer Vorstufe davon sind normalerweise weit über 60 Jahre alt."
Ich: „Hmm."
Doc: „Ich möchte ganz direkt zu Ihnen sein, damit wir uns nicht falschverstehen. Wenn Sie das, was Sie tun in diesem Pensum und mit dieser Intensität weiterführen, werden sie vor Ihrem 30.

Lebensjahr hier bei mir auf dem Tisch liegen und zwei neue Hüftgelenke bekommen. Ich hoffe das war deutlich genug!"

Dieser Spezialist der Charité Berlin gab mir die niederschmetternde Diagnose mit einer Direktheit, wie ich sie gebraucht habe und sonst nur vom Militär kenne – eine schonungslose Art der Mängelanalyse. Er empfahl mir eine massive Reduzierung aller Belastungen, sowie eine frühzeitige berufliche Umorientierung. Erst in diesem Moment, durch die neutralen Aussagen eines zivilen Facharztes, erkannte ich, wie ernst meine Lage wirklich war. Es war nun an mir eine Entscheidung zu treffen, ob ich wieder in die alten Muster zurückfallen würde, oder einen neuen ungewissen Weg einschlage, der sich allerdings richtig anfühlte. Denn es war der Zeitpunkt eingetreten, in dem ich selbst ohne Ausrüstung kaum noch sauber und ohne Schmerzen gehen konnte. Für jemanden wie mich, dem Laufen alles bedeutet, war das ein KO-Kriterium.

Somit beantragte ich über die Ärzte und meinen Kompaniechef ein DU-Verfahren (Dienstunfähigkeitsverfahren). Ein DU-Verfahren entspricht dem zivilen BU-Verfahren (Berufsunfähigkeitsverfahren).

Meine Würfel waren gefallen.

Zeitstrahl Dienstzeit Kevin Bulicke

01.04.2010 Diensteintritt (in Pfullendorf)

07.09.2010 - 28.09.2010 Fallschirmsprunglehrgang Automatik (in Altenstadt)

25.11.2010 - 23.12.2010 Kraftfahrzeuglehrgang BC (in Veitshöchheim)

04.01.2011 - 25.02.2011 Fw Anwärterlehrgang AMT (in Pfullendorf)

04.04.2011 - 01.07.2011 Truppenpraktikum 1 (in Zweibrücken)

04.07.2011 - 23.09.2011 Fw Lehrg MFT TrDst Inf Teil A (in Hammelburg)

26.09.2011 - 18.11.2011 Fw Lehrg MFT TrDst Inf Teil B (in Altenstadt)

17.01.2012 - 19.06.2012 Fw Lehrg Englisch + AMT (in Delitzsch)

24.06.2012 - 29.06.2012 EFV Teil I (in Calw)

09.07.2012 - 14.09.2012 10 WoPro (in Meßstetten)

20.09.2012 - 26.09.2012 EFV Teil II (in Calw) nicht bestanden

14.01.2013 - 28.03.2013 Truppenpraktikum 2 (in Zweibrücken)

02.04.2013 - 24.05.2013 Lehrg Infanterist Spezielle Operationen (in Pfullendorf)

ab 01.07.2013 Versetzung nach Seedorf

19.09.2013 - 27.09.2013 – EFV II (in Calw) nicht bestanden

05.12.2013 Antrag auf Ausnahmegenehmigung für den 3. Versuch EFV II

17.01.2014 Ablehnung vom General für den 3. Versuch

06.02.2014 Antrag auf Dienstzeitverkürzung

17.03.2014 Antrag auf Einstellung der Dienstzeitverkürzung

04.11.2014 - 10.11.2014 EK I (in Hammelburg) nicht bestanden

26.05.2015 - 29.05.2015 EK I (in Hammelburg) nicht bestanden

15. Das schwarze Loch

Bei diesem Kapitel muss ich gestehen, dass es mir so unglaublich schwer fiel es niederzuschreiben. Mir ist bewusst, dass ich damit ein Risiko eingehe, mich zu exponieren. Die Chance ist hoch, dass mich der eine oder andere danach nur noch schief belächelt oder vielleicht sogar auslacht. Jedoch weiß ich, dass es viele Soldaten*innen in unseren Reihen gibt, die ernsthafte Probleme mit sich herumtragen. Das können Erlebnisse aus den Einsätzen sein, familiäre Probleme, private Probleme oder aber auch einheitsinterne Probleme. Vielleicht hilft es dem einen oder anderen sich zu öffnen, sich etwas einzugestehen oder sich Hilfe zu suchen, denn dafür bin ich gerne bereit belächelt zu werden. Die Art und Weise wie wir Menschen reagieren, sagt häufig mehr über uns selbst aus, als über das was passiert ist.

Ich habe den schmalen Grat zwischen der physisch machbaren Grenze des menschlichen Körpers mit all seinen Stärken und Schwächen gesehen, gespürt und erlebt. Vor allem was es bedarf, um auf diesem Grat entlang zu gehen, zum nächsten Punkt, zur nächsten Prüfung, zur nächsten Entbehrung, bevor selbst der stärkste Geist nachlässt und der Körper dann völlig versagt. Doch auf das, was folgen sollte, konnte mich keine Ausbildung der Welt, kein Auswahlverfahren und auch sonst nichts vorbereiten. Diese miese, hinterhältige Form von Guerilla-Taktik meiner eigenen Psyche überfuhr mich wie ein Güterzug.

Nachdem ich nun ein paar Monate krankgeschrieben zu Hause verbrachte, kam ich anfangs noch gut damit zurecht, meinem Körper einfach mal eine Pause zu gönnen. Den Sommer genoss ich so weit, wie man ihn in Berlin eben verbringt. Die häufigen Arzttermine drückten meine Stimmung, doch vor allem war das Warten das Problem, die Ungewissheit und das Grübeln.

Nächtelang lag ich wach und habe mir selbst Vorwürfe gemacht: „Wieso hat du das nicht geschafft? Wieso warst du nicht schneller? Du bist ein Versager. Du bist nicht gut genug. Du bist es nicht wert." Es machte mich fertig und da ich in einem tiefen schwarzen Loch saß und jede Menge Zeit zum Grübeln hatte, zerrissen mich meine Gedanken. So wurde ich der Looser aus meinem Kopf, für den ich mich hielt.

Das Gefühl nicht mehr gebraucht zu werden, keine Verantwortung mehr zu haben, war schrecklich. Ich vermisste schon nach kurzer Zeit die Aussicht, überhaupt mal wieder Fallschirm zu springen, den Schießstand und den durchaus fordernden positiven Alltagsstress, der mich lange Zeit zu Höchstleistungen angetrieben hatte. Den Körper physisch wie psychisch von 130 % auf nahe 0 % durch eine Vollbremsung zum Stehen zu bringen, birgt zwar auch die eine oder andere Chance, doch in erster Linie geriet mein Lebensrhythmus aus den Angeln. Etwa 2.000 Euro netto ausgezahlt zu bekommen, für das Herumsitzen zu Hause, mag für den einen oder anderen ohne Anspruchshaltung im Leben wie ein feuchter Traum klingen, doch ich schämte mich nur noch. Ich hatte nicht mehr das Gefühl, es verdient zu haben. Mein Tag-Nacht-Rhythmus änderte sich. Tagsüber vegetierte ich in meiner WG (mit zwei spanischen Schwestern und einem Mädchen aus Turkmenistan) herum und nachts zockte ich langweilige Strategiespiele oder schaute einen Film nach dem anderen an, bis ich vor Erschöpfung einschlief. Ich aß immer weniger und ungesünder. Vor die Haustür ging ich immer seltener. Zwar hatte ich den Sommer noch dazu genutzt, zum Fitnessstudio zu humpeln, um meinen Oberkörper zu trainieren, doch sobald der Herbst einsetze, wurde ich faul. Meine Kontakte beschränkten sich nur noch auf meine Familie und meine engsten Freunde, wenn diese am Wochenende Zeit hatten, denn von Elly hatte ich mich schon vor einiger Zeit getrennt. Unter der Woche versuchte ich immer häufiger mein Verhalten, das ich nicht wahrhaben wollte, zu kompensieren. Sich die Realität nicht eingestehen zu wollen ist menschlich.

Eine mögliche Definition von Irrationalität: Die Energie, die der Mensch aufbringen kann, Dinge zu verdrängen liegt stets exponentiell über dem normalen Denkbarem.

Also traf ich mich alle zwei oder drei Tage mit Frauen, um mein Ego möglichst hoch zu halten. Ich nutzte alle möglichen Dating-Portale und ließ keine Gelegenheit aus, um Frauen anzusprechen. Was anfangs noch cool war, entwickelte sich rasch zu einem chronischen Verhalten. Körperlich sah ich topfit aus, mal vom Humpeln und dem blassen Gesicht abgesehen. Ich machte mir einen Spaß daraus, wie weit man es treiben kann, um direkt den „Punkt“ zu holen: Zwei Frauen an einem Tag hintereinander, „das perfekte Wochenende“ oder „die Fünf-Werktage-Date-Woche“. Im Nachhinein etwas, auf das man nur bedingt stolz sein kann. Nach dem 100. Kaffeedate hörte ich auch auf zu zählen. Mir fiel zwar auf, dass es mich immer mehr Überwindung kostete, mich zu treffen und in Berlin allgemein etwas zu unternehmen, doch änderte ich nichts an meinem Verhalten. So sollte es nicht mehr lange dauern, bis ich überrascht werden würde.

Unsere WG hatten wir im Nikolaiviertel neben dem Alexanderplatz. Für gewöhnlich ging ich bei Netto einkaufen, da er am nächsten dran war. Es müsste November gewesen sein. Die Kassen waren alle voll, alles dauerte ewig. Bestimmt 20 Minuten stand ich einfach in der Einkaufsschlange mit meinen Beuteln. Plötzlich hörte ich ein Geräusch, bekam ich einen Adrenalinstoß und meine Haare sträubten sich. Ich war hellwach und blickte mich hektisch um, vernahm jedes Rascheln der Tüten, jedes Piepen der Kassen doppelt so laut, meine Muskeln verkrampften sich und ich wollte mich bewegen. Als ich mich umsah, ob es eine Gefahrenquelle gab, sah ich nur gelangweilte Gesichter und regungslose Menschen. Solch eine Anspannung kannte ich sonst nur vom Fallschirmspringen, oder von der Gefechtsschießbahn, wenn wir komplexe Szenarien übten. Nachdem der Typ hinter mir mich mit einer typischen Berliner Schnauze anranzte, dass ich doch aufrücken soll, verlor ich fast die Beherrschung. Bildlich war meine Faust schon in seinem Gesicht gelandet und hätte ihm ein Puzzle in seine Brille gedrückt, doch ich riss mich zusammen. Danach spürte ich nur noch Hilflosigkeit in meinem Körper. Dieser schüttete alles an Alarm- und Warnsignalen aus, das ihm zur Verfügung stand. Ein Gefühl der puren Angst überkam mich. Ich schwitzte, wie in der Sauna, obwohl es kühl war. Nachdem ich endlich bezahlen konnte, verließ ich auf dem direktesten Wege das Gebäude. In meiner WG angekommen, brauchte ich einige Momente, um wieder herunterzukommen und ging duschen. Das war meine erste Panikattacke von vielen weiteren, die noch folgen sollten.

Die Konsequenzen, die ich daraus zog, waren übersichtlich. Da ich zeitlich flexibel war, ging ich meistens kurz vor Ladenschluss einkaufen, oder am Vormittag, wenn die Rentner durch waren. Sonst änderte ich nichts an meinem Verhalten und dachte, dass es bestimmt ‚besser' werden würde. Den November, Dezember und Januar über datete ich hauptsächlich eine süße Vietnamesin und einige weitere Frauen nebenbei. Mir fielen Treffen immer schwerer, die länger als zwei Stunden tagsüber oder eine Nacht gingen. Ich aß unregelmäßiger und immer weniger, meistens sogar weniger als die schlanken und sportlichen Frauen, die ich datete. Langsam wurde es schon so offensichtlich, dass ich darauf angesprochen und es mir peinlich wurde. Also gab es keine Verabredungen zum Essen mehr. Nur noch Kaffeedates oder abends Wein, Drinks und dann zu mir oder ihr. Die ältere der beiden spanischen Schwestern wurde schon sauer, wenn ich wieder eine mit nach Hause brachte. Wie gesagt nichts, worauf man nachhaltig stolz sein müsste, es war pure Kompensation. Wenn du einem hochmotivierten jungen Mann, einem Soldaten, seine Uniform, seine Waffen und all seine Verantwortung als Ausbilder, als militärischer Führer und Vorgesetzter wegnimmst, wird er es auf die eine oder andere Art und Weise kompensieren. Ich begann wieder zu rauchen, um die Nervosität in meinem Magen zu unterdrücken. Dass sich das Nikotin wiederum nicht gut auf meinen schon ständig leeren Magen auswirkte, kann man sich denken, war mir damals jedoch egal. Meine permanente Anspannung zu lindern, erachtete ich als Schwerpunkt. Ich trank auch häufiger mal ein Bier, um A ‚herunterzukommen' und B meinen Magen anzuregen, um besser essen zu können, besonders bei gesellschaftlichen Anlässen. Dass das auf Dauer weder gut noch gesund sein konnte, war mir bewusst, doch wie schon erwähnt, der Mensch ist hervorragend darin, etwas nicht zu akzeptieren und wahrhaben zu wollen.

Im Januar 2016 startete der Film „The Revenant" mit Leonardo DiCaprio. Mit meiner Affäre ging ich unter der Woche zu einer späten Vorstellung, um möglichst wenig Menschen zu begegnen. Über die letzten drei Monate war mir aufgefallen, dass ich immer seltener die öffentlichen Verkehrsmittel benutzte. Ich fühlte mich beengt, unwohl und sah mich häufiger derselben Situation ausgesetzt, wie bei Netto an der Kasse. Wir holten uns Popcorn und eine Cola und saßen relativ weit hinten in einem Pärchen Sitz. Das Kino war gefühlt leer – maximal 20 Menschen. Da die Eröffnungsszenen hektisch und brutal sind (womit ich bis dato kein Problem hatte), war ich sofort im Alarmzustand. Mein Körper krampfte, meine Hände schwitzen, ich zitterte. Mein Date fragte mich, ob alles okay sei, ich nickte darauf nur. Doch dieses Mal konnte ich es nicht mehr unterdrücken. Mir wurde übel, der Fluchtinstinkt in meinen Körper gewann die Oberhand und ich musste gehen. Wahrscheinlich merkte sie, dass etwas nicht mit mir stimmte, eventuell teilte ich es ihr auch noch mit. Das weiß ich nicht mehr genau, jedenfalls stürmte ich aus dem CineStar am Alexanderplatz vor die Tür und versuchte Luft zu holen. Die paar hundert Meter bis zu meiner Wohnung bekam ich mich kaum noch ein. Mein Körper konnte sich nicht zwischen Erbrechen und Wegrennen entscheiden. Liebevollerweise machte sie mir einen Tee zu Hause und kümmerte sich um mich, bis ich langsam runterkam. Danach traf ich kaum noch Menschen. Auch scheinbar normale Termine wie Geburtstage von Freunden schob ich hinaus, kam als Letzter, ging als Erster. Zu den scheinbar normalsten und sozial anerkanntesten Interaktionen der Welt, eine Verabredung zum Essen mit Freunden, ging ich gar nicht mehr oder kam nur noch auf das Bier danach vorbei. Ich ging lieber fünf Bahnstationen zu Fuß, als mich nur noch einmal in diese Sardinenbüchsen zu quetschen. Doch immer noch wollte ich es nicht wahrhaben, dass etwas aus dem Ruder lief, ich passte nur mein Verhalten an, doch änderte nichts an meinen grundsätzlichen Umständen – Vermeidungsverhalten.

Im Zuge der Krankschreibungen der Bundeswehr wird man in den allerseltensten Fällen von heute auf morgen mit einem DU-Verfahren belastet. Vor 2011, als es noch die Wehrpflicht gab und immer genügend Personalersatz da war, konnte man Soldaten*innen deutlich schneller entlassen. Die BWLer würden dazu substituierbar sagen. Doch nach der Abschaffung der Wehrpflicht und der Realisierung, dass freiwillig nicht einmal ansatzweise so viele Rekruten*innen kamen, wie man sich das vorgestellt hatte, kann man die Personalnot verlangsamen, indem man einfach kaum noch Soldaten*innen entlässt. Egal wie schlecht es ihnen geht oder wieviel Mehrwert sie überhaupt noch bieten. Man lässt sie nicht mehr gehen, da jede/r Soldat*in, auch wenn er/sie nur zu Hause verrottet – eine +1 bei der Gesamtpersonalstärke bildet. Mein DU-Verfahren wurde erst im

Januar 2016 durch die Ärzte eröffnet und in Köln beim Personalamt der Bundeswehr offiziell eingereicht, obwohl ich das okay von meinem Chef und meinem Kommandeur schon Monate zuvor hatte.

Nachdem ich also sechs Monate unter starken Schmerzen zu Hause saß und all die Dinge geschehen sind, die du eben gelesen hast, frustrierte mich der Umgang der Bundeswehr mit ihren verletzten Soldaten*innen zutiefst. Ich verstehe, dass die Ärzte nicht sofort die Reißleine ziehen und viele gesundheitliche Probleme mit Salbe und etwas Ruhe verheilen. Ich wünschte damals wirklich, ich hätte einen Schießunfall oder etwas Offensichtlicheres gehabt. Ein Loch im Brustkorb oder im Arm hätte einige Dinge beschleunigt. Mal davon abgesehen, dass mir meine Situation klar war und ich immer direkt kommuniziert hatte, dass ich entweder Fallschirmjäger bin oder sonst wieder Zivilist werden möchte. So ist man salopp gesagt mit ‚Hüftschmerzen' der Depp. Keiner sieht es, keiner fühlt es und Mitleid gibt es in unserer Branche sowieso nicht. Die anderen Kameraden*innen zeigten mir häufig, was sie von meiner Krankschreibung hielten, wenn ich nur ab und zu mal im Dienst aufschlug, um mich wieder krankschreiben zu lassen. Ablehnung wäre noch nett ausgedrückt. Du bist ein Ausgestoßener. Nur ganz vereinzelt in der Raucherecke unter vier Augen sprach man offen. Ich verstehe zum Teil ihre Reaktionen, jeder hat Schiss, er könnte der Nächste sein, der sich verletzt und dann der Ausgeschlossene wäre. Niemand möchte sich mit dem, was passieren könnte, beschäftigen. Es ist die sichtbar gewordene Angst vor der Angst. Deswegen wird man ignoriert, nicht weil sie mich nicht mehr als Mensch mochten, sondern weil sie selbst negative Reaktionen aus der Gemeinschaft bekamen, wenn sie mit mir gesehen wurden – klassische Gruppendynamik.

Als Soldaten haben wir die Pflicht zur Gesunderhaltung § 17a des Soldatengesetzes. „Der Soldat hat alles in seinen Kräften Stehende zu tun, um seine Gesundheit zu erhalten oder wiederherzustellen. Er darf seine Gesundheit nicht vorsätzlich oder grob fahrlässig beeinträchtigen."[49]

Bevor ich gleich auf einen jungen Arzt zu sprechen komme, der mir einen wichtigen Impuls gab, indem er einfach Klartext mit mir sprach, möchte ich noch folgende Zeilen loswerden. Ich hoffe sie geben Aufklärung für diejenigen, die es noch nicht wissen oder können ein Anstoß für nachhaltigere Verhaltensweisen sein.

Die Bundeswehr hat verschiedene Ansprechpartner*innen und Stellen für Hilfe- und Ratsuchende. Als einem der Ersten sollte eurem Buddy, eurem Stubenkameraden oder eurem Gruppen- / Zugführer auffallen, wenn du nicht mehr die Leistung bringst, die du normalerweise ablieferst. Nach dem üblichen militärischen Motivieren und Pushen, welches hilfreich sein kann, die eine oder andere faule Phase zu überwinden, solltest du wieder funktionieren. Wenn das der Fall ist, dann ist alles wieder gut. Falls das jedoch nicht der Fall ist, würde ich dich als Gruppenführer spätestens dann zur Seite nehmen, um in einem längeren Gespräch herausfinden zu wollen, was los ist. Wir haben die Pflicht zur Kameradschaft innerhalb der Bundeswehr. Es ist eine Pflicht, keine Option. Das steht im Soldatengesetz unter §12.[50] Damit es die anderen nicht sofort mitbekommen und ich deine Reputation nicht vor den Kameraden anzweifeln möchte, würde ich dir aufgrund der ‚nicht optimalen Leistung' im Dienst eine Runde befohlenes Lauftraining nur mit mir aufzwingen. Jeder andere würde nur eine gewöhnliche militärische Maßnahme sehen, um dich wieder zu motivieren. Beim Joggen (abseits der üblichen Laufstrecken, die

---

49 [Q16] Abs. (1)

50 Vgl. [Q17]

jeder andere benutzt) würde ich dich fragen, was los ist. Ich würde berichten, was mir an dir, deiner Leistung und deinem Verhalten in den letzten Wochen oder Monaten aufgefallen ist und dir so die Möglichkeit geben alles zu sagen, was du möchtest. Es würde niemand erfahren. Das Vertrauen unter uns Soldaten ist das Wichtigste. Für den Fall, dass es aus dir herausbricht und du mir nun alles erzählst was dich so fertig macht und was dich belastet, dann ist das gut. Es ist wichtig, dass wir uns mitteilen. Sobald es ausgesprochen ist, besteht die Möglichkeit, die Situation zu analysieren und anzupacken. Das Aussprechen ist allerdings deine Bürde, niemand anderes kann es für dich machen. Nur das Umfeld dafür kann jemand anderes schaffen, damit es dir leichter fällt.

Nun mag es den Fall geben, dass du mit deinen/r Kameraden*in oder Ausbildern*in nicht sprechen kannst oder möchtest. Es gibt in jeder Einheit eine Vertrauensperson, sowohl in jeder Kompanie als auch in jeder Kaserne. Du könntest auch um ein Gespräch beim Chef oder Spieß bitten. Des Weiteren besteht die Möglichkeit, zum Pfarrer zu gehen. Dafür musst du nicht gläubig sein und auch wenn du einen ganz anderen Glauben hast, wird der Pfarrer für dich da sein. Es sind gute Menschen, die dir zuhören und einfach nur für dich da sind. Sie haben die Möglichkeit die hierarchischen Strukturen der Einheiten und Teileinheiten zu umgehen und direkt mit dem Kommandeur zu sprechen, wenn es die Situation erfordert. Der Sozialdienst der Bundeswehr, genauso wie der BundeswehrVerband bieten ähnliche Möglichkeiten und Netzwerke an. Auch diese Menschen möchten dir nur helfen und jede einzelne Person unterliegt der absoluten Schweigepflicht. Mir ist bewusst, dass man schnell als ‚Schwächling' gilt, wenn man sich Hilfe sucht.

Aus meiner eigenen Erfahrung weiß ich jetzt, dass sich Hilfe zu suchen ein Beweis von Stärke ist. Leider gibt es da noch einiges an

Verbesserungsmöglichkeiten innerhalb der Truppe. Du hast aber nur dieses eine Leben.

Ich bin felsenfest davon überzeugt: Meistern wir unsere emotionalsten Momente, werden sie prägend und wir gehen gestärkt aus ihnen hervor.

Mein Kompaniechef und Spieß unterstützen zwar mit ihren Unterschriften mein DU-Verfahren beziehungsweise die bürokratischen Hürden, doch leider hatte ich sonst keine Hilfe aus meiner Kompanie zu erwarten. In der gesamten Zeit, in der ich krankgeschrieben war, beziehungsweise mit dem DU-Verfahren zu tun hatte, haben sich maximal fünf Soldaten aufrichtig nach meiner Gesundheit erkundigt. Aus den Augen aus dem Sinn, oder war es vielleicht die Angst davor, eines Tages selbst in dieser Situation zu sein?

Der Jahreswechsel zu 2016 änderte nichts zum Positiven, im Gegenteil, es kamen noch familiäre sowie finanzielle Probleme hinzu. Ich aß mittlerweile nur noch leichte Kost, da ich alles andere kaum im Magen halten konnte. Innerlich war mein Körper permanent in einem Alarmzustand. Jeder weitere Arzttermin kostete mich zwei schlaflose Nächte im Voraus und einen Spannungsbogen, welchen ich fast nicht mehr ertragen konnte. Private Treffen gab es zu diesem Zeitpunkt nun auch nicht mehr. Meine Eltern realisierten, dass es mir nicht mehr gut ging. Als meine Mutter mich damit konfrontierte, erzählte ich ihr von meinen Panikattacken, dem Vermeidungsverhalten und meiner dazugekommenen Essstörung. Sie drängte mich liebevoll dazu, mit einem Arzt zu sprechen. Als ich dann um Ostern herum absolut gar nicht mehr konnte und drei Tage in Folge nur etwas Gries aß, war ich an meinem persönlichen Tiefpunkt angekommen. Da ich auch keine Kraft mehr hatte mein Verhalten zu kaschieren, war ich nun bereit mich einem Arzt anzuvertrauen. Und dies tat ich dann auch endlich!

Depression, eine wahrhaftige Depression ist nicht das Fehlen von Hoffnung. Es ist die Überzeugung, dass die Hoffnung nie zurückkehren wird!

Die Mutter aller modernen Übel zwingt dich Dinge zu tun, die du vorher nie gemacht hast. Du änderst deinen Tag-Nacht-Rhythmus, kapselst dich ab, grenzt dich selbst aus. Deine Sinne werden getäuscht, du bist in einem permanenten Alarmzustand. Durch jede Kleinigkeit reizbar, übersensibel, reagierst du schroff. Dinge, die dir früher egal gewesen wären, nimmst du dir auf einmal total zu Herzen. Wärme weißt du von dir. Die Dunkelheit kriecht in deinen Geist, er wird klamm, wie die Feuchtigkeit im Wald erst deine Kleidung durchdringt und dann deinen Körper. Wir sind Gefangene unseres Verstandes. Es braucht schon eine gehörige Portion Willenskraft, diese Abwärtsspirale nachhaltig zu durchbrechen.

Häufig beginnt dir das erst klar zu werden durch ein nachhaltiges, einschneidendes Ereignis, sagen wir beispielsweise, wenn dir jemand einen Spiegel deines Verhaltens aufzeigt. In diesen Momenten, in denen unser Geist für den Bruchteil eines Moments wieder klar ist, können wir die Entscheidung fällen, unsere derzeitige Situation zu verändern – Selbstreflexion. Nutze deinen Willen und starte unmittelbar mit dem ersten Schritt. Hole Dir Hilfe, bevor es zu spät ist.

Ich hatte den Teufel bereits gesehen, er klopfte an die Tür und schaute durch die Fenster. Es wäre nur eine Frage der Zeit gewesen, bis die Handgranate in mir drin detoniert wäre.

„Karriereselbstmord ist nicht so übel zur Alternative, Selbstmord durch Karriere"[51] → aus dem Film: „Die Erfindung der Wahrheit"

Mittlerweile wurde mir auch noch mitgeteilt, dass mein Antrag auf Dienstunfähigkeit ausgesetzt worden war. So konsultierte ich den BundeswehrVerband und informierte mich über einen möglichen Rechtsbeistand und tat das gleiche bei zwei weiteren zivilen Anwälten. Da ich mich dagegen sträubte, weiterhin eine Karteileiche (also dauerhaft krangeschrieben) zu sein, nachdem sämtliche Anträge und Beschwerden in höheren Instanzen und sogar eine Anfrage zum Freikauf abgelehnt wurden, beziehungsweise im Sande verliefen, resignierte mein Körper völlig. Wie schon gesagt war dieser Tiefpunkt um Ostern erreicht. Es ging nur noch Couch und Grieß. Ich hatte weder die Kraft noch die Nerven so weiterzuleben und suchte wieder das Bundeswehrkrankenhaus auf. Dort half mir zum Glück ein junger Truppenarzt, mit seinem Impuls und vereinbarte für mich einen Termin beim Psychologen. Er sagte mir sehr direkt: „Ihr Problem ist nicht das Magengeschwür, sondern Ihr Kopf. Ich habe Ihnen bei Dr. XY einen Termin gemacht. Sie gehen da nächste Woche hin und erzählen ihm was alles schiefläuft, verstanden!?" Ich nickte nur.

Ich ging also freiwillig in die FU6 (Fachärztliche Untersuchungsstelle für Psychiatrie und Psychotherapie) und rettete so mein Leben.

Um das nochmal zusammen zu fassen: Mein alter Arbeitgeber ließ sich von Beginn an sehr viel Zeit, bevor mein DU-Verfahren offiziell eröffnet wurde. Danach setze man es mal eben für sechs Monate aus, um mir ‚zur Belohnung' mitzuteilen, dass mein Antrag abgelehnt wurde und ich wieder den Dienst verrichten sollte.

---

51 [Q18]

Selbst der Letzte versteht, dass hier massiv auf Zeit gespielt wurde. Im Juli erhielt ich eine schriftliche Aufforderung der beratenden Ärztin aus Köln, wieder in Seedorf vorstellig zu werden. Mein Kompaniechef sollte nun für mich einen „leidensgerechten adäquaten Dienstposten" finden. Diese aufgezwungene Anordnung empfand ich als inakzeptabel und so blieb mir nichts anderes übrig, als erneut Kontakt mit dem behandelnden Arzt in der FU6 aufzunehmen.

Denn in diesem System noch eine Kompromisslösung zu finden, stand nicht im Einklang mit meiner Anspruchshaltung. In einer Berufsarmee wäre mir das nicht passiert. Nach der Absage vom General hätte ich den Dienst quittiert und wäre von Dannen gezogen. So ließ ich mich kaputt spielen und zermürben.

Es ist nicht so, dass ich keine Uniform mehr tragen wollte, oder eines morgens aufgewacht bin und sie nicht mehr passte. Nur nach allem was passiert war, konnte sie mir einfach nicht mehr passen.

16. Never give up!

Mit den Ärzten aus dem Bundeswehrkrankenhaus Berlin (BWK) und dem Sozialdienst der Bundeswehr erarbeiteten wir ein Konzept, um eine zeitlich gebundene, zweckmäßige Einigung für alle Beteiligten zu finden. Durch die kurzen Wege innerhalb des BWKs eröffnete man mir die Möglichkeit, die S3-Abteilung (Stabsabteilung 3) bis zum Ende des bürokratischen Prozesses (neues DU-Verfahren) zu verstärken.

Zur kurzen Erläuterung: die S3-Abteilung plant alle Ausbildungsvorhaben und koordiniert die Einsatzplanung. Als Fallschirmjäger und Infanterist war ich prädestiniert, meine erworbenen Fähigkeiten als Ausbilder dort in Bezug auf Schieß- und Fitnesstraining einzubringen. In den Bundeswehrkrankenhäusern findet man sämtliches medizinisches Fachpersonal, jedoch nur wenig geschultes Personal, wenn es um Fertigkeiten aus meinem Aufgabenbereich geht.

So ließ ich mich nach dem Hamburger Modell[52] wiedereingliedern. Die wesentlichen Unterschiede zwischen dem BWK und den Infanteriekasernen waren, dass einem hier viel Verständnis für menschliche Probleme entgegengebracht wurde, jedoch ungewohnter Weise kaum militärisches Verhalten vorlag.

Auf Empfehlung der Ärzte und eigenen Wunsch besuchte ich ab Januar 2017 für knappe zwei Monate eine zivile psychosomatische Kureinrichtung in Obersdorf (Bayern). Ich wollte so weit wie möglich weg von der Heimat und allen militärischen Einrichtungen entfernt sein. Die Berge (diesmal ohne Gepäck) und die frische Luft

---

52 Bei dem ‚Hamburger Modell' handelt es sich um eine umgangssprachliche Bezeichnung für eine stufenweise Wiedereingliederung in das Berufsleben nach langer Krankheit.

taten meiner Seele gut. In der darauffolgenden Zeit baute ich den über die Jahre angestauten Urlaub und die unzähligen Überstunden ab. Unter anderem reiste ich mit meinem Vater für fünf Wochen nach Australien. Auch wenn ich selbst nicht alle meine Träume erreichen konnte, dachte ich mir, es wäre doch nett, einem anderen Menschen bei seinen zu helfen. Mit Anfang 60 und fast ohne Englischkenntnisse wollte mein Vater nicht allein nach Australien fliegen, doch es war sein Lebenswunsch einmal den Uluru (Ayers Rock) zu sehen. So flogen wir zusammen. Australien faszinierte mich und ich schwor mir selbst, sobald ich wieder ein freier Mann wäre, würde ich hier ein Jahr ‚Work and Travel' absolvieren.

Abbildung 32: Mein Vater und ich am Uluru (So sieht Erfüllung aus.)

Ansonsten kümmerte ich mich darum, dass alle Soldaten*innen im Bundeswehrkrankenhaus immer in regelmäßigen Abständen ihre Schieß- und Sportleistungen ablegen konnten. Das wird bei uns unter dem Oberbegriff „IGF" geführt. IGF steht für individuelle Grundfertigkeiten, die jedes Jahr zu erfüllen sind. Eine Soldatin und ein Soldat, die das in den Jahren zuvor übernommen hatten, kamen anscheinend aus einer anderen Branche. Es war sicherlich gut gemeint, doch gab es kaum Strukturen und feste Abläufe. Ich ließ mich von meinem neuen Oberleutnant einweisen und fragte zugleich, ob ich eigene Vorschläge mit einbringen könnte. Er und der Stabsfeldwebel, der zugleich Schießlehrer und Spieß des Bundeswehrkrankenhauses war, konnten meine Unterstützung gut gebrauchen. Mein Büro richtete ich neu ein. Es wurden Karten und Übersichten an die Wände angebracht. Ich druckte einen festen Jahresplan aus, an dem die meisten Schieß- und Sporttermine schon voreingetragen waren. Diese einlaminierten A3-Blätter verteilte ich in jeder Abteilung im Krankenhaus und wies das medizinische Pflege- und Fachpersonal ein, wie in Zukunft die Abläufe wären. Alles wurde simpel und übersichtlich gehalten. Gleichzeitig gab es jeden Monat eine Mail an jede Abteilung, ob sich etwas geändert hatte und eine kurze Erinnerung für das nächste Schießen oder den nächsten Gepäckmarsch. Von vornherein war es meine Absicht gewesen, ein funktionierendes Konzept in Umlauf zu bringen, das ich einfach an meinen Nachfolger weitergeben konnte. In regelmäßigen Abständen nahm ich meine Arzttermine wahr, um mein eigentliches Ziel, wieder ein freier Mann zu werden, zu erreichen. So automatisierte ich weitestgehend alle Abläufe, sodass auch weniger geschultes Personal diese Aufgaben übernehmen könnte. Nur die Datenbank über Sport- und Schießleistungen musste ich permanent per Hand einpflegen (in doppelter Ausführung: PC und Handakte).

Etwas Langweiligeres gibt es wohl kaum, warum auch so etwas digitalisieren, wenn die Bundeswehr genügend weniger dienstfähiges Personal hat, das diese stupide Arbeit verrichten kann?

Im Herbst wurde ich nochmals zu einer Begutachtung ins BWK Hamburg gebeten. Mittlerweile war ich schon mehrfach in fast jedem Bundeswehrkrankenhaus gewesen. Meine Motivation und die Hoffnung auf ein befriedigendes Ergebnis tendierten immer mehr gegen Null. Der leitende Oberstarzt sagte mir zum Abschluss, dass es das gewesen sei. Mit seiner Unterschrift unter dem Befund würde ich bald wieder ein freier Mann sein. Ich winkte mit einer leicht unhöflichen Handbewegung ab. Wenn man keinen Glauben mehr hat und es einem ziemlich egal geworden ist, wie man sich verhält, verliert man seine professionelle Haltung. Es war ein indirekter Hilfeschrei, ich wollte einfach nur noch gehen. Wie war mir am Ende fast gleich. So hatte ich zum Beispiel im BWK Hamburg die wachhabende Frau Oberfeldwebel zur Sau gemacht, weil die Flagge unserer Bundesrepublik jämmerlich im Kugelbaum daneben flatterte. Wie kann man A) Bäume so dicht neben den Flaggenmasten pflanzen, B) die entsprechenden Bäume nicht regelmäßig durch den Gärtner beschneiden lassen und C) als wachhabende Frau den ganzen Tag davor im Wachhaus zu sitzen und sich das Elend der Flagge anschauen. Das war eine Schande für jeden der Uniform trägt, aber warum auch auf Details achten. Für den Truppenbesuch der ehemaligen Verteidigungsministerin Frau von der Leyen platzierte man einfach geschickt zwei übergroße militärische Fahrzeuge genau vor den Haupteingang, um eventuelle Blicke zur Seite zu kaschieren. Mit diesem Bild vor Augen verließ ich aufgebracht Hamburg. Doch zu meiner absoluten Überraschung erhielt ich keine drei Wochen später einen Anruf und meine Entlassungsurkunde, vorausdatiert zum 31.03.2018. Zuerst war ich sprachlos. Dann wusste ich nicht, ob ich vor Freude oder vor der wahrgewordenen Ernüchterung, bald kein Soldat mehr zu sein, heulen sollte. Was war das für ein merkwürdiges Gefühl!

Mein Zugführer in der Grundausbildung hatte uns immer und immer wieder eingetrichtert: „Mut zur Lücke!“ Dieses Mal hatte sich meine Hartnäckigkeit doch ausgezahlt.

Während meiner gesamten Dienstzeit habe ich allerdings auch viel Positives mitgenommen. Grundsätzlich habe ich eine sehr optimistische Haltung allen Dingen gegenüber. Häufig sehen wir uns mit Herausforderungen konfrontiert, die uns zu groß erscheinen. Jedoch wurde mir beigebracht, unter allen Umständen zu beginnen. Zu den wichtigsten Lektionen, die ich bei der Bunderwehr gelernt habe gehört es, große Herausforderungen herunterzubrechen, um sie dann in Etappen abzuarbeiten. Es waren jedoch auch die „normalen" Eigenschaften wie Ordnung, Struktur und Disziplin, die, wenn sie in Fleisch und Blut übergangen sind, ein wichtiges Fundament bilden. Doch das Essenziellste ist und bleibt die Kameradschaft, denn nur wer im Team agiert und stets für seine Männer und Frauen das Beste herausholen möchte, wird langfristig vorankommen. Nach wie vor habe ich eine positive Haltung der Bundeswehr gegenüber und größten Respekt vor jenen, die eine Uniform tragen. Nur die Personalpolitik, der Umgang mit Verletzten und einige interne Entscheidungen störten und verstörten mich zutiefst.

Als ich im April 2018 die ILA (Internationale Luft- und Raumfahrtaustellung) in Berlin-Schönefeld besuchte, traf ich an einem Bundeswehrstand Major T. Wir hatten uns seit dem Auswahlverfahren nicht mehr gesehen und tauschten kurz den Stand der Dinge aus. Nachdem ich sagte: „Ich bin seit April raus." Antworte er: „Ist nicht dein Ernst Kevin! Was für ein militärisches Talent der Bundeswehr verloren geht. Geh gleich rüber zum Rekrutierungscontainer und ich hol dich in meine Einheit!" Ich dankte ihm mit einem Lächeln und lehnte kopfschüttelnd ab. Danach genossen wir die Vorstellung des Fallschirmjäger-Regiments 31. Teile meiner alten Kompanie sowie Teile vom Fallschirm-Spezialzug zeigten dort ihre Fähigkeiten, wie grob vereinfacht ein MEO-Szenario ablaufen könnte.

Abbildung 33: ILA 25. April 2018 – 29. April 2018

Danach begann ich um die Welt zu reisen. Die erste Reise unternahm ich mit Freunden aus meiner Schulzeit nach Japan. Wieder in Berlin angekommen, bereitete ich mein Jahr ‚Work and Travel' in Australien vor.

Zuerst flog ich nach Singapur – eine faszinierende Stadt und von dort nach Sydney. Eigentlich wollte ich mir ein Auto kaufen und damit um den ganzen Kontinent fahren. Doch ich verliebte mich in die Stadt, den Lifestyle und fand dort meinen Frieden. Stundenlange Spaziergänge durch die Parks und an den Küsten entlang wurden meine Routine. Die sehr jungen Erwachsenen in den Hostels ignorierte ich schnell und suchte mir ein Share-house. Das war eine Achtpersonen-WG in einem traditionellen Backsteinhaus. So unterschrieb ich direkt einen Sechs-Monatsvertrag, im Stadtteil Surry Hills. Zwar besuchte ich außer Sydney auch andere Orte, wie zum Beispiel Melbourne oder den Blue-Mountains-Nationalpark, doch acht Monate meiner Zeit blieb ich Sydney treu. Ein Jahr zuvor hatte ich ja schon mit meinem Vater die gesamte Ostküste bereist. So erkundete ich hauptsächlich die Stadt und die Strände vor Ort. Nie ging ich ohne meine Kopfhörer, oder ein Buch im Rucksack aus dem Haus. Am Strand zu liegen und zu lesen mit einem frischen Kaffee in der Hand, das war Balsam für meine Seele. Das Gefühl von Erfüllung bekommt man dort vergleichsweise einfach. Denn mit einem Chicken-Avocado-Sandwich den Surfern in brütender Hitze zuzusehen, umgeben von unzähligen halbnackten Schönheiten, bevor man dann selbst ins Wasser geht, ist ein Traum. Und so träumte ich zum Beispiel von meiner eigenen Eisteesorte, der Loft-Wohnung, frührentnerlichen Aktivitäten, wie dem Anpflanzen von diversen Kartoffelsorten in meinem Garten und regelmäßigen Auslandsreisen. Um diesen Traum in Zukunft leben zu können, fing ich an mir reale Gedanken über meinen beruflichen Werdegang zu machen. Ich arbeitete in Sydney auch, um finanziell nicht komplett auszubluten, doch lebte ich großteils von meinem Ersparten. Denn wer nur arbeitet bis zum Umfallen, hat keine Zeit zum Nachdenken und Aufarbeiten. Auf einer Bank in der Stille des Centennial Parks, während ein schwarzes Schwanenpaar mit seinen Jungen vor mir im Teich

Kreise zog, begann ich die ersten Zeilen für mein Buch zu schreiben.

Anschließend reiste ich nach Bali und Hongkong. Auf dem Rückweg meiner Reise flog ich nach San Francisco und traf dort einen Großteil meiner alten Schulfreunde wieder. Wir hatten schon seit Jahren geplant, für den Ersten, der von uns heiraten würde, eine Junggesellenreise an die Westküste der Vereinigten Staaten von Amerika zu unternehmen. So besuchten wir nach San Francisco den Yosemite-Nationalpark, Los Angeles und krönten den Abschluss mit einem klassischen Wochenende in Las Vegas. Auch wenn meine Freunde danach direkt nach Hause flogen, sollte meine Reise noch einen weiteren Stopp beherbergen. Für die letzten zwei Wochen flog ich an die Ostküste nach Philadelphia und besuchte dort einen Freund, mit dem ich zuvor das Zimmer in dem alten Share-house in Sydney geteilt hatte. Nach einigen College-Partys im klassischen amerikanischen Sinne war es auch Zeit Abschied von „Philly" zu nehmen. Über London flog ich nach Hause, um nach knapp einem Jahr Weltreise wieder da zu sein, wo ich hingehörte. Während dieser Zeit bewarb ich mich zudem für einen Studiengang und versuchte bis dahin das zu verarbeiten, was ich in den letzten Jahren als Informationsflut aufgesaugt hatte. Bis zum Ende des Jahres 2019 sammelte ich Ideen und Inspirationen für die Zukunft.
Von 2018 bis Ende 2020 hatte ich 28 Bücher gelesen und mir weitere 75 Hörbücher über Audible angehört. Im Schwerpunkt waren es Biografien, Bücher mit wirtschaftlichen Thematiken (Immobilien, Kapitalmärkte), sowie zahlreiche Bücher über Unternehmer. Denn ich hatte das Gefühl, all die Jahre vorher etwas verpasst zu haben. Parallel arbeitete ich immer wieder Ideen oder Konzepte aus, um herauszufinden, ob sie wirtschaftlich wären und meiner Lebensplanung entsprachen.

Mittlerweile studiere ich Immobilienwirtschaft. Zuvor absolvierte ich meine Immobilienmaklerlizenz über den BFD (Berufsförderungsdienst der Bundeswehr). Ich handle Aktien und Wertpapiere an der Börse und verdiene mein eigenes Geld, ohne dabei einen Vorgesetzten zu haben.

Da ich ambitioniert bin, versuche ich mir gerade ein rudimentäres Japanisch anzueignen.

Lass mich dir an dieser Stelle noch einmal ins Gedächtnis rufen, warum ich dieses Buch geschrieben habe. Andere schreiben Bücher für die Ewigkeit und damit man sich ihrer erinnert.

Ich habe dieses Buch geschrieben, um mit dieser Thematik endlich abschließen zu können! Mit einem positiven Gefühl ziehe ich jetzt meiner Wege und denke nach Jahren das erste Mal, dass ich stolz auf mich sein kann. Für jemanden mit 66 kg auf 176 cm bin ich ziemlich weit gekommen. Ich habe keine Scham mehr vor meinem Ego, gerade weil meine Anspruchshaltung immer überdurchschnittlich hoch war. Mit Sicherheit habe ich keine negative Einstellung der Bundeswehr oder speziell dem KSK gegenüber, sondern den größten Respekt vor dem Kommando, sowie vor jedem der Uniform trägt. Möglich, dass zu jener Zeit mein physischer und psychischer Reifeprozess noch nicht abgeschlossen war. Wahrscheinlich hat mir auch das letzte Quäntchen Glück gefehlt. Nenn es Schicksal, doch es sollte damals nicht sein.

*Meiner Meinung nach sollten mehr Soldaten*innen ihre Erlebnisse nach außen tragen. Dies würde unsere Gesellschaft nur bereichern und den Menschen aufzeigen, was wir alles leisten. Mehr Berichterstattung, auch aus der Sicht von ehemaligen Soldaten*innen kann zu einem besseren Verständnis führen. Häufig gibt es nur eine sehr einseitige Berichterstattung und eine negative, wenn etwas vorgefallen ist. Meckern hilft da wenig, eher exponieren, durch Taten und die Aufnahme von Risiken vorauszugehen wäre ein*

*Lösungsansatz. Man stelle sich nur vor, 50 oder 100 weitere Soldaten*innen schreiben ihre Geschichten nieder und bilden so einen Gegenpol zu der vorhandenen Berichterstattung. Wie auch häufig im realen Leben geht es um die richtige Balance.*

Ich kann nur den Appell herausgeben – traut euch!

Auch wenn ich kein professioneller Autor bin, hat dieses Projekt – Buch mir sehr viel Spaß bereitet. Ich hoffe, meine offene, ehrliche und direkte Art hat dir gefallen. Für den Fall, dass du dich nicht allein traust, deine Erlebnisse schriftlich aufzuarbeiten, könnten wir dies gegebenenfalls auch zusammen angehen. Meinen Dienst am Militär und für Soldaten*innen werde ich jetzt in einer anderen Art und Weise vollziehen.

Zeitstrahl Dienstzeit Kevin Bulicke

01.04.2010 Diensteintritt (in Pfullendorf)

07.09.2010 - 28.09.2010 Fallschirmsprunglehrgang Automatik (in Altenstadt)

25.11.2010 - 23.12.2010 Kraftfahrzeuglehrgang BC (in Veitshöchheim)

04.01.2011 - 25.02.2011 Fw Anwärterlehrgang AMT (in Pfullendorf)

04.04.2011 - 01.07.2011 Truppenpraktikum 1 (in Zweibrücken)

04.07.2011 - 23.09.2011 Fw Lehrg MFT TrDst Inf Teil A (in Hammelburg)

26.09.2011 - 18.11.2011 Fw Lehrg MFT TrDst Inf Teil B (in Altenstadt)

17.01.2012 - 19.06.2012 Fw Lehrg Englisch + AMT (in Delitzsch)

24.06.2012 - 29.06.2012 EFV Teil I (in Calw)

09.07.2012 - 14.09.2012 10 WoPro (in Meßstetten)

20.09.2012 - 26.09.2012 EFV Teil II (in Calw) nicht bestanden

14.01.2013 - 28.03.2013 Truppenpraktikum 2 (in Zweibrücken)

02.04.2013 - 24.05.2013 Lehrg Infanterist Spezielle Operationen (in Pfullendorf)

ab 01.07.2013 Versetzung nach Seedorf

19.09.2013 - 27.09.2013 – EFV II (in Calw) nicht bestanden

05.12.2013 Antrag auf Ausnahmegenehmigung für den 3. Versuch EFV II

17.01.2014 Ablehnung vom General für den 3. Versuch

06.02.2014 Antrag auf Dienstzeitverkürzung

17.03.2014 Antrag auf Einstellung der Dienstzeitverkürzung

04.11.2014 - 10.11.2014 EK I (in Hammelburg) nicht bestanden

26.05.2015 - 29.05.2015 EK I (in Hammelburg) nicht bestanden

ab 01.11.2016 dauerhaft ins BwKrHs Berlin kommandiert S3 Abteilung

31.03.2018 DZE durch DU

17. Abschlussworte

Jetzt wo sich das Buch dem Ende zuneigt, kann ich den sprichwörtlichen Strich unter meinen alten Lebensabschnitt ziehen. Nach der aktiven Dienstzeit brauchte ich eine Phase, um alles sacken zu lassen und noch einmal aufzuarbeiten. Das Buchprojekt hat mir vor allem beim Reflektieren geholfen. Dabei ist mir aufgefallen, dass es zu 90 % aus einer infanteristischen Sichtweise geschrieben ist. Aus diesem Grund seht es mir bitte nach, dass die Vielfalt der Bundeswehr nicht abgedeckt wurde. Als ich selbst angefangen hatte Bücher zu lesen, fiel mir auf, dass es wenig Literatur über das Scheitern gibt. Obwohl nachweislich aus dem Scheitern die besten Lehren gezogen werden können. Das ist ein schmerzhafter Lernprozess, doch es war mir wichtig, auch diesen Abschnitt transparent aufzuzeigen. Wie ich es ganz zu Beginn geschrieben hatte, handeln die meisten militärischen Biografien, die wir bisher lesen konnten, von furchtlosen Kriegshelden und deren Einsätze. Dem einen Prozent der Soldaten, die es zu den Navy SEALs, zur Delta Force, zum SAS oder zu anderen Spezialeinheiten geschafft haben und deren Einsätze und Erlebnisse so bekannt geworden sind, dass sie verfilmt wurden. Doch was ist eigentlich aus den anderen 99 Prozent geworden? Diese Frage musste ich mir häufiger stellen und das war ein weiterer verstärkender Indikator, warum ich zu schreiben begann.

Ich bin zu dem Ergebnis gekommen, dass ich eventuell zu früh, zu schnell und zu viel für meine körperlichen Voraussetzungen wollte. Das soll jetzt keine Ausrede sein, sondern eher eine solide Feststellung und ein Hinweis, dass man 2 ½ und 3 ½ Jahre nach dem Diensteintritt vielleicht körperlich noch nicht in der Lage ist, eines der härtesten Auswahlverfahren der Welt zu bestehen. Bis ich 20 war, hatte ich ausschließlich larifari Sport betrieben, um dann innerhalb von drei Jahren auf ein 300 % Leistungssportler-Niveau zu kommen. Möglich, dass das Fundament nicht nachhaltig genug war. Mein Fazit ist, dass vieles auf unsere generelle Erwartungshaltung an uns selbst zurückzuführen ist. Doch vor allem kommt es auf die Fähigkeit zur Selbstreflexion und die Courage an, daraus die entsprechenden Konsequenzen zu ziehen!

Die beiden einzigen Dinge, die ich all die Jahre über wollte, waren, mit den Besten dienen zu können und mich in anspruchsvollen Einsätzen mit meinen Brüdern Seite an Seite zu beweisen. Ich habe alles dafür gegeben, doch das hat (zum Teil) nicht gereicht, sowohl zeitlich wie auch körperlich. Mehr war nicht drin. Mittlerweile habe ich meinen Frieden damit gemacht. Jetzt habe ich andere Ziele.

Der erfahrenste Ausbilder im Universum sagte nicht ohne Grund:

„Der größte Lehrer Versagen ist." - Meister Yoda.

Um es mit meinen Worten etwas weniger philosophisch zu formulieren:

Es gibt Dinge im Leben, die man erreichen kann und vieles, was nicht geht. Einiges, bei dem wir fest davon ausgegangen sind, erfolgreich zu sein, an dem scheitern wir kläglich. Die Kunst besteht darin, herauszufinden, welche scheinbar unmöglichen Dinge doch machbar sind.

Aus heutiger Sicht muss ich mir eingestehen, das ‚Beste', was mir im Leben passieren konnte, waren diese x-Minuten zu spät zu kommen, zu scheitern, unglücklich zu werden, den Sinn meines Lebens zu verlieren, mich zu verletzten, eine Depression zu bekommen, Panikattacken zu haben, Existenzängste zu erleben und wirklich weit unten zu sein für eine gewisse Zeit. Denn so, und nur so, konnte ich neuen Mut fassen, meinen Fokus finden, mich aufrappeln und wieder in die Spur kommen.

Drei Jahre nachdem ich die ersten Zeilen für dieses Buch getippt hatte, gab es zwischendurch immer wieder Momente, in denen ich einfach nicht schreiben konnte. Mir fehlten nicht die Ideen oder Themen, selbst den Ablauf der Kapitel, die Strukturen und den Aufbau hatte ich alles genau in meinem Kopf. Es gab jedoch eine Blockade psychischer Natur. Mir gingen die Wörter beim Tippen nicht von den Fingern, weil ich immer daran denken musste, was passieren würde, wenn ich das Buch veröffentliche und mich eine Welle an negativer, destruktiver Kritik überfluten würde. Ich dachte lange darüber nach, ob ich es aushalten würde, wenn ehemalige Kameraden*innen mich als Wichtigtuer abstempeln, oder schlecht über mich reden und schreiben würden. Drei Jahre später, drei Jahre älter, reifer und erfahrener hatte ich genug Zeit, mich mental auf diese Situation einzustellen. Mir ist meine Position klar geworden. Offene und konstruktive Kritik werde ich immer annehmen. Soldaten*innen, die verstehen, dass ich mich hiermit bewusst exponiert habe, meine Seele und meine Haut riskiere, ganz im Sinne des Weltbestsellers von Nassim Nicholas Taleb „Skin in the Game – Das Risiko und sein Preis“[53], sie verstehen, dass ich mich für sie einsetze, egal ob jung, erfahren, gesund oder gezeichnet. Ihr seid, DU bist willkommen mit deinem Lob und Tadel.

Die eigene Haut zu riskieren, spiegelt vor allem den emotionalen Wert einer Sache wider, der wir uns verschrieben haben.

Den Anderen, die von ihrer kognitiven Leistung her weder in der Lage sind, den Inhalt meines Buches zu verstehen, noch adäquat

53 [Q19]

darauf antworten können, denen kann ich solange nicht helfen, bis ihr Beitrag konstruktiv und angemessen sein wird. Wenn dir beim Lesen des Buches einige Alarmglocken angegangen sind, besteht eine reelle Chance, dass du getriggert wurdest. Manche Menschen reagieren dann mit Schutzinstinkten und Ablehnung, weil man es nicht wahrhaben möchte, oder noch nicht bereit ist, sich selbst gegenüber etwas einzugestehen. Wir alle sind Weltmeister im Unterdrücken und Verdrängen unserer Gefühle. Anhand der Art und Weise des Feedbacks werde ich erkennen, welcher Kategorie der Gedanke entspringt.

Abschließend möchte ich dich dazu animieren, stets neugierig zu sein, alles zu hinterfragen und dich privat weiterzubilden. Probiere alles aus, was du wirklich willst, bereise die Welt, lies viele Bücher, erweitere dadurch deinen Horizont und bestreite deinen eigenen Weg. Fall hin und steh wieder auf, immer und immer wieder. Denke an Meister Yoda. Ziehe deine Lehren daraus. Freue dich auf alles, was noch kommt. Jeder der dich davon abhalten will, ist möglicherweise mehr auf sich selbst bedacht, als auf dich. Behalte deine Ziele im Fokus und du wirst sie erreichen, wenn auch nicht alle, jedoch deutlich mehr, als wenn du dir keine Ziele gesteckt hättest. Habe einen sehr hohen Anspruch an dich selbst und lebe ihn vor, nur dann darfst du ihn auch von anderen einfordern.

Wenn dich das Leben das nächste Mal an den Fuß eines Berges stellt, mit deinem Gepäck, deiner Ausrüstung und einem Baumstamm auf den Schultern – deine Einzelprüfung, die Mitbestreiter und Wegbegleiter dir nicht helfen dürfen oder können, dann nimm die Herausforderung an und geh den ersten Schritt, den zweiten, den dritten und immer so weiter. Mit Sicherheit kann es brutal werden, jedoch nur wer die Courage hat, es überhaupt anzugehen, darf von dem Gipfel träumen. Zeig dein Herz und antworte mit Taten bei jeder Herausforderung.

„Der Wille entscheidet!“

Falls du bei der Bundeswehr, Polizei, Feuerwehr oder sonstigen Einsatz- und Rettungskräften dienst, danke ich dir von Herzen für deinen Dienst, deine Zeit und deine Opfer.

Meine letzten Gedanken in diesem Buch widme ich denjenigen, die vom Leben zu hart geprüft wurden. Jede/r Gefallene ist eine/r zu viel, jede/r Verwundete ist eine/r zu viel, genauso wie jede gezeichnete Seele. Möget ihr in Frieden ruhen beziehungsweise auf eine baldige Genesung.

Dein Kevin Bulicke

Oberfeldwebel

Abbildung 34: Meine Uniform

Die Botschaften aus meinem Buch sollen **laut** und **deutlich** bei dir ankommen. Da ich dich vorweg nicht fragen konnte, ob du mich verstanden hast, werden wir das jetzt nachholen.

„Bravo an Alle, Funküberprüfung kommen!"

Antworte mir unter:

Mail: limacharlie.loudandclear@gmail.com

Instagram: lima_charlie_loud_and_clear

FB: Lima Charlie – Loud & Clear

Bitte sei so gut und schreibe mir eine faire Rezension unter mein Buch bei Amazon.

Danke!

18. Anhang und Erklärungen

Dienstgrade:

ab 01.04.2010 Jäger

ab 01.07.2010 Gefreiter

ab 01.10.2010 Obergefreiter

ab 01.04.2011 Unteroffizier

ab 01.04.2012 Stabsunteroffizier

ab 01.04.2013 Feldwebel

ab 01.04.2015 Oberfeldwebel

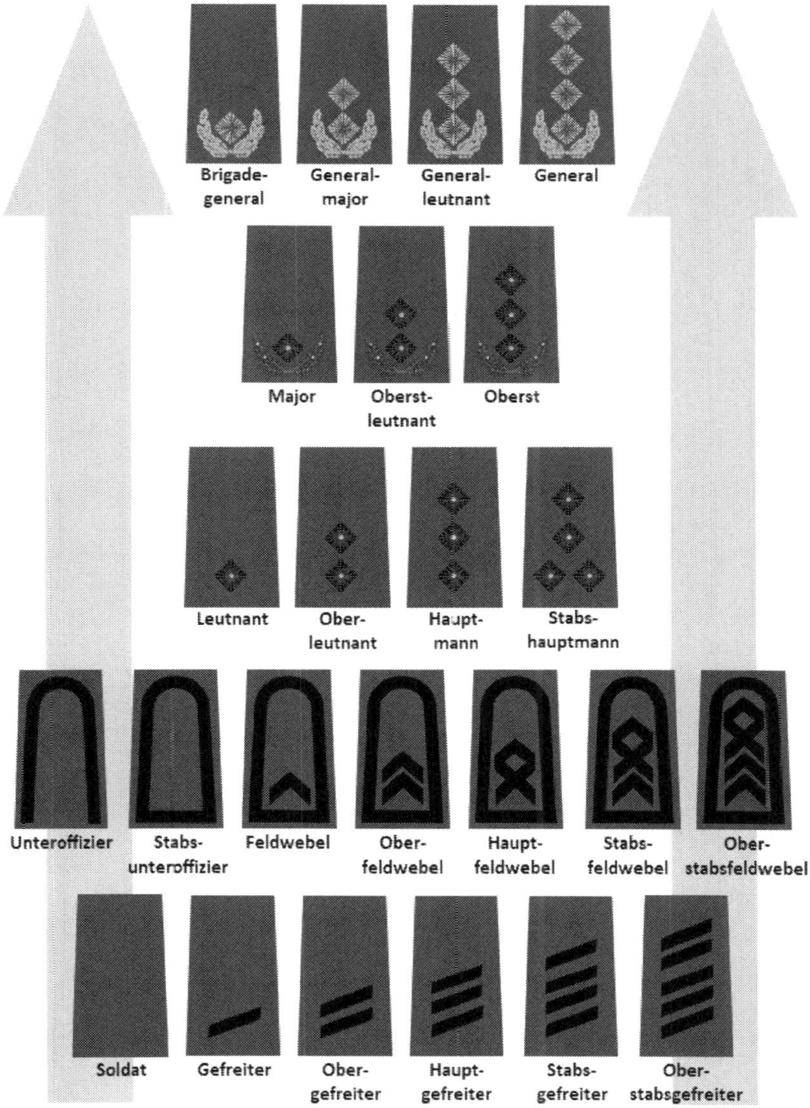

Abbildung 7: Dienstgradübersicht des Heeres (ohne Anwärterdienstgrade)

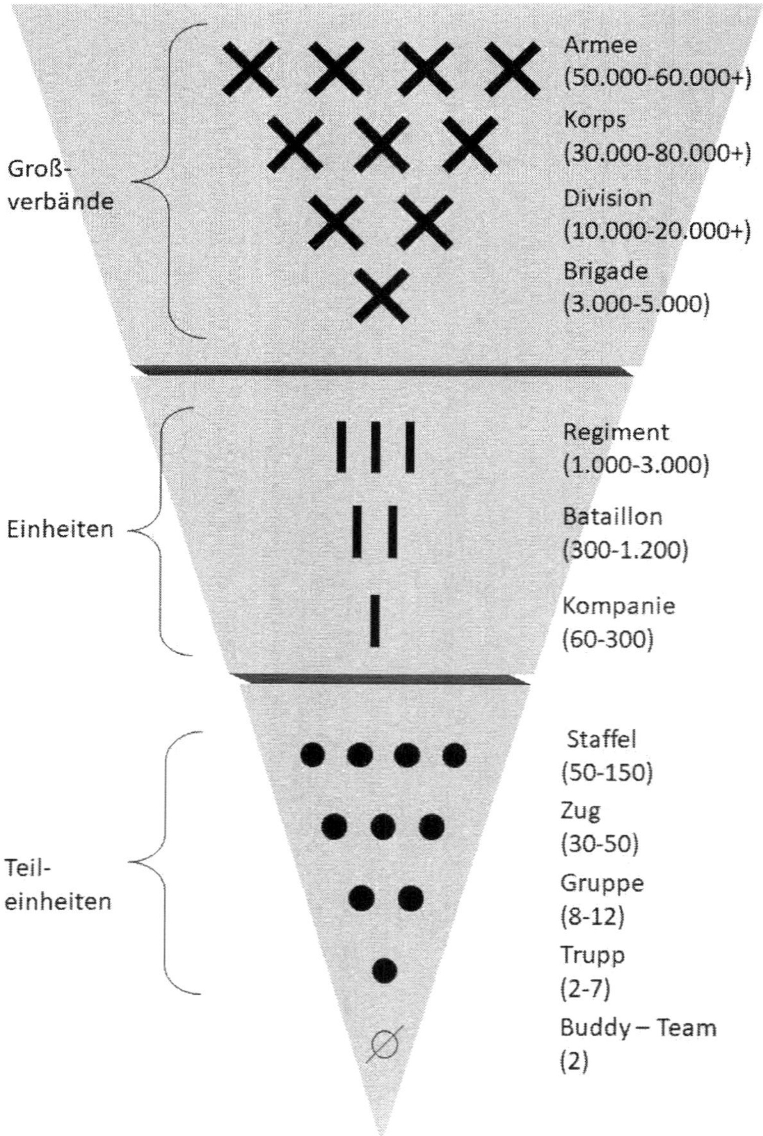

Abbildung 6: Größe der Truppenteile (die Angaben können schwanken)

Abbildung 26: Übersichtskarte

Zeitstrahl Dienstzeit Kevin Bulicke

01.04.2010 Diensteintritt (in Pfullendorf)

07.09.2010 - 28.09.2010 Fallschirmsprunglehrgang Automatik (in Altenstadt)

25.11.2010 - 23.12.2010 Kraftfahrzeuglehrgang BC (in Veitshöchheim)

04.01.2011 - 25.02.2011 Fw Anwärterlehrgang AMT (in Pfullendorf)

04.04.2011 - 01.07.2011 Truppenpraktikum 1 (in Zweibrücken)

04.07.2011 - 23.09.2011 Fw Lehrg MFT TrDst Inf Teil A (in Hammelburg)

26.09.2011 - 18.11.2011 Fw Lehrg MFT TrDst Inf Teil B (in Altenstadt)

17.01.2012 - 19.06.2012 Fw Lehrg Englisch + AMT (in Delitzsch)

24.06.2012 - 29.06.2012 EFV Teil I (in Calw)

09.07.2012 - 14.09.2012 10 WoPro (in Meßstetten)

20.09.2012 - 26.09.2012 EFV Teil II (in Calw) nicht bestanden

14.01.2013 - 28.03.2013 Truppenpraktikum 2 (in Zweibrücken)

02.04.2013 - 24.05.2013 Lehrg Infanterist Spezielle Operationen (in Pfullendorf)

ab 01.07.2013 Versetzung nach Seedorf

19.09.2013 - 27.09.2013 – EFV II (in Calw) nicht bestanden

05.12.2013 Antrag auf Ausnahmegenehmigung für den 3. Versuch EFV II

17.01.2014 Ablehnung vom General für den 3. Versuch

06.02.2014 Antrag auf Dienstzeitverkürzung

17.03.2014 Antrag auf Einstellung der Dienstzeitverkürzung

04.11.2014 - 10.11.2014 EK I (in Hammelburg) nicht bestanden

26.05.2015 - 29.05.2015 EK I (in Hammelburg) nicht bestanden

ab 01.11.2016 dauerhaft ins BwKrHs Berlin kommandiert S3 Abteilung

31.03.2018 DZE durch DU

19. Quellen

[Q1]	Grundgesetz für die Bundesrepublik Deutschland, Stand: Juli 2002, Bundeszentrale für politische Bildung, Bonn 2004
[Q2]	https://www.spiegel.de/politik/ausland/jemen-ermordete-deutsche-waren-bibelschuelerinnen-a-630793.html, Artikel vom 16.06.2009, (abgerufen am 30.03.2021 um 11:05 Uhr)
[Q3]	https://www.dw.com/de/im-jemen-entführte-deutsche-familie-ist-tot/a-17941355, Artikel vom 23.09.2014, (abgerufen am 30.03.2021 um 11:07 Uhr)
[Q5]	https://www.haz.de/Nachrichten/Politik/Deutschland-Welt/Auswaertiges-Amt-bestaetigt-Tod-des-Diplomaten-in-Jemen, Artikel vom 07.10.2013, (abgerufen am 30.03.2021 um 11:09 Uhr)
[Q6]	https://www.bundeswehr.de/de/einsaetze-bundeswehr/abgeschlossene-einsaetze-der-bundeswehr/afghanistan-isaf, (abgerufen am 30.03.2021 um 12:50 Uhr)
[Q7]	Das Magazin des Deutschen BundeswehrVerbands, Die Bundeswehr, März 2020, Möller Druck und Verlag GmbH
[Q8]	https://www.bundeswehr.de/resource/blob/147172/1bb80f201bec7cb7951ff042b338d0a9/das-kommandofeldwebelanwaerterprogramm-data.pdf , Bundeswehrbroschüre: „Das Kommandofeldwebelanwärterprogramm“, (abgerufen am 09.02.2021 um 11:10 Uhr)
[Q9]	https://www.dw.com/de/vor-15-jahren-dw-mitarbeiter-aus-ruanda-gerettet/a-4159997, Artikel vom 13.04.2009, (abgerufen am 15.04.2021 um 11:37 Uhr)
[Q10]	Kommando Spezial-Kräfte, Reinhard Scholzen, Motorbuchverlag, 1. Auflage 2009

[Q11]	https://www.bundeswehr.de/resource/blob/147180/76ea96dc38ac1ac7d9fbc254a502bba1/KSK%20Brosch%C3%83%C2%BCre%20Eignungstest%20Teil%201.pdf , Bundeswehrbroschüre: „Eignungsfeststellungsverfahren Teil I“, (abgerufen am 09.02.2021 um 11:00 Uhr)
[Q12]	https://www.youtube.com/watch?v=Eg8gj3ILTpk , (abgerufen am 19.05.2021 um 18:50 Uhr)
[Q13]	https://www.nzz.ch/international/besuch-bei-der-elitetruppe-so-sucht-das-ksk-seinen-nachwuchs-aus-ld.1513850, Artikel vom 12.12.2019, (abgerufen am 12.03.2021 um 16:35 Uhr)
[Q14]	https://www.eucom.mil/organization/our-forces , (abgerufen am 24.03.2021 um 11:40 Uhr)
[Q15]	https://www.socom.mil/soceur , (abgerufen am 24.03.2021 um 11:45 Uhr)
[Q16]	https://www.gesetze-im-internet.de/sg/__17a.html , (abgerufen am 24.03.2021 um 14:50 Uhr)
[Q17]	https://www.gesetze-im-internet.de/sg/__12.html , (abgerufen am 24.03.2021 um 14:55 Uhr)
[Q18]	Zeitoun, Browning, Thykier & Madden, Die Erfindung der Wahrheit, 2016, Frankreich & Vereinigte Staaten von Amerika, Universum Film, Europa, FilmNation Entertainment, bei Stelle 2h:05min:34sek
[Q19]	Das Risiko und sein Preis, Skin In The Game, Nassim Nicholas Taleb, 1. Auflage, 2018, Penguin Verlag

Weiterführende Medien:

Quelle: WELT Nachrichtensender
Titel: KSK: Mythos Kommando Spezialkräfte – Stille Kämpfer | Doku – TV Klassiker
https://www.youtube.com/watch?v=MZ_iORiiyE

Quelle: N-TV Dokumentation
Titel: Das KSK - Gemeinsam gegen den Terror Teil 1/2
https://www.youtube.com/watch?v=GMXKXPBnNYc

Titel: Das KSK - Gemeinsam gegen den Terror Teil 2/2
https://www.youtube.com/watch?v=bUym5t8GE9E

Quelle: ARD Dokumentation
Titel: KSK: Keiner Sieht Sie Kommen!
https://www.youtube.com/watch?v=dtMTEczi7yc

Quelle: N24 Dokumentation
Titel: Kommando Spezialkräfte die Spezialisten der Bundeswehr
https://www.youtube.com/watch?v=3v5Pzet9GIg

Quelle: phoenix HD Dokumentation
Titel: Kommando Spezialkräfte (KSK): Die geheime Truppe der Bundeswehr
https://www.youtube.com/watch?v=H2waO_Wo_cs&t=806s

YouTube-Kanal: Bundeswehr
Titel: KSK Auswahlverfahren in den 90er Jahren – Bundeswehr
https://www.youtube.com/watch?v=ZKHvia0zclQ
Titel: Mit Olli beim KSK – Kommando Spezialkräfte der Bundeswehr (1/6)
https://www.youtube.com/watch?v=YxaES5L73EA
Mit Olli beim KSK – Kommando Spezialkräfte der Bundeswehr (2/6)
https://www.youtube.com/watch?v=Eg8gj3ILTpk&t=1s
Mit Olli beim KSK - Kommando Spezialkräfte der Bundeswehr (3/6)
https://www.youtube.com/watch?v=_Opy6KejAnQ
Mit Olli beim KSK - Kommando Spezialkräfte der Bundeswehr (4/6)
https://www.youtube.com/watch?v=DpUX2QvFqk0
Mit Olli beim KSK - Kommando Spezialkräfte der Bundeswehr (5/6)
https://www.youtube.com/watch?v=3G93fLs1UTQ
Mit Olli beim KSK - Kommando Spezialkräfte der Bundeswehr (6/6)
https://www.youtube.com/watch?v=OhN2aJE09nU

Printed in Germany
by Amazon Distribution
GmbH, Leipzig

23992775R00166